왕의 복음 王的福音

■ 요한 사도, 서울에 오다 ■

| 박호용 지음 |

Q 쿰란출판사

이 책을
오늘의 나를 있게 한
감의도(E. Otto. DeCamp) 선교사님께
바칩니다.

머리말

사상 전쟁 - 복음 진리의 승리

"또 나를 위하여 구할 것은 내게 말씀을 주사 나로 입을 열어 복음의 비밀을 담대히 알리게 하옵소서 할 것이니 이 일을 위하여 내가 쇠사슬에 매인 사신이 된 것은 나로 이 일에 당연히 할 말을 담대히 하게 하려 하심이라"(엡 6:19-20).

1. 육신을 입은 사람은 누구나 먹고 살아야 하는 현실적 문제를 안고 살아갑니다. 먹고 사는 문제는 피할 수 없는 생존(survival)의 문제입니다. 1차적 전쟁인 '먹고 사는 생존(生存)의 문제'는 '경제 전쟁'입니다. 사람들은 이 문제를 해결하기 위해 평생을 수고하고 고민하고, 심지어는 싸우고 전쟁까지도 불사합니다.

그런데 사람이 사는 세상을 한 꺼풀만 벗겨 보면 경제 전쟁을 넘어선 2차적 전쟁이 있습니다. 그것은 생존의 문제를 넘어선 '죽고 사는 사생(死生)의 문제', 즉 '진리(사상) 전쟁'입니다. 인류 역사는 '진리(사상)를 위한 투쟁의 역사'라고 말할 수 있습니다. 진리 싸움은 곧 사상 싸움입니다. 진리는 사상이 되고, 사상은 철학이나 예술로 표현되기도 하지만 특히 종교라는 그릇에 담겨 표현될 때 가장 긴 생명력을 갖습니다.

2. 스위스의 성자로 일컬어지는 카알 힐티(Carl Hilty, 1833-1909)의 《잠 못 이루는 밤을 위하여》라는 책을 보면 1년 365일에 맞춰 하루 하나씩 365개의 단상으로 되어 있습니다. 1년 중 첫날인 1월 1일은 이런 말로 시작합니다. "언제나 위대한 사상에 살고 말초신경적인 것은 경시하도록 노력하여라. 이것이 인생의 많은 괴로움과 슬픔을 가장 쉽게 극복하는 길이다." 세 종류의 사람이 있습니다. 시시한 사람, 보통 사람, 훌륭한 사람이 그것입니다. 시시한 사람은 남을 비방하는 것을 좋아하는 사람입니다. 보통 사람은 정치에 관한 얘기를 좋아하는 사람입니다. 그런데 훌륭한 사람은 사상을 논하는 사람입니다.

우리가 위대한 나라라고 부르는 나라는 어떤 나라입니까? 위대한 인물을 많이 배출한 나라입니다. 그리고 위대한 시대란 위대한 인물이 많이 배출된 시대를 말합니다. 서구 역사에서 17세기를 천재의 시대, 위대한 시대라고 말하는 것은 베이컨, 데카르트, 파스칼, 스피노자, 라이프니츠 등 세계를 움직이는 위대한 사상가들이 많이 쏟아져 나왔기 때문입니다. 세계를 움직이는 위대한 인물이란 다름 아닌 위대한 사상을 지닌 사람을 두고 하는 말입니다.

그런데 사상은 정신의 체계화, 즉 체계화된 일관된 정신이라고 말할 수 있습니다. 일관성이 없는, 즉 상황과 시류에 따라 맘대로 뒤집고 변하는 그런 사상은 사상이라고 할 수 없습니다. 위대한 사상은 위대한 혼, 즉 위대한 정신, 위대한 마음, 위대한 신념을 지닐 때만이 나오는 것입니다.

3. 스웨덴에 가면 'VASA 호 박물관'이라는 유명한 관광명소가 있습니다. 이 박물관 안에는 VASA라는 이름의 엄청나게 크고 화려한 배가 유물로 보존되어 있습니다. 이 배에 얽힌 이런 이야기가 있습니다. 지금으로부터 약 400년 전인 1625년경 스웨덴 왕 구스타프 2세는 당시로서는 가장 크고 화려한 VASA라는 군함을 3년에 걸쳐 만들었습니다.

그런데 이 배가 첫 항해를 시작하자마자 얼마 못 가서 풍랑을 만나 그만 침몰하고 말았습니다. 당시로서는 이 배의 침몰 이유를 알 길이 없었습니다. 그러다가 약 60년 전인 1957년경에 이 배를 인양해서 보수에 들어갔습니다. 그리고 침몰 이유를 면밀히 검토한 결과 풍랑을 만날 경우 무게중심이 흔들린다는 것을 고려하지 않았기 때문에 침몰한 것으로 밝혀졌습니다.

VASA 호의 침몰이 주는 교훈은 우리 인생에도 그대로 적용됩니다. 즉 배를 지탱해 주는 무게중심은 사람으로 말하면 그 사람을 지탱해 주는 정신이요, 사상입니다. 배의 무게중심이 흔들릴 때 배가 침몰할 위험에 빠지듯이, 그 사람의 정신이나 사상이 흔들릴 때 그 인생도 파멸의 위험에 빠지는 것입니다.

사람들은 돈 몇 푼을 잃거나 인기나 명예를 잃게 되면 굉장히 화를 내고 괴로워하면서도, 자신의 정신이 허약하고 사상이 빈곤하고 시원치 않아 흔들리는 것에 대해서는 대부분 별로 관심도 없고 슬퍼하지도 않습니다. 그러나 정신이나 사상이 흔들리면 모든 것이 흔들리는 것입니다. 우리가 무너지지 않는 정신의 기초, 사상의 기초를 굳게 세워야 하는 이유가 여기에 있습니다.

사람들이 하루 세 끼 밥을 먹고 옷을 말끔히 차려입고 허우대가 멀쩡하게 보일 때에는 다 똑같은 사람처럼 보입니다. 그러나 그 사람이 어떤 생각을 하고 그가 어떤 정신, 어떤 사상을 가지고 사느냐에 따라 그 사람에 대한 평가가 결정됩니다. 우리는 '육신의 집'을 마련하기 위해 얼마나 많은 투자를 하는지 모릅니다. 그런데 '사상의 집'을 마련하기 위해서는 과연 얼마나 많은 노력을 기울이는지 깊이 생각해 보아야 할 것입니다.

4. 오늘에 이르기까지 살아남아 인류에게 큰 영향을 미치고 있는 사상(종교)들을 간단히 열거해 보면 다음과 같습니다. 첫째, 주전 6세기 이전에 나타난 샤머니즘(Shamanism), 즉 무교(巫敎) 사상입니다. 둘째, 불교 즉 석가(주전 566-486) 사상입니다. 셋째, 유교, 즉 공자(주전 552-479) 사상입니다. 넷째, 도교, 즉 노자(공자와 비슷) 사상입니다. 다섯째, 유대교(주전 5세기), 즉 모세 사상입니다. 여섯째, 헬라 사상, 즉 소크라테스(주전 469-399)와 그의 제자인 플라톤(주전 427-347)과 아리스토텔레스(주전 384-322) 사상입니다. 일곱째, 기독교(주후 1세기), 즉 예수 사상입

니다. 여덟째, 이슬람교, 즉 무함마드(570-632) 사상입니다. 아홉째, 공산주의사상, 즉 마르크스(1818-1883)·레닌(1870-1924) 사상입니다. 열째, 현대에 맹위를 떨치고 있는 과학기술사상입니다.

기독교회는 그동안 역사 속에 나타난 무수한 사상들과 싸워 왔습니다. 역사가 끝날 때까지 사상 전쟁은 계속될 것입니다. 오늘날 기독교회는 빠르게 확산되고 있는 이슬람교, 그리고 종교를 낡은 시대의 유물로 치부하면서 최첨단 과학기술을 만능으로 신봉하는 과학기술사상과의 살아남기 위한 치열한 전쟁을 치러야 하는 위기상황에 처해 있습니다. 과연 무엇으로 이 위기상황을 극복하고 최후의 승리를 장식할 수 있겠습니까? 그것은 이미 승리공식을 증명해 보여준 '초대교회의 복음'으로 다시 돌아가는 길밖에 없습니다.

그렇다면 승리공식을 증명해 보여준 '초대교회의 복음'이란 과연 무엇인지 다시 한 번 깊이 상고해 보아야 할 것입니다. 이를 위해 필자는 주후 1세기 예수님과 가장 가까이 함께했던 요한 사도를 이 시대에 불러서 그를 통해 '복음'이 무엇인지 듣고자 시도했습니다.

5. 사도 바울은 자신을 '복음에 빚진 자'(롬 1:14-15)로 규정하고, 땅 끝까지 복음을 담대히 전하기를 소원했습니다(엡 6:19-20). 필자 또한 '복음에 빚진 자'로서 온 세상에 복음 전하는 것을 사명으로 삼고 살아가는 사람 중 한 사람입니다. '요한 사도, 서울에 오다'라는 부제가 달린 본서

는 예수 복음을 여섯으로 나누고, 요한 사도와 서울에서 만나 매일 하나씩 각각의 복음에 대해 대화를 나누는 것으로 구성되어 있습니다.

공교롭게도 본서는 예수님의 33년의 생애처럼 다섯 권의 번역서를 포함해서 서른세 번째로 출판되는 책입니다. 본서 《왕의 복음》은 《왕의 교체》에 이은 두 번째 왕 시리즈로서, '예수께서 만왕의 왕 되신다'는 의미에서 그렇게 불렀습니다. 여기서 요한 사도가 들려주는 모든 말씀은 사실 여부와 관계없이 필자가 독자에게 들려주고 싶은 이야기를 그분의 입을 통해 말한 것임을 상기해 주었으면 합니다.

아무쪼록 본서를 통해 그리스도인들이 복음의 위력을 다시 발견하여, 세상을 능히 이기며 사는 승리하는 그리스도인들이 되시기를 간절히 소망합니다. 나아가 점점 복음에서 멀어지면서 급격히 무너져가는 한국교회가 다시 재건되고 회복되는 계기가 되기를 두 손 모아 빌어 봅니다.

2018년 정월 초하룻날에
화곡동 까치동산에서
복음에 빚진 자
무명(無名) 쓰다

차례

머리말 _ 사상 전쟁-복음 진리의 승리 **4**

 **제1부**

하나님의 은혜의 복음: 왕을 찾아서
- 까치산역 봉제산에서

1. 사랑의 빛_ 17
2. 요한복음과 요한계시록의 관계_ 34
3. 태초에 비밀이 있었다_ 47
4. 하나님의 은혜의 복음_ 56
5. 바울 사도와 요한 사도의 차이_ 59
6. 진리의 복음서_ 67

 **제2부**

성육신의 복음: 왕의 나심과 오심
- 대학로 마로니에 공원에서

7. 성령에 의한 동정녀 탄생_ 76
8. "태초에 말씀이 계시니라"에 담긴 뜻_ 83
9. 유대인의 네 핵심가치를 성취하신 예수_ 91
10. 최고의 혁명: 예수로 기준 바꾸기_ 100
11. 성육신의 복음 속에 담긴 하나님 사랑_ 116

 **제3부**

하나님 나라의 복음: 왕의 행차와 통치
- 광화문 삼봉로에서

12. 왕 사상으로 본 인류사상사_ 126
13. 세례 요한과 에세네파_ 135
14. 천당과 천국(하나님 나라)의 차이_ 148
15. 회개(거듭남): 왕의 교체_ 159
16. 니고데모와 빌라도의 엇갈린 운명_ 163
17. 세상 왕국과 하나님 왕국의 싸움_ 173

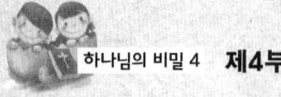 **제4부**

부활의 복음: 왕의 승리와 영광
- 합정동 외국인 묘지에서

18. 오늘의 한국은 선교사들의 희생의 열매_ 182
19. 부활의 복음이 태동한 배경_ 191
20. 복음의 두 축: 십자가와 부활의 관계성_ 199
21. 요한복음에 나타난 '부활의 복음'_ 212
22. 도마, 그를 어떻게 볼 것인가?_ 224

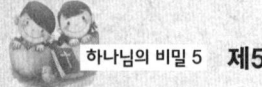 **제5부**

십자가의 복음: 왕의 고난과 등극
- 파주 오두산 통일전망대에서

23. 통일에 대한 염원_ 236
24. 보는 것의 중요성_ 243
25. 십자가의 역설: 대반전 드라마_ 250
26. '십자가 처형'의 실상_ 258
27. 인류 최고의 암호상징: 다윗의 별과 십자가_ 266
28. 모든 비밀은 '어떻게 죽느냐'에 있다_ 285

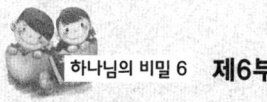 제6부

재림의 복음: 왕의 귀환과 심판
- 압구정동 한강변에서

29. 역사는 심판이다: 뿌린 대로 거둔다_ 292
30. 재림신앙의 명암_ 297
31. 성령의 능력 안에 있는 교회_ 310
32. 〈아가서〉에 나타난 '재림의 복음'_ 320
33. 연인 예수에 대한 그리움을 노래한
　　'요한의 사모곡'_ 327

하나님의 비밀 1

제1부
하나님의 은혜의 복음: 왕을 찾아서
- 까치산역 봉제산에서

1

사랑의 빚

까치: 요한 사도님, 어서 오십시오. 만나 뵙게 되어 영광입니다. 먼 곳까지 오시게 해서 대단히 송구합니다.

요한: 아닙니다. 저도 한번 한국에 오고 싶었습니다. 반갑습니다, 까치 선생. 그런데 여기가 어디인지요?

까치: 서울 중심에서 한 시간가량 벗어난 화곡동 까치산역에 있는 봉제산(鳳啼山)이라는 곳입니다. 제가 2년 반 전에 이곳에 이사 와서 살고 있습니다. 이곳은 갈릴리 나사렛 마을처럼 서민들이 옹기종기 모여 사는 서울 변두리라고 할 수 있죠.

요한: 그런데 선생의 호칭을 '까치'라고 하셨는데, 그 호칭은 이 지역과 관계가 있는 것인지요?

까치: 예, 이 지역은 까치가 참 많습니다. 저는 까치를 좋아합니다. 하지만 제가 '까치' 호칭을 쓰게 된 데는 두 가지 다른 뜻이 있

습니다. 하나는 우리나라 사람들은 '까치'를 기쁨을 가져다주는 새로 믿고 있습니다. '복음'(福音)이 '기쁜 소식', '좋은 소식'이라는 뜻을 가지듯이 '까치' 호칭도 그런 뜻으로 사용하고 싶어서입니다. 또 하나는 하늘의 제왕은 '독수리'인데, 저는 그보다 한참 못한 '까치' 정도의 사람이라는 뜻에서 이 호칭을 사용하고자 했습니다.

요한: 혹시 제가 쓴 요한복음이 '독수리 복음서'로 불리는데, 그렇다면 저를 독수리로, 선생을 까치로, 하늘을 나는 두 새를 연관시키고자 하는 뜻에서 그런 호칭을 쓴 것으로 보아도 되겠습니까?

까치: 제 속마음을 들킨 것 같아 부끄럽네요.

요한: 그런데 이번에 저를 부른 무슨 깊은 뜻이 있는지요?

까치: 인상파 화가 고흐(V. van Gogh, 1853-1890)가 '그림이라는 창'을 통해 인생과 세계를 말했다면, 저는 '사도님과의 대화라는 창'을 통해 성경과 역사, 인생과 세계를 나누고 싶다는 생각에서입니다.

요한: 뜻깊은 대화의 시간이 되었으면 좋겠네요.

까치: 사도님을 이 높은 곳으로 힘들게 오르시게 해서 죄송합니다. 굳이 사도님을 이곳으로 모신 것은 '산에서 나누고 싶은 비밀이야기'가 있어서요.

요한: 제가 모신 예수님도 중요한 뜻을 제자들에게 알리고자 할 때 언제나 산으로 우리들을 데리고 가셨지요. 팔복의 말씀을 하실 때에도 그렇고, 제자들에게 당신의 정체를 물으실 때에도 그렇고, 변화산에서 당신의 변형된 모습을 보이실 때에도 그렇고, 고별설교를 마치신 후 감람산 겟세마네 동산에서 기도하시고자 우리들을 산으로 데리고 가기도 했지요.

까치: 아, 잊고 있었는데 생각해 보니 그러네요. 제가 사도님을

이 조용한 산으로 모신 것은 이 높은 곳에서 저 아래 인간 세상을 내려다보면서 사람들이 살아가는 모습을 보고 싶어서지요. 많은 사람들이 바쁘게 움직이는 거리에서는 참된 자기 자신이나 세상의 진면목을 바로 보기가 어렵기 때문이지요. 엊그제가 성탄절이었지요. 한 해를 마감하는 연말연시에 사도님을 여기까지 오시게 한 것은 '복음에 나타난 하나님의 비밀'을 나누고 싶어서입니다.

요한: 그렇다면 선생이 보기에 지금 서울, 나아가 대한민국의 풍경은 어떤 모습인지요?

까치: 초면에 이런 심각한 말씀을 드려 죄송합니다만 지금 대한민국 수도 서울은 맑은 하늘을 보기가 어려울 정도로 연일 짙은 스모그가 하늘을 덮고 있는 형국입니다. 이것은 비단 자연 현상만을 두고 하는 말이 아닙니다. '영적 난세'를 두고 하는 말입니다.

요한: 실은 여기 오기 전 한국의 상황을 대충 들어 알고 있었습니다만 선생의 말씀을 들으니 제 마음 또한 무거워집니다.

까치: 사도님이 사셨던 그 시대는 지금과는 비교가 되지 않을 정도로 '난세 중의 난세'로 알고 있습니다만….

요한: 그렇습니다. 제가 알기로는 인류역사상 그런 난세 중의 난세도 아마 없을 겁니다. 그래서 메시아가 그때 그곳에 오신 것이 아닌가 여겨집니다. 그리고 그것은 우연이 아닌 하나님의 깊은 경륜이 숨어 있었다는 것이 제 생각입니다.

까치: 메시아라면 예수님을 말하는 것이지요?

요한: 그렇습니다. 한편으로는 제가 그 어둠과 절망의 시대에 태어난 것이 불행이기도 하지만, 다른 한편으로는 그런 시대에 메시아이신 예수님을 만난 것은 세상에 다시없는 행운이었지요. 역설

처럼 들리지만 말입니다.

까치: '다시없는 행운'이라고 말씀하셨는데, 무엇을 두고 하시는 말씀인지?

요한: 예수님의 생애를 그린 '요한복음서'를 쓰도록 환경을 조성해 준 것이지요.

까치: 사도님 앞에서 이런 말씀을 드리기 좀 그렇습니다만 '요한복음서'와 비교할 만한 책은 이 세상에 없다는 것이 제 생각입니다. 그 얘기는 차차 하기로 하고요. 실은 제가 사도님께 정말 알고 싶은 것이 있습니다. 사도께서 예수님과 함께했던 것은 주후 30년 어간이고, 요한복음서가 나온 것은 주후 90년 어간으로 알고 있습니다. 그렇다면 사도께서는 무려 60년이라는 긴 거리가 있는 이 두 시대를 어떻게 결합시켜 요한복음서라는 책을 쓸 수 있었는지 그게 못내 궁금합니다.

요한: 제 스승 예수님은 당신이 사신 그 시대를 유대 역사의 파국이 곧 오리라는 긴급성 속에서 사셨지요. 그런데 제가 요한복음서를 완성한 주후 90년경 또한 도미티안 황제에 의한 기독교 박해, 즉 기독교회의 파국이 임박한 절체절명의 위기상황이었죠. 그런 의미에서 두 시대는 절묘하게 맞아떨어졌다고 볼 수 있죠. 저의 요한복음서는 바로 그 같은 절박한 위기상황이 낳은 산물이지요.

까치: 사도님이 그렇게 말씀하시니 '난세에 영웅이 난다'는 말이 생각납니다. 위대한 걸작은 한가롭고 평화로운 시절에 나오기보다는 절망과 비탄의 소리가 하늘에 사무치고, 생존이 위협당하는 절박한 위기, 고난과 박해, 순교 상황에서 탄생하는 것이라고 봐도 좋을 듯하네요.

요한: 예, 바로 보셨습니다. 실은 제가 쓴 복음서는 기독교에 대한 유대교와 로마제국의 탄압과 박해 상황에서 쓰인 요한계시록과 같은 시대, 같은 상황에서 나왔습니다. 다른 점이 있다면 계시록의 저자는 그런 상황을 '노출 방식'으로 표현한 반면, 저는 철저히 '은폐 방식'으로 표현했다는 점이 다를 뿐입니다.

까치: 두 책의 차이를 '노출 방식'과 '은폐 방식'으로 표현하셨다고 하셨는데, 좀 더 쉽게 설명해 주셨으면 합니다.

요한: 상세한 설명은 차차 말씀드리도록 하고, 쉽게 표현하면 고난을 대하는 방식에 있어 계시록은 운명과 영웅적으로 맞서 싸우는 격이고, 요한복음은 그런 내색 전혀 없이 웃음으로 경쾌하게 승화시키는 격이지요. 음악적으로 말하면 계시록은 '베토벤의 음악'에 비유되고, 요한복음은 '모차르트의 음악'에 비유할 수 있겠지요.

까치: 그렇게 말씀하시니 더욱 궁금해지는데요. 방금 두 천재 음악가의 음악으로 두 작품을 비유하셨는데, 사도님도 자신의 작품을 천재성이 깃든 작품으로 보시는지요?

요한: 아, 그렇게 들렸다면 자화자찬하는 격이 되었네요. 죄송합니다.

까치: 아닙니다. 실은 저만이 아니라 많은 이들이 요한복음에 대해 '천재성이 유감없이 발휘된 불후의 명작'으로 보고 있습니다.

요한: 그렇게 말씀하시니 몸 둘 바를 모르겠네요.

까치: 그 천재성의 비밀을 푸는 중요한 단서가 있다면 무엇인지 말씀해 주실 수 있겠는지요?

요한: 그것은 한마디로 '주님 사랑'입니다.

까치: 흔히들 요한복음을 '사랑의 복음서'라고 말합니다. 평생에

걸친 주님 사랑이 '사랑의 복음서'를 낳게 되었다면, 거기에는 사도님만의 특별한 체험이 있을 것 같습니다. 주님과의 잊지 못할 사랑의 추억 같은 것이 있다면 말씀해 주시겠습니까?

요한: 까치 선생께서 질문하시니 제가 어쩔 수 없이 대답합니다만 실은 꼭꼭 숨기고 싶은 저만의 비밀이지요.

까치: 아, 그렇습니까. 제가 너무 앞서 갔네요.

요한: 아닙니다. 까치 선생의 질문은 제가 쓴 책의 비밀을 푸는 열쇠라고 할 정도로 중요한 질문입니다. 제가 요한복음에서 '품'(원어로 '콜포스') 어휘를 꼭 두 번(요 1:18, 13:23) 사용했습니다. 먼저, 로고스 찬가(요 1:1-18)의 마지막 구절인 1장 18절은 독생자 예수께서 아버지 하나님 품속에서 느낀 '하나님 사랑'을 말하고 있습니다. 다음으로, 13장 23절은 최후의 만찬 석상인 마가의 다락방에서 식사하는 중에 제가 주님의 품에 안겼을 때 느낀 '하나님 사랑'을 말하고 있죠. 하나님의 사랑, 즉 아무 조건 없이 베푸신 '아가페 사랑', 여기서 요한복음서는 탄생되었다고 할 수 있죠.

까치: 제가 요한 사도님과 다른 사도님을 이렇게 비교한 적이 있습니다. 발명왕 에디슨은 "천재는 99%의 노력(perspiration)과 1%의 영감(inspiration)으로 이루어진다"라고 말했습니다. 여기서 중요한 것은 '99%의 노력'이 아니라 '1%의 영감'이라고 에디슨은 말했습니다. 타의 추종을 불허하는 요한의 천재성은 '1%의 영감'에 있는데, 그것은 요한 사도만이 예수님을 직접 만져 보았다(touch)는 데 있다고 말한다면 적절한 비유가 될는지요?

요한: 까치 선생께서 그렇게 말씀하시니 제가 다른 사도님들께 미움을 사겠네요.

까치: 그래서 사실을 사실대로 말하는 것이 어려운가 봅니다. 타인에 대한 배려도 고려해야 하니까요. 좀 다른 얘기입니다만 레오나르도 다 빈치의 명화 〈최후의 만찬〉을 보면 예수님 오른편에 여자처럼 그려져 있는 제자가 있는데, 이를 두고 소설 《다빈치코드》는 '막달라 마리아'라고 말하고 있습니다.

요한: 그것은 화가와 작가가 만들어낸 '예술적 상상력'이라고 하면 무난할 겁니다. 우선 예수님의 열두 제자 가운데 여자는 포함되어 있지 않습니다. 여자처럼 보이는 이 제자는 제자들 중 가장 나이 어린 저입니다. 그런데 레오나르도가 저를 여자처럼 그린 데에는 그의 탁월한 통찰이 깃들어 있지요.

까치: 잘 이해가 안 됩니다. 좀 더 자세히 설명해 주실 수 있겠는지요?

요한: 그러지요. 제가 다른 열한 명의 제자들과 다른 점이 있다면 바로 이 지점입니다. 어린 아기가 어머니의 품속에서 평생 잊지 못할 '어머니의 따뜻한 사랑'을 느낀 것처럼 저 또한 주님의 품속에서 다른 제자가 알지 못하는 '하나님의 따뜻한 사랑'을 느꼈지요. 저는 그 짧은 순간의 감동을 평생 잊지 못했죠. 숨소리, 박동소리, 체취, 온화함, 따뜻함 등 다른 제자들이 느끼지 못한 것들을 그 품속에서 느낀 겁니다. 제가 다른 제자들과 다르고, 요한복음서가 다른 복음서와 다르다면 바로 이 지점입니다.

까치: 천재들은 대개 원초적인 싸늘함을 지니고 있는데, 사도님의 천재성의 특징은 '따뜻함'입니다. 그 따뜻함은 주님의 품속에서 느낀 '사랑의 따뜻함'에서 비롯되었다고 보아도 되겠는지요?

요한: 예, 정확히 보셨습니다. 태초에, 즉 창조 이전, 역사 이전에

1_ 사랑의 빛

아버지와 아들과 성령, 이렇게 세 분이 한자리에서 사랑의 대화를 나누면서 아들은 아버지의 품속에서 아가페 사랑을 전해 받고(요 1:18), 그 아버지의 사랑을 전하기 위해 이 세상에 오셨지요. 갈릴리에 오신 주님은 제자들 가운데 가장 나이 어린 저를 유독 사랑하셨고, 저는 주님의 품속에서 하나님의 아가페 사랑을 전수받았죠(요 13:23). 아가페 사랑의 감격과 충격이 요한복음을 낳았다고 할 수 있지요.

까치: 그런데 한 가지 궁금한 것이 있습니다. 천재화가 레오나르도가 〈최후의 만찬〉에서 왜 사도님을 여성으로 그렸을까요?

요한: '사랑'이야말로 여성의 최고 가치라고 말할 수 있죠. 저를 여성으로 그림으로써 저의 복음서가 '사랑의 복음서'임을 은연중에 드러내고자 한 것으로 보입니다.

까치: 듣고 보니 놀라운 통찰이네요.

요한: 제 생각에도 레오나르도의 천재성이 바로 거기에 있지 않나 생각되네요.

까치: 사도님은 갈릴리 어부 출신이고 '학문 없는 범인'(행 4:13)으로 알고 있습니다. 반복되는 질문 같은데요. 이 같은 천재성은 어디서 비롯된 것인지 그것이 항상 궁금했습니다. 그래서 사도님을 뵈면 이에 대한 설명을 듣고 싶었습니다.

요한: 자꾸 '천재성'이라는 말을 들으니 민망합니다만 '천재성'이라는 말이 나왔으니 여기서 이 문제를 짚고 넘어가죠. 어떤 학자가 "바울이 왕성한 지성을 지닌 천재라면, 요한은 깊은 통찰력을 지닌 천재다"라는 말을 하더군요. 저의 천재성은 바울 사도처럼 학교에서 배운 학문적 천재성이 아닙니다. 스승 예수로부터 직접 배운 하

늘의 지혜와 오랜 기간 기도와 묵상, 그리고 사색을 통해 얻은 삶의 지혜와 통찰로부터 나온 천재성이라고나 할까요.

까치: 제 책상 앞에는 밧모 섬에서 한 노파로부터 1달러를 주고 산 사도님이 그려진 이콘이 있습니다. 그 이콘을 보면 대머리를 하고 있는 사도님의 이마에는 땅에 머리를 대고 기도를 많이 한 흔적으로 혹이 달려 있고, 머리 뒤에는 둥근 후광이 둘러 있는 모습을 하고 있어요. 이 이콘이 사도님의 오랜 기도와 묵상, 그리고 사색을 말해 주는 한 상징물이라고 보아도 될까요?

요한: 저에 대해 이렇게까지 깊은 관심을 가져주심에 감사할 따름입니다.

까치: 20세기 영성신학자인 리처드 포스터(R. Foster)라는 학자는 요한복음을 가리켜 '묵상의 전통'(기도로 충만한 생활)에 속하는 책이라는 말을 했습니다. 이 표현이 마음에 드시는지요?

요한: 예, 아주 적절한 표현이라고 생각됩니다. 주님으로부터 사랑을 가장 많이 받은 제가 주님 사후 60년 가까이 '주님의 사랑'과 '주님의 말씀'을 사색하고 묵상 기도하는 가운데 나온 결과물이 요한복음이라고 말할 수 있지요.

까치: 요한복음이 초신자에게도 쉽게 읽힐 수 있는 것은 사도께서 배운 것이 짧아 어려운 학문적 용어를 많이 사용하지 않은 점도 있겠으나 오랜 동안의 사색과 기도를 통해 쉽게 다듬어진 언어를 구사하고 있기 때문이라고 보아도 되겠는지요?

요한: 예, 그렇습니다. 덧붙여서 말씀드리면, 요한복음을 전체적으로 일관성과 통일성을 갖춘 '통으로 짠 이음새 없는 옷'(요 19:23)으로 말하는 것도 그렇고, '가장 쉬우면서도 가장 심오한 내용을 지

닌 책'이라고 말하는 것도 다 이와 연관되어 있다고 볼 수 있죠.

까치: 그렇다면 이제 좀 더 구체적인 얘기를 해보죠. 주님 사후 60년 가까운 세월을 '주님의 사랑'과 '주님의 말씀'을 사색하고 묵상하였다고 말씀하셨는데, 거기에는 그럴 만한 강한 충격이나 잊지 못할 추억의 감동이 있지 않았나 하는 생각이 듭니다.

요한: 예, 한마디로 그분이 나를 미치게 했죠. 미친 사람은 공연히 미치지 않죠. 미칠 만한 이유가 있어서 미치는 것이죠.

까치: 우리 동양에는 이런 말이 있습니다. "사나이는 자기를 알아주는 자를 위해 목숨을 바친다." '나를 미치게 했다'는 사도님의 표현에서 그분이 사도님을 알아주셨기 때문이라는 생각이 드는데….

요한: 예, 그렇습니다. 유대 지방 사람들은 저 같은 갈릴리 지방 사람들을 무시했고, 더욱이 어부 출신이라고 천시했죠. 그런데 주님이 저를 알아주시고, 사람 대접을 해주셨거든요. 더욱이 열두 제자 가운데서도 저를 가장 아끼고 사랑해 주셨지요. 피가 섞인 혈육입니까, 같이 동문수학한 친구입니까, 그분이 어려울 때 제가 도와드린 적이 있습니까, 스승으로 모시고자 찾아가기라도 했습니까? 저는 한 것이 아무것도 없습니다. 어느 날 갑자기 그분이 갈릴리 해변에 찾아오셔서 저를 부르신 겁니다. 제가 뭐라고, 높고 높으신 그분이 저를 끔찍이 사랑해 주시고, 제일 나이 어린 저를 최측근인 3인방의 한 사람으로 가까이 두시고, 심지어는 십자가에 운명하실 때에는 당신의 어머니를 제게 맡기시기까지 저를 믿어 주셨으니, 제가 미치지 않을 수 있겠습니까?

까치: 사도님의 말씀을 들으니 바울 사도께서 "우리가 만일 미쳤

어도 하나님을 위한 것이요 정신이 온전하여도 너희를 위한 것이니/ 그리스도의 사랑이 우리를 강권하시는도다 우리가 생각하건대 한 사람이 모든 사람을 대신하여 죽은즉 모든 사람이 죽은 것이라"(고후 5:13-14)고 하신 말씀이 떠오르네요.

요한: 그렇습니다. 그리스도의 사랑이 바울 사도를 미치게 했죠. 그래서 그분은 일생을 동분서주, 남선북마 하시면서 소아시아와 유럽에 복음을 전했던 것이죠. 아그립바 왕 앞에서 열변을 토하며 복음을 설파하자 그 모습을 본 베스도 각하가 "바울아 네가 미쳤도다 네 많은 학문이 너를 미치게 한다"(행 26:24)라고 크게 소리 지른 것을 보아도 바울 사도께서 얼마나 복음 전도에 미쳐 있었는가를 알 수 있죠. 다메섹 도상에서 부활하신 주님을 만난 충격이 바울 사도로 하여금 일생을 주님 사랑에 미쳐 살게 한 원동력이라고 할 수 있죠.

까치: 사도님 앞에서 이런 말씀을 드려 송구합니다만 하나님께서 인류에게 주신 가장 좋은 선물은 '예수님과 요한복음'이라고 생각하는데, 요한복음이라는 최고의 선물은 결국 주님의 아가페 사랑에서 비롯되었다고 말할 수 있겠네요.

요한: 그렇습니다. 주님의 아가페 사랑이 기적을 낳은 것이지요. 그리고 그 기적은 전적으로 하나님의 은혜지요.

까치: '하나님의 은혜'라고 하시면…?

요한: 은혜란 '값없이 주는 선물'이라는 뜻입니다. 하나님께서 제게 세 가지 선물을 주셨습니다. 첫째는, 예수님을 만나 그분으로부터 직접 말씀을 들을 수 있는 행운입니다. 더욱이 주님은 열두 제자 중에서도 저를 가장 사랑하시고 가까이 두셨지요. 둘째는, 구

약성경과 더불어 바울 서신과 공관복음서가 회람되어 제 손에 들려졌다는 사실입니다. 나중에 계속해서 말씀드리겠지만 이것은 대단히 중요한 의미를 가지고 있습니다. 셋째는, 죽음을 이기고 다시 사신 부활의 주님에 대한 체험과 오순절 성령 강림 사건 이후 성령께서 친히 제게 찾아오셔서 모든 것을 생각나게 하시고 붓을 들자 하늘의 지혜를 쏟아 부어 주셨지요. 그야말로 감당하기 어려운 은혜지요.

까치: 감당하기 어려운 은혜가 고스란히 '사랑의 빚'으로 남게 되었다고 말해도 되겠는지요?

요한: 그렇습니다. '사랑의 빚'이 결국은 일생일대의 사명이 되었지요. 그런데 그 사랑의 빚을 갚기에 앞서 제 가슴 깊은 곳에서는 숨겨 둔 연인처럼 나사렛 예수에 대한 연정이 점점 커져 갔습니다. 그분을 그리워할 때면, 특히 주님의 품에 안겼던 그 순간을 생각하면 전류처럼 온 몸을 타고 흐르는 첫사랑의 전율에 감전되는 느낌을 주체할 수 없었죠. 그야말로 지난 60년의 세월은 날마다 주님과 함께 자고 깨는 세월이었죠.

까치: 말씀을 듣고 보니 밭에 감춰진 보화를 발견한 사람이 집으로 돌아가서 자기의 소유를 다 팔아 그 밭을 산 주님의 비유(마 13:44)가 생각나네요.

요한: 그렇습니다. 십자가에서 보혈을 흘리시기까지 당신의 전부를 주고 저를 사랑하신 주님을 위해 저 또한 주님을 위해 번제단 위에 바쳐진 희생제물처럼 제 생애 전부를 불태워 바치기로 결단했지요.

까치: 그 결단을 구체적으로 말씀하신다면요?

요한: 러시아 말에 '쉬또 젤라찌'라는 말이 있습니다. '무엇을 할 것인가?'라는 말입니다. 주님으로부터 받은 그 크신 사랑을 무엇으로 보답해야 하나 하는 생각으로 그날 이후 저는 참 많은 고민을 했습니다. 그러다가 마침내 제 전 생애를 걸고 그분에 대한 '한 권의 책'을 써야겠다는 생각에 다다랐죠. 그 '한 권의 책'은 이전에 예수님에 대해 썼던 바울 사도님의 글이나 공관복음서(마태, 마가, 누가) 기자가 쓴 것과는 차원이 다른 책이어야 한다고 생각했습니다.

까치: 차원이 다른 책이라고 하시면…?

요한: 두 가지 측면으로 말씀드릴 수 있을 것 같네요. 하나는 예수께서 행하신 모든 행적을 제3자의 눈 곧 목격자의 눈으로 보고 객관적으로 보도하는 드라이하게 기술하는 방식을 넘어, 가슴 깊은 곳에 숨겨 둔 연인, 그 연인을 생각하면 눈부신 아름다움으로, 사무치는 그리움으로, 견딜 수 없도록 가슴 설레는 사랑스러움으로 남아 있는 그런 사랑과 정열의 대상으로 그분을 그리는 것이지요.

까치: 요한복음이야말로 남성적이고 이성적인 로고스(logos)와 여성적이고 감성적인 파토스(pathos)가 절묘하게 조화를 이룬 명작이라는 생각을 했습니다. 사도님의 주님을 향한 파토스적 열정이 차원이 다른 책으로 나타나게 된 한 요인이네요. 그렇다면 또 다른 하나는요?

요한: 또 하나는 성육신적 차원입니다. 즉 땅에서의 차원이 아닌 하늘에서의 차원으로 주님을 그리고자 한 것이지요. 사실 이것이 이 세상의 모든 책과 요한복음의 결정적인 차이라고 말할 수 있죠.

까치: 성육신적 차원의 중요성에 대해서는 하실 말씀이 많을 것 같네요. 이에 대해서는 차차 말씀을 듣기로 하고, 주님을 성육신적

차원으로 그리고자 한 배경은 어디서 비롯되었는지 간단히 말씀해 주십시오.

요한: 간단히 말씀하시라고 하니 '한마디'로 말합니다. "저는 나사렛 예수, 그분에게서 하나님을 보았습니다."

까치: 그렇다면 나사렛 예수는 하나님을 알거나 볼 수 있는 통로가 되시는 분이네요.

요한: 그렇습니다. 구체적으로 하나님이 어떤 분인지를 알고 싶으면 성육신한 예수, 그분을 보면 된다는 말이지요. 성육신한 예수는 '하나님의 보이는 형상'이지요. 그러니까 '하나님을 온전히 드러낸 계시자'라고 말할 수 있지요.

까치: 갑자기 이해하기 어렵다는 생각이 드네요. 일단 그 문제는 괄호로 묶어 놓고 다음 얘기로 넘어가죠.

요한: 차차 자세히 말씀드리도록 하겠습니다.

까치: 인류 최고의 걸작인 요한복음의 탄생은 그 자체로 모든 이들의 참 소망의 언어라는 생각을 해보았습니다.

요한: 무슨 뜻으로 하시는 말씀인지요?

까치: 죄송합니다만 미천한 갈릴리 어부 출신인 사도께서도 주님께 붙들리자 최고의 작품을 낳았다면, 우리 같은 보통 사람도 주님의 손에 붙들리기만 하면 얼마든지 그 같은 가능성이 열려 있다는 의미에서 소망의 메시지를 던져 주고 있다는 뜻으로 말했습니다.

요한: 저 같은 사람이 많은 이들의 소망이 되었다면 그것만으로도 저는 참 복을 많이 받은 행운아라는 생각이 드네요.

까치: 최고만이 살아남는 오늘의 세상에서 사도님으로부터 최고

가 되는 비결을 배울 수 있다면 무엇이 되겠는지요?

요한: 최고 고수를 찾아가 배우면 최고가 되겠지요. 하지만 누가 최고 고수인지 알기도 어렵고, 알았다 하더라도 비싼 값을 지불하지 않으면 배울 수 없는 것이 현실이지요. 그런데 한 가지 좋은 길이 있습니다. 이 세상 그 누구와도 비교가 안 되는 최고 고수가 있지요. '나사렛 예수라는 고수'입니다. 그분을 찾아가면 아무것도 요구하지 않고 거짓말처럼 아주 친절하게 맞아 주십니다. 그분 밑에서 배우면 당신도 최고가 됩니다. 잘 믿기지 않겠지만 저를 보시고 제 말을 제발 믿어 주셨으면 합니다.

까치: "믿는 자에게 복이 있다"는 말씀이 생각나네요.

요한: 주님께서도 말씀하셨지요. "나로 말미암아 실족하지 아니하는 자는 복이 있도다"(마 11:6). 제 말에 실족하지 않는 자에게 복이 있을지어다!

까치: 아멘입니다.

까치: 혹시 제 요청에 기꺼이 응하신 사도님의 어떤 깊은 뜻이 있으신가요?

요한: 한국은 '제2의 이스라엘'이라는 생각 때문입니다. 복음의 마지막 주자로서 이 시대에 하나님께서 세계를 구원할 제사장의 나라, 거룩한 백성(출 19:5-6)으로 쓰고자 부르시고 선택하셨다는 생각 때문입니다.

까치: 사도님의 말씀을 듣고 보니 한민족과 한국교회가 짊어질 세계사적 사명과 책임이 막중하다는 생각을 다시 가져봅니다.

요한: 일찍이 하나님께서 이스라엘 민족에게 '하나님의 비밀'을

1_ 사랑의 빚

보여주셨죠. 저는 그 하나님의 비밀을 이어받은 '새 이스라엘' 민족이 바로 '한민족'이라고 생각합니다. 세계 지도를 펴놓고 보십시오. 이스라엘은 아시아의 서쪽 끝이고, 한국은 아시아의 동쪽 끝입니다. 이스라엘의 수도 예루살렘과 한국의 수도 서울은 거의 비슷한 위도에 자리 잡고 있지요.

역사적으로 이스라엘은 이집트, 앗수르, 바벨론, 헬라와 로마라는 강대국에 의한 고난의 역사를 살아왔지요. 이는 세 대륙, 즉 아시아, 아프리카, 유럽을 잇는 지정학적 위치의 중요성 때문이지요. 마찬가지로 한민족이 고난의 역사를 살아온 것은 대륙과 대양을 잇는 지정학적 위치의 중요성 때문이지요. 이 같은 한반도의 지정학적 위치의 중요성은 4대 열강인 일본, 중국, 러시아, 미국의 각축장이 되었고, 오늘날의 분단 한국의 비극도 여기에서 비롯되는 것이지요.

까치: 사도님을 통해 지정학적 위치의 중요성에 기인하는 남한과 북한의 분단 상황의 비극에 대한 말씀을 들으니 제 가슴이 뭉클하네요.

요한: 오늘날의 남북한의 분단처럼 이스라엘 민족도 남유다와 북이스라엘로 분단되어 서로 싸우다가 결국 두 나라가 열강들의 침략에 의해 차례로 망해갔던 지난날의 역사가 있습니다.

까치: 듣고 보니 이스라엘 민족과 한민족은 공통점이 참 많네요. 그런 의미에서 사도님과의 대화를 통해 많은 교훈을 얻고자 합니다.

요한: 저도 까치 선생으로부터 한민족에 대해 많은 것을 배우고자 합니다.

까치: 그렇게 말씀하시니 저 또한 흐뭇하네요. 감사합니다. 제가 사도님과 만나 어떤 식으로 대화를 진행하면 좋을까 고심하다가 '여섯 개의 복음'을 가지고 매일 하나씩 장소를 옮겨가며 사도님의 말씀을 듣는 것으로 하면 어떨까 하고 생각했습니다.

요한: '여섯 개의 복음'이라고 하시면…?

까치: '하나님의 은혜의 복음', '성육신의 복음', '하나님 나라의 복음', '부활의 복음', '십자가의 복음', '재림의 복음'입니다.

요한: 참 좋은 생각입니다.

까치: 그러면 오늘은 '하나님의 은혜의 복음'에 대해 말씀을 듣는 시간을 갖도록 하죠.

1_ 사랑의 빛

2

요한복음과
요한계시록의 관계

까치: 먼저 사도님께 단도직입적으로 여쭙겠습니다. 사도께서는 예수님을 한마디로 무엇이라고 생각하시나요?

요한: 저는 예수님을 '하나님의 비밀'이라고 생각합니다. 로마서를 마감하는 끝자락에서 바울 사도께서 이렇게 말씀하고 있어요. "나의 복음과 예수 그리스도를 전파함은 영세 전부터 감추어졌다가/ 이제는 나타내신 바 되었으며 영원하신 하나님의 명을 따라 선지자들의 글로 말미암아 모든 민족이 믿어 순종하게 하시려고 알게 하신 바 그 신비의 계시를 따라 된 것이니 이 복음으로 너희를 능히 견고하게 하실/ 지혜로우신 하나님께 예수 그리스도로 말미암아 영광이 세세무궁하도록 있을지어다 아멘"(롬 16:25-27). 성경은 모든 민족이 믿어 순종하게 하시려고 신비(비밀)의 계시에 따라 된 것이기에 계시가 열려야 영세 전부터 감추어졌던 예수 그리스도의

복음의 비밀을 알 수 있다는 것이죠.

그리스도 예수에 관한 모든 것이 전부 '비밀'(뮈스테리온, μυστηρίον)이라고 말씀드리고 싶네요. 그때 거기에 오신 것, 그분의 말씀과 행적, 그렇게 죽으신 것, 그렇게 부활하신 것, 그렇게 다시 오시리라는 약속의 말씀 등 모든 것이 전부 비밀이지요. 그래서 저는 하나님께서 인류에게 주신 최고의 비밀은 '예수 그리스도'이고, 그것을 가장 잘 드러내 보여준 '암호상징'(그림언어)이 '다윗의 별을 성취한 십자가'라고 생각합니다. 더 자세한 설명은 '십자가의 복음'에서 말씀드리지요.

까치: 방금 너무나도 많은 것을 한꺼번에 말씀하신 것 같아요. 먼저 예수님을 '하나님의 비밀'이라고 말씀하셨는데, 무슨 뜻인지요?

요한: '비밀'이라는 말은 감춰진 것, 숨겨진 것을 말하는 것이지요. 또는 감추고 싶고 숨기고 싶은 것을 '비밀'이라고 말하지요. 예수님은 하나님께서 꼭꼭 숨겨 놓으신 가장 신비스러운 비밀이지요. 이 비밀은 역사 속에 예수께서 나타나시기 전까지는 아무도 몰랐어요. 그런데 아이러니한 것은 예수께서 역사 속에 나타나셔서 '하나님의 비밀'을 보여주셨고, 뿐만 아니라 그분을 만난 사도들과 목격자들이 예수님이야말로 하나님께서 우리를 사랑하사 보내주신 최고의 비밀임을 성경에서 줄기차게 말씀하고 있지요. 그럼에도 불구하고 아직도 그 비밀에 대해 안 믿거나 아무런 관심도 없는 이들이 많다는 사실이 안타깝네요.

까치: '하나님의 비밀'은 구체적으로 성경 어디에 나타나나요?

요한: 구약성경에서는 다니엘서(2:18, 19, 27, 28, 29, 30, 47, 4:9)에서

가장 많이 나타납니다. 그리고 신약성경에서는 누가복음(8:10), 로마서(11:25, 16:26), 고린도전서(2:1, 4:1, 13:2, 14:2, 15:51), 에베소서(1:9, 3:3, 4, 9; 5:32; 6:19), 골로새서(1:26, 27, 2:2, 4:3), 데살로니가후서(2:7), 디모데전서(3:9, 16), 요한계시록(1:20, 10:7, 17:5, 7)에 나타납니다. 그러니까 '비밀' 어휘는 다니엘서부터 신약성경 마지막 책인 요한계시록에까지 두루 나타나고 있지요.

까치: 비밀 어휘가 다니엘서와 계시록에 많이 나타나는데 그 이유는 무엇인가요?

요한: 비밀 어휘는 문학 장르상 '묵시문학'에 속하는 작품에서 주로 나타나는데, 이 두 문서가 '묵시문학'에 속하는 작품이기 때문입니다. '묵시문학'이란 정치적 또는 종교적으로 극심한 박해상황 곧 생존이 위협당하는 절체절명의 위기상황에서 나온 문학적 작품들을 일컫는 전문용어입니다. 그 같은 상황에서 직설적으로 말하면 관계 당국으로부터 화를 입을 가능성이 많지요. 그래서 전달하고자 하는 메시지를 비밀스럽게 위장하여 암호처럼 은유와 상징을 많이 사용하지요.

성경에서 '묵시문학 시대'라 함은 주전 200년에서 주후 100년 어간으로 잡고 있습니다. 다니엘서는 주전 160년대에 헬라 왕 안티오쿠스 에피파네스가 헬레니즘을 강요하면서 유대인들을 박해하자 타협이나 배교를 하지 말고 신앙적 순결을 지킬 것을 격려하고자 쓰인 문서이지요. 또한 요한계시록은 주후 1세기 말경 로마제국의 도미티안 황제가 황제숭배를 강요하는 상황에서 기독교인들에게 황제숭배를 거부하고 신앙적 순결을 지킬 것을 격려하고자 쓰인 문서입니다. 그러니까 신약성경의 거의 대부분이 주후 1세기 내에 쓰인 문서라는 점에서 정도의 차이만 있을 뿐 신약성경은 묵시문학에 속하는 작품이라고 말할 수 있죠.

까치: 제가 알기로는 지난 세기 최고의 신약학자인 불트만(R. Bultmann)의 제자 케제만(E. Käsemann)이라는 학자가 "묵시문학은 기독교의 어머니다"라는 말을 했습니다. 그러자 '묵시문학'에 대해 심히 거부감을 가지고 있던 스승 불트만은 몹시 불쾌하게 생각했습니다. 그러면서 '묵시문학'이라는 말을 '종말론'이라는 말로 고쳐서 말한다면 그 발언을 수용하겠지만 그렇지 않다면 그 발언을 인정할 수 없다고 했답니다. 이에 대해 사도님의 생각은 어떠하신지요?

요한: 우리가 처음부터 너무 앞서 나간 것 같네요. 자세한 것은 다음 기회에 다시 말씀드리기로 하고, 여기서는 다만 불트만이 '묵시문학'에 대해 몹시 거부감을 갖고 있었다는 점, 그리고 묵시문학에 대한 이해의 결여가 그의 대저 《요한복음연구》가 결정적으로 빗나가는 계기가 되었다는 점만 짚고 넘어갑니다.

까치: 그런데 한 가지 의아한 것이 있습니다. 사도께서 방금 말씀하신 '비밀' 어휘가 요한계시록에는 나타나는데, 영적 복음서이자 일반인들이 같은 저자로 알고 있는 요한복음에는 전혀 나타나지 않는 것이 이상하네요?

요한: 예, 아주 좋은 질문입니다. 이미 언급했듯이 제가 요한복음을 쓰던 주후 90년경은 기독교회가 유서 깊은 유대교와 로마 도미티안 황제에 의해 심한 박해를 당하던 때였습니다. 당국에 의한 문서 검열도 심한 때였지요. 그래서 다니엘서나 요한계시록을 쓴 저자들은 '비밀' 어휘를 사용하여 비밀결사체로서의 그들 공동체

의 결속력을 다지고자 했습니다. 더욱이 저는 필화의 위험을 피하기 위해 오해의 소지가 있는 용어에 대해서조차 철저히 은폐시키려고 했습니다. 그것이 더욱 지혜로운 처신이라고 생각했지요. 그래서 계시록과는 달리 묵시문학적 모습을 애써 보이지 않으려고 '비밀' 어휘만이 아니라 천사, 전쟁, 환상, 교회, 기도, 복음, 회개, 숫자 표기 등 이런 표현들을 직접 드러내놓지 않으려고 극히 자제했지요.

까치: 듣고 보니 요한복음과 요한계시록은 '요한'이라는 이름만 같을 뿐 저자는 다른 것으로 들리는데, 그렇습니까?

요한: 예, 아주 좋은 질문입니다. '요한복음과 요한계시록의 관계'는 너무나도 많은 얘기를 해야 할 뿐 아니라 저 자신과 관련된 얘기이기에 아주 조심스럽습니다. 더구나 두 책의 저자 문제에 대해서는 그동안 너무나도 많은 논쟁이 있었다는 점도 잘 알고 있습니다. 이 책의 초두에서부터 저자 문제를 다루는 것이 솔직히 무척 곤혹스럽습니다. 하지만 그동안의 오해를 불식시키기 위해서라도 이 자리에서 분명하게 제 입장을 말씀드리는 것이 좋을 듯합니다. 저자 문제와 관련해서 먼저 두 가지를 말씀드립니다.

첫째로, 저자 문제는 구원과 관련이 없습니다. 그런데 저자 문제를 구원과 관련시키면서 저자가 다르면 이단처럼 여기는 태도는 바람직하지 않다는 점을 분명하게 말씀드립니다. 저자 문제는 단지 그 문서를 보다 잘 이해하기 위한 한 방편일 뿐입니다. 둘째로, 성경 66권 가운데 저자 문제를 정확히 알 수 있는 문서는 바울 사도의 일곱 문서(롬, 고전, 고후, 갈, 빌, 살전, 몬)밖에 없고, 그 나머지에 대해서는 거의 정확히 알 수 없다는 점입니다. 다시 말하면, 저자 문제는 너무나도 복잡한 문제로써 생각처럼 그렇게 단순하지 않습니다. 지난 세기 학자들은 이 두 책의 저자가 다르다는 것에 거의 의견의 일치를 보았습니다.

이제 이 두 책에 대한 제 입장을 말씀드립니다. 그동안 저에 대한 존경심에서 이 두 책의 저자를 모두 제게 돌리는 것에 대해서는 황송할 뿐입니다. 결론부터 말씀드리면, 저는 일생 동안 〈요한복음〉이라는 단 한 권의 책만 썼습니다. 그리고 그 단 한 권의 책이 최고의 걸작이 되도록 심혈을 기울였죠.

예수님의 부활 승천 이후 지난 60년 동안 저는 오직 제가 만난 예수님이 어떤 분인가를 사색하고 묵상했습니다. 그러다가 마침내 먼저 기록된 공관복음서에 기초하여 〈요한복음〉 한 권을 집필하는 것을 필생의 사명으로 알고, 이 책 한 권을 쓰는 데 제 전 생애를 바쳤습니다.

따라서 저와 거의 동시대에 쓰인 것으로 전해지는 요한계시록에 대해서 저는 모릅니다. 단지 저의 사후 요한복음과 요한계시록이 신약성경이라는 한 권 안에 묶여져 오늘날 우리에게 전해져 내려오고 있다는 사실만 알고 있지요.

까치: 죄송한 말씀이지만 저자가 다르다는 사도님의 말씀에 대한 독자들의 오해를 불식시키기 위해서라도 두 문서의 차이점을 간단하게라도 이 자리에서 먼저 말씀해 주실 수 있을까요?

요한: 굳이 말씀드리면 세 가지로 간단히 말씀드리지요.

첫째는, '전승의 차이'입니다. 구약시대부터 두 전승이 내려오고 있었는데, 북왕국 이스라엘 전승과 남왕국 유대 전승이 그것입니다. 북전승은 모세(예언자)와 갈릴리를 강조하는 전승이고, 남전승은 다윗(왕)과 예루살렘(성전)을 강조하는 특징이 있지요. 그리스도를 새 다윗(마 1장)으로 그린 마태복음은 남유다 전승에 속하는 책입니다. 그래서 다윗은 17구절에 걸쳐 나오는 반면 모세는 7구절에 나올 뿐입니다.

반면에 그리스도를 새 모세(요 1장)로 그린 요한복음은 북이스라엘 전승에 속하는 책입니다. 그래서 모세는 12구절(요 1:17, 45, 3:14, 5:45, 46, 6:32, 7:19, 22, 23, 8:5, 9:28, 29)에 걸쳐 나오는 반면, 다윗은 단 한 구절(요 7:42)에서만 나올 뿐입니다. 이 두 전승의 특징을 잘 보여주는 대목이 예수께서 예루살렘 입성하실 때 군중들의 외침에서 잘 드러납니다. 마태는 "호산나 다윗의 자손이여"(마 21:9)라고 기록하고 있는 반면, 요한은 "호산나 이스라엘의 왕이시여"(요 12:13)라고 기록하고 있습니다.

마찬가지로 남유다 전승에 속하는 계시록에는 '갈릴리' 어휘가 전혀 나타나지 않습니다. 그 대신 다윗(계 3:7, 22:16 등), 신천신지로서의 새 예루살렘(계 21:2, 10, 22:19 등) 및 성전(계 3:12, 11:7:19 등)이 강조되고 있지요. 반면에 북이스라엘 전승에 속하는 요한복음에는 '갈릴리' 어휘가 대단히 중요한 의미를 갖습니다. 다 아시다시피 저는 갈릴리 지역의 어부 출신입니다. 따라서 갈릴리 지역이나 물고기 잡는 어부 냄새가 제 작품 속에서 물씬 풍기는 것은 당연한 것이지요.

우선 제가 요한복음의 전체 구도를 다섯 차례의 하강구조로 그렸는데, 그중에서 첫 번째 하강구조인 성육신 사건(요 1:1-18)을 제외하면 나머지는 유대(예루살렘)에서 갈릴리로 내려가는 구조로 그렸습니다(요 1:19-2:12/ 2:13-4:54/ 5:1-7:9/ (예루살렘 활동기: 7:10-20:29)/ 21:1-23).

그러니까 요한복음은 기본적으로 '갈릴리 지향적 복음서'입니다.

둘째는, '숫자 사용의 차이'입니다. 묵시문학 작품은 필화의 위험을 모면하기 위해 숫자상징을 많이 사용하는 특징이 있지요. 가령 완전수 7을 사용할 경우 계시록은 숫자 7(일곱)을 직접 말하는 노출방식으로 60회 이상을 사용하고 있습니다. 그런데 요한복음은 숫자 7(일곱)을 꼭 한 번(요 4:52) 직접 언급하는 것 외에는 전부 은폐방식으로 기술했죠. 특히 완전수 두 개(7과 10)의 결합된 숫자 17에서 결정적인 차이가 납니다.

우선 17이라는 숫자는 의도를 가지고 쓰지 않는 한 거의 나타나기 어려운 숫자입니다. 계시록은 숫자상징을 무수히 사용하고 있음에도 불구하고, 숫자 17의 사용을 거의 찾아볼 수 없습니다. 이에 반해 요한복음은 숫자 17을 결정적으로 중요한 숫자로 사용하고 있습니다. '갈릴리' 어휘를 17회 사용할 뿐 아니라 결정적으로 중요한 어휘 가령 표적, 죄, 그리스도(19회 중에서 '메시아'를 '그리스도'로 설명하기 위해 두 번 사용한 것을 제외), 그 외에도 결정적으로 중요한 구절 즉 요한복음을 여는 첫 절(요 1:1)과 상응하는 21장 1절을 17 단어로 사용하고 있습니다. 또한 큰 물고기에 나오는 숫자 153(요 21:11)도 숫자 17(17×3×3)과 관련되어 있다는 점입니다.

셋째는, '문체의 차이'입니다. 계시록은 바울 사도처럼 개념을 중시하는 학자가 주로 사용하는 '명사' 위주의 문체를 쓰는 데 반해, 요한복음은 기도와 사색을 중시하는 묵상가가 주로 사용하는 '동사' 위주의 문체를 쓰고 있습니다. 요한복음이 전체 879절로 되어 있고, 계시록은 절반도 안 되는 404절로 되어 있음에도 불구하고 계시록은 읽기가 아주 힘든데, 그 까닭은 계시록이 명사 위주의 문체를 사용하고 있기 때문입니다.

게다가 요한복음은 '은혜와 진리'와 같은 이중말씀 용법을 7차례 사용하는 것을 제외하면 명사를 반복적으로 사용하지 않습니다. 이에 반해 계시록은 요한복음에서 전혀 나타나지 않는 연속적인 네 어휘(족속과 방언과 백성과 나라)는 물론 심지어는 일곱 어휘(능력과 부와 지혜와 힘과 존귀와 영광과 찬송)를 길게 늘어놓는 문체적 특징을 구사하고 있습니다. 일단 여기까지 하죠.

까치: 그렇다면 계시록에 나오는 '요한'(계 1:2, 4, 9, 22:8)이라는 이름에 대해서는 어떻게 보아야 할까요?

요한: 그것에 대해서는 묵시문학의 특징에 대해 말씀을 드린 후에 언급해야 할 겁니다. 이미 언급했듯이 박해 상황 가운데서 산출된 묵시문학은 적대세력으로부터 자기 자신의 신변을 보호하고, 교회 및 문서의 안전을 위해 다양한 전술을 구사하는데, 그 가운데 세 가지 특징을 들면 다음과 같습니다.

첫째는, 가명성(假名性) 또는 익명성(匿名性)입니다. 저자가 실명(實名)을 쓰지 않고 가명이나 익명은 쓰는 까닭은 묵시문학적 박해 상황에서 문서검열에 따른 필화를 모면하기 위한 위장술이지요. 둘째는, 앞으로 자세히 살펴보겠지만 다양한 상징 기법을 사용하는 것이지요. 이 또한 직설적인 어휘 구사로 인한 필화를 막기 위한 위장전술이지요. 셋째는, 역사를 현재와 다가올 미래라는 둘로 나누어 묘사하는 '역사적 이원론'이지요. 현재의 역사는 악의 세력인 사탄이 지배하나 미래에는 하나님이 사탄을 물리치고 새로운 세상을 가져오실 것이라는 미래에 대한 기대입니다.

까치: 말씀을 듣는 중에 이런 생각이 들었는데요. 사도께서 요한복음에서 '요한'이라는 이름은 쓰고는 있지만 그 이름은 '세례 요한'을 두고 하는 말이고, '사도 요한'이라는 이름은 전혀 사용하지 않고 그 대신 '예수께서 사랑하시는 제자'(요 13:23-25, 19:26-27, 20:2, 21:7, 24)라는 익명을 쓰고 계신 것도 그런 연유에 기인하는 것인가요?

요한: 그렇습니다. 요한복음에서 제 이름을 사용하지 않고 '예수께서 사랑하시는 제자'라는 익명을 사용한 것도 묵시문학적 박해 상황 때문이지요. 묵시문학 작품인 계시록에서 사용한 이름 '요한' 또한 실명이 아닌 가명으로 봐야지요.

까치: 죄송합니다만 한 가지 짚고 넘어갈 것이 있어서 질문 드립니다. 계시록은 요한이 밧모 섬이라는 곳에서 환상을 보고 기록한 계시의 책이라고 되어 있고, 여기서 말하는 요한은 사도 요한으로 보고 있고, 그래서 계시록의 저자를 사도님으로 보고 있습니다. 그런데 사도께서는 그 당시 계시록에 대해 본인으로서는 모르고 계셨다고 하셨는데, 그렇다면 사도께서 밧모 섬에 유배되셨다는 얘기는 어떻게 이해하면 좋을까요?

요한: 제가 박해를 받아 밧모 섬에 유배된 것은 사실입니다. 그리고 주님의 열두 제자 가운데 그 당시까지 유일하게 생존한 제자는 저 혼자입니다. 그러다 보니 많은 이들이 유일하게 생존해 계신 주님의 제자라고 하여 저에 대해 분에 넘치는 존경심을 갖고 있었던 것 또한 사실입니다. 먼저 말씀드리는 것은 유대인에게 있어서 '요한'이라는 이름은 한국에서 '철수'라는 이름처럼 흔한 이름입니다.

그리고 이것은 순전히 제 생각입니다만 당시에 많은 묵시문학 작품들이 필화의 위험을 줄이고 문서의 가치를 높이려고 당대나 또는 과거의 유명한 신앙 인물들을 자신의 작품에 도용하는 것이 관례처럼 되어 있었죠. 아마도 계시록의 저자 또한 그런 생각으로 요한과 밧모 섬을 등장시켰고, 이를 근거로 책 이름을 붙이고, 저를 저자로 보려고 한 것이 아닌가 생각되네요. 한 가지만 덧붙여 말씀 드리면, 계시록을 깊이 연구해 보면 이 책이 흔히 생각하듯이 하늘의 계시를 받아 며칠 동안에 쓰인 작품이 아니라 수십 년에 걸쳐 쓰이고 다듬어져 최고의 명작이 되었다는 사실입니다. 요한복음처럼 말입니다.

까치: 사도께서 지금까지 묵시문학에 대해 많은 말씀을 하셨고, 요한복음 또한 장르상 묵시문학에 속한다고 하셨는데, 이 같은 주장은 대부분의 사람들에게는 아주 생소하고 어려운데요.

요한: 그런 생각이 드는 것도 무리가 아니라고 생각합니다. 위에서 언급한 "묵시문학은 기독교의 어머니다"라고 말한 케제만조차 "요한복음은 묵시문학과는 가장 거리가 먼 문서"라고 말했지요. 그런데 요한복음이 묵시문학 작품이라는 사실을 간과하게 되는 결정적 이유는 '역사적 이원론'의 모습이 안 드러난다는 점이지요. 여기서 분명하게 말씀드립니다만 요한복음은 다니엘서나 계시록과 같은 묵시문학 작품으로, 묵시문학의 가장 중요한 특징인 '상징 언어'(다른 말로 상징코드)를 암호처럼 사용하고 있을 뿐 아니라 아래에서 다시 얘기하겠지만 '역사적 이원론'을 극복했다는 점에서 사상사적으로 다니엘서와 계시록을 넘어서는 '묵시문학의 완성(성취)'을 이룬 책이지요.

까치: 일반적인 생각으로는 계시록이 요한복음보다 나중에 쓰였고, 그렇다면 계시록이 더 완성된 묵시문학 작품으로 보아야 하는 것이 당연한 것이 아닐는지요?

요한: 두 가지 측면에서 요한복음이 계시록을 넘어서지요. 하나는 숫자상징의 완성에 있어서입니다. 이미 언급했지만 숫자 17은 구약을 대표하는 율법의 숫자 10과 신약을 대표하는 은혜의 숫자 7을 합한 가장 완전한 숫자입니다. 계시록은 이 두 완전수를 각각 사용하고 있지만 이 둘을 더한 가장 완전한 숫자 17을 사용하는 데는 아직 도달하지 못했습니다.

그런데 이미 언급했듯이 요한복음은 가장 결정적인 어휘나 구절에서 숫자 17을 사용하고 있지요. 십자가의 두 축(가로축과 세로축)을 각각 구약(10)과 신약(7)이라고 할 경우 "다 이루었다"(요 19:30)는 말씀은 '구약과 신약', '숫자 17'을 다 이루었다는 점에서 요한복음은 계시록을 넘어서는 신구약성경의 마지막 책이라고 말할 수 있죠.

또 하나는 묵시문학의 특징인 '역사적 이원론'의 관점에서 요한복음은 계시록을 넘어섭니다. 가령 구약의 묵시문학 작품인 다니엘서는 현재의 역사는 사탄이 지배하고 미래에 하나님이 사탄을 이겨 새 세상을 가져오신다는 '역사적 이원론'을 말하고 있습니다. 그래서 오래 참으라는 뜻에서 1290일이나 1335일(단 12:11-12)을 언급하고 있습니다. 이에 대해 계시록은 현재 사탄과 하나님이 치열하게 싸우고 있는 중이기에 조금만 참으면 된다는 뜻에서 10일(계 2:10)을 언급합니다.

그러나 요한복음에서는 이미 하나님이 사탄을 이기고 승리하셨기에 더 이상 싸울 필요가 없습니다. 그래서 요한복음에서는 묵시문학에 주로 나타나는 '전쟁'(싸움) 어휘가 전혀 나타나지 않습니다. 지금 현재 하나님이 이 세상을 통치하고 계십니다. 그러기에 요한복음에는 '마귀론'이 없습니다. 사탄도, 로마 가이사 황제도, 빌라도도, 가야바도, 가룟 유다도, 유대인도, 심지어 제자들도 다 하나님의 장중에서 하나님이 지시하신 대로 단지 자신의 배역을 담당할 따름입니다. 묵시문학의 특징인 '역사적 이원론'이 완전히 극복되었다는 점에서 요한복음은 '묵시문학의 완성(성취)'이라고 말할 수 있습니다.

3

태초에
비밀이 있었다

까치: '하나님의 은혜의 복음' 주제에 들어가기 전에 한 가지 궁금한 게 있습니다. '복음'이라는 어휘입니다. 로마서에서 빌레몬서에 이르기까지 바울 서신에는 '복음' 어휘가 무려 66회나 나타납니다. 공관복음에도 '복음' 어휘가 20회나 등장합니다. 그런데 요한복음에는 '복음' 어휘가 전혀 나타나지 않습니다. 뿐만 아니라 제가 생각하기로는 당연히 사용되어야 할 교회, 기도, 회개, 전쟁, 비밀, 의, 새 하늘과 새 땅 등 신앙에 관련된 중요한 어휘들이 전혀 나타나지 않습니다. 사도께서 이미 회람되고 있었던 바울 서신이나 공관복음에 나타난 이런 어휘들을 모르셔서 안 쓰셨다고 보지는 않는데요. 그 이유가 무엇인지요?

요한: 대단히 중요한 질문입니다. 서구 신학자들은 문서에 나타나지 않으면 일단 없는 것으로 전제하고 연구를 시작합니다. 그런

데 선생께서도 잘 아시다시피 동양사상에서는 말을 넘어선 '침묵의 언어'에 대해 아주 중요하게 생각하고 있지 않습니까. 가령, 선불교(禪佛敎)에서는 '불립문자'(不立文字)라 해서 문자로는 부처님의 진리를 알지 못한다고 해서 참선과 수양을 통해 진리를 알아가는 방식을 선호하지요. 이심전심(以心傳心)이 바로 그런 것이기도 하고요.

석가가 어느 날 아무 말 없이 범천왕이 바친 연꽃 한 송이를 팔만 사천 대중 앞에 쳐들어 보이자 일반 대중은 마치 마술에 걸린 사람처럼 그것이 무슨 뜻인지 알지 못했죠. 다만 가섭이라는 늙은 노인만이 파안일소(破顔一笑)할 뿐이었죠. 석가의 마음과 가섭의 마음이 서로 통한 것이죠(以心傳心). 이리하여 불도는 석가로부터 가섭으로 전해졌다는 일화가 있지요.

또한 노자는 '지자불언, 언자불지'(知者不言 言者不知), 즉 '아는 자 말이 없고, 말하는 자 알지 못한다'고 해서 언어와 문자의 한계를 분명히 말하기도 하지요. 이러한 사상은 서구 사람들에게는 이해하기 힘들고, 익숙하지 않은 사상이지요. 그런데 제가 신앙적으로 중요한 어휘들을 쓰지 않은 것은 이미 언급했듯이 은폐기법, 즉 묵시문학적 박해 상황에서 필화의 위험을 되도록 미연에 방지하고자 하는 전략적 위장술입니다.

까치: 아, 그렇군요. '비밀' 어휘에 대해 말씀을 나누다가 많이 곁길로 나간 것 같습니다. 다시 돌아와서 '비밀' 어휘에 대해 사도께서 하실 말씀이 많을 것 같은데요.

요한: 그렇습니다. 우선 성경에서 사용하고 있는 '비밀' 어휘는 '심오한 진리' 또는 '심오한 계획'이라는 의미를 갖습니다. 그러니

까 '하나님의 비밀' 하면 '하나님의 심오한 진리' 또는 '하나님의 심오한 계획'이라는 뜻을 지니지요. 먼저 바울 서신에 나타난 '비밀' 어휘에 대해서 살펴보도록 하죠.

까치: '하나님의 비밀'을 바울 문서로부터 살펴보려고 하는 어떤 이유라도 있는지요?

요한: 별다른 뜻은 없고요. 다만 신약성경 가운데 바울 서신이 가장 먼저 기록되었고, 다양한 방식으로 '비밀' 어휘를 사용하고 있기 때문입니다. 바울 사도께서 사용하고 있는 '비밀' 어휘는 우선 하나님의 깊은 경륜 속에서 이 세상에 오신 '그리스도 예수 곧 복음'(롬 16:26; 엡 1:9, 3:3, 4, 9, 6:19; 골 1:26, 27, 2:2, 4:3)을 말하는 용어입니다. 또한 이 '비밀' 어휘는 그리스도의 몸인 교회와 가정(부부)(엡 5:32) 및 신비한 지식(신앙)(롬 11:25; 고전 2:1, 13:2, 14:2, 15:51; 살후 2:7; 딤전 3:9, 16)에까지 확대해서 사용하고 있지요.

까치: 사도께서 '하나님의 비밀'에 대해 말씀하시고자 한다면 어떤 구절을 최우선으로 꼽으시겠습니까?

요한: 골로새서 2장 2절입니다. 그 까닭은 이 구절에서 '그리스도'를 '하나님의 비밀'이라고 구체적으로 명시하고 있기 때문입니다. 이어지는 3-4절을 보면, "그 안에는 지혜와 지식의 모든 보화가 감추어져 있느니라/ 내가 이것을 말함은 아무도 교묘한 말로 너희를 속이지 못하게 하려 함이니"라고 했습니다.

그러니까 '하나님의 비밀'을 그 어떤 다른 것에서 찾을 것이 아니라 '예수 그리스도'가 바로 '하나님의 비밀'이라는 사실입니다. 그리고 그리스도 예수 안에는 지혜와 지식의 모든 보화가 감추어져 있지요. 이는 아무도 다른 것으로 그리스도인들을 속이지 못하게 하려 함이라고 바울 사도는 분명히 못 박고 있습니다.

오늘날을 '제4차 산업혁명시대'라고 합니다. 인공지능, 생명공학을 비롯한 엄청난 과학기술의 발달은 우리로 하여금 눈에 보이지 않는 하나님이나 영혼을 부정하는 시대 속에 살도록 우리를 이끌어 갑니다. 이런 시대에 예수 그리스도를 '하나님의 비밀'이라고 말하는 것은 어리석고 무의미하며 시대착오적인 것으로 생각됩니다.

까치: 그렇지요. 제가 얼마 전에 예루살렘 히브리 대학교의 역사학자 유발 하라리(Yuval N. Harari) 교수가 쓴 《호모 데우스(Home Deus): 미래의 역사》라는 책을 읽었어요. '호모 사피엔스'(생각하는 인간)를 넘어 이제는 인본주의의 극치인 인간이 신이 되는 '호모 데우스'(이 말은 '人神'을 말함)의 경지에까지 이르렀다고 하면서 성경과 예수에 대해 이런 말을 하고 있어요. "성경은 더 이상 창조적 자극을 주지 못하는데도 권위의 원천으로서 계속 자리를 지킨다. 그러므로 전통 종교들은 자유주의의 진정한 대안이 될 수 없다. 성경은 유전공학, 인공지능에 대해 할 말이 없고, 대부분의 신부, 랍비, 무프티(mufti, 회교도 법관)는 생물학과 컴퓨터 공학 분야에서 일어난 최신 발견을 이해하지 못한다. 이런 발견들을 이해하고 싶다면 다른 도리가 없다. 고대 문헌을 외우고 그 내용에 대해 논쟁하는 대신, 과학 논문을 읽고 실험하는 데 시간을 보낼 필요가 있다."

그렇게 말한 그가 지난 30년 동안 엄청난 과학기술의 발견에도 불구하고 인간은 더욱 행복하다고 느끼지 못하며, 한국에서 연간 자살률이 4배(10만 명당 9명에서 36명으로)나 증가했다고 언급하고 있습니다. 이는 어거스틴(Augustine)의 말대로 "사람이 하나님 안에 있기 전까지는 안식(행복)을 모른다"는 반증이고, 예수 그리스도가 없는 인생이나 역사는 아무 의미가 없다는 것을 모르고 하는 소리이지요. 즉 과학기술 문명이 인간에게 편리함을 가져다줄지는 모르나 인생의 의미와 행복을 가져다주지는 못한다는 것을 모르고 있지요. 더욱이 그리스도 예수 안에 모든 지혜와 지식의 보화가 담겨 있음을 모르기에 바울 사도는 이런 주장들에 속지 말 것을 엄히 경고하고 있는 것이지요.

그는 이 세상에는 인간의 이해를 초월하는 비밀들이 너무나도 많다는 사실을 모르고 있는 것 같아요. 역사상 가장 위대한 과학자 중의 한 사람인 아인슈타인(1879-1955)조차 이런 말을 했지요. "우리로서는 도저히 이해할 수 없는 것들이 분명히 존재한다. 자연의 비밀 뒤에는 뭔가 미묘하고 난해하며 설명할 수 없는 것들이 남아 있다. 우리가 이해할 수 있는 범위를 벗어나는 이 같은 힘에 대한 경배, 그것이 나의 종교다." 첨단 과학기술이 인류에게 영생을 가져올지, 아니면 지구의 파괴와 인류의 종말을 가져올지는 두고 볼 일입니다.

정교한 철학과 과학 이론으로 지난 세기 전 세계를 석권할 것 같았던 공산주의도 러시아 혁명 이후 70년 만에 무너졌다는 역사적 사실은 우리에게 깊은 교훈을 줍니다. 지금 대단하게 보이는 그 어떤 첨단 과학 이론도 잠시 후면 다 사라지고 계속해서 또 다른 새로운 과학 기술이 등장한다는 사실도 잊지 말아야 할 일입니다. 덧붙여서, 영원한 베스트셀러로 자리 잡은 성경은 그 무엇도, 그 누구도 무너뜨릴 수 없는 영원한 요새임을 역사가 증명하고 있지요.

하나님께서 이스라엘 백성이 어디로 가야 할지 모르는 광야에서 가나안으로 인도하셨듯이, 성경은 지금까지도, 그리고 앞으로도 인류가 가야 할 길을 제시하는 지도와 같은 역할을 하는 책이지요. 그 중심에 하나님의 비밀인 예수 그리스도가 있음을 성경은 명확히 보여주고 있지요. 하나님의 비밀인 성경과 예수 그리스도의 기적과도 같은 신비로운 변화의 힘을 알지(이해하지) 못하는 것은 사람들이 영의 눈이 어두워 하나님의 비밀을 완벽하게 해독하지 못하기 때문이지요.

요한: 그렇습니다. 눈에 보이는 3차원(시간, 공간, 인간을 말함)의 세계가 전부인 사람들이 또 하나의 차원을 더한 4차원의 세계, 즉 보이지 않는 하나님이나 영적인 것들(영혼과 마음, 의식 등)에 대해서 무의미하거나 필요 없는 것들로 치부해 버리는 어리석음에 빠지는 것이지요. 좀 어려운 표현으로 하면, '영원한 실체'(substance) 대신 잠시 있다가 사라질 '그림자'(shadow)를 붙들고 좋아하는 것이지요. 그리스도 예수만이 영원한 실체가 된다는 것을 계속 개진해 보도록 하죠.

바울 사도께서는 골로새서 1장 27절에서 "이 비밀은 너희 안에 계신 그리스도시니 곧 영광의 소망이니라"고 말씀하고 있어요. '이 비밀'은 '그리스도'라고 말하면서 '그리스도가 모든 성도들의 영광의 소망'이라고 말합니다. 그 앞 절(26절)에서는 "이 비밀은 만세와 만대로부터 감추어졌던 것인데 이제는 그의 성도들에게 나타났고"라고 말합니다. 또한 그 앞 절(25절)에서는 "내가 교회의 일꾼 된 것은 하나님이 너희를 위하여 내게 주신 직분을 따라 하나님의 말씀을 이루려 함이니라"고 말합니다. 그러니까 이 세 구절을 종합하면 바울 사도께서는 지금 만세 전부터 감추어졌던 하나님의 말씀인 복음 곧 그리스도가 이제 성도들에게 나타났고, 자신은 이 비밀을 성취하기 위해 교회의 일꾼이 되었다는 겁니다.

그러면서 이렇게 고백하고 있습니다. "또한 우리를 위하여 기도하되 하나님이 전도할 문을 우리에게 열어 주사 그리스도의 비밀을 말하게 하시기를 구하라 내가 이 일 때문에 매임을 당하였노라"(골 4:3). 또한 에베소서 6장 19절에서는 이렇게 고백합니다. "또 나를 위하여 구할 것은 내게 말씀을 주사 나로 입을 열어 복음의 비밀을 담대히 알리게 하옵소서 할 것이니"(엡 6:19). 이 두 구절에서 우리는 바울 사도의 소원인 '그리스도의 비밀' 곧 '복음의 비밀'을 담대히 전하기 위해 매이고 고난을 당하는 그의 모습을 생생히 엿보게 됩니다.

까치: 방금 '그리스도의 비밀'이 곧 '복음의 비밀'이라고 하셨는데, 그러면 그 '복음의 비밀'이란 사도께서 말씀하시려는 '하나님의 은혜의 복음'을 비롯한 6대 복음을 말씀하시는 건가요?

요한: 그렇지요. 그래서 이 여섯 복음을 아래에서 차례로 살펴보도록 하려는 것이지요. '하나님의 비밀'에 대해 조금만 더 부연 설명하도록 하죠. 에베소서 1장 9절을 보면, "그 뜻의 비밀을 우리에게 알리신 것이요 그의 기뻐하심을 따라 그리스도 안에서 때가 찬 경륜을 위하여 예정하신 것이니"라는 말씀이 있습니다. 여기서 '그 뜻'이란 '하나님의 뜻'을 말하는 것이고, '그 뜻의 비밀'이란 하나님의 경륜(계획) 안에 예정된 비밀, 즉 "때가 차매"(막 1:15; 갈 4:4) 우리를 구원하시려고 예수 그리스도를 이 세상에 보내주신 것을 말하는 것이죠. "너희를 위하여 내게 주신 하나님의 그 은혜의 경륜을 너희가 들었을 터이라/ 곧 계시로 내게 비밀을 알게 하신 것은 내가 먼저 간단히 기록함과 같으니/ 그것을 읽으면 내가 그리스도의 비

밀을 깨달은 것을 너희가 알 수 있으리라"(엡 3:2-4).

바울 사도께서는 지금 인간을 구원하시기 위해 그리스도 예수를 이 세상에 보내주신 것이 하나님의 경륜(계획)이며, 이것이 바로 우리에게 거저 주시는 하나님의 은혜(선물)라는 겁니다. 그리고 이러한 (그리스도의) 비밀을 하나님께서 자신에게 계시로 알게 해주셨다고 고백하고 있습니다. 이어지는 6절을 보면 "이는(이 비밀은) 이방인들이 복음으로 말미암아 그리스도 예수 안에서 함께 상속자가 되고 함께 지체가 되고 함께 약속에 참여하는 자가 됨이라"고 말씀하고 있습니다.

이방인의 사도인 바울은 지금 하나님의 비밀 곧 유대인만이 아닌 이방인들이 복음으로 말미암아 그리스도 안에서 함께 상속자가 되었다는 겁니다. 즉 하나님의 자녀가 되고, 함께 교회 공동체의 지체가 되고, 구원과 영생의 약속에 참여하는 자들이 되었다는 겁니다. 이것이야말로 아무런 자격이나 공로 없이 하나님께서 거저 주신 놀라운 은혜가 아닐 수 없음을 갈파하는 것이죠.

까치: 말씀을 듣고 보니 '하나님의 비밀' 곧 '예수 그리스도를 통한 만민 구원'이라는 하나님의 은혜와 사랑이 눈물겹도록 감사한 일이네요. 동시에 이방인들을 배제하고 선민인 자신들만 구원을 독점하려고 하고, 그것이 자신들의 뜻대로 안 되니까 그리스도 예수를 구주로 인정하지 않고 심지어는 십자가에 못 박아 버린 유대인들이 참으로 안됐다는 생각이 드네요.

요한: 그래서 유대인인 저도 그렇거니와 바울 사도께서도 이같이 통탄의 고백을 하고 있지요. "내가 그리스도 안에서 참말을 하고 거짓말을 아니하노라 나에게 큰 근심이 있는 것과 마음에 그치

지 않는 고통이 있는 것을 내 양심이 성령 안에서 나와 더불어 증언하노니/ 나의 형제 곧 골육의 친척을 위하여 내 자신이 저주를 받아 그리스도에게서 끊어질지라도 원하는 바로라"(롬 9:1-3).

까치: 다니엘서나 누가복음, 그리고 계시록에 나타난 '하나님의 비밀'에 대해서도 말씀해 주시지요?

요한: 그것은 '하나님 나라의 복음'을 다룰 때 말씀드리지요.

까치: 예, 그게 좋겠습니다.

4

하나님의
은혜의 복음

까치: 바울 사도는 '믿음으로 의롭게 된다'는 '칭의(稱義)의 복음'을 강조합니다. 그런데 요한복음에서는 '의'라는 어휘를 전혀 사용하고 있지 않은데, 이를 어떻게 보아야 할까요?

요한: 좋은 지적입니다. 우선 '칭의' 개념은 학구적이고 법정적 용어입니다. 제가 '의(칭의)' 어휘를 사용하지 않은 것은 그 어휘가 학문이 짧은 제게 친숙하지 않아서입니다. 그리고 '율법의 행위가 아닌 하나님의 은혜를 믿음으로 의롭게 된다'는 바울 사도의 '칭의의 복음'은 쉽게 '하나님의 은혜의 복음'으로 표현하는 것이 좋을 듯해서지요. 누가도 사도행전에서 바울 사도의 '칭의의 복음'을 "하나님의 은혜의 복음"(행 20:24)으로 말하고 있지 않습니까.

까치: 사도께서는 요한복음 1장 17절에서 '은혜와 진리'라는 표현을 쓰셨습니다. 이는 '은혜와 진리의 복음'을 말씀하시는 것인

지요?

요한: 그렇습니다. 제가 '은혜와 진리' 어휘를 로고스 찬가(요 1:1-18)에서 두 구절(요 1:14, 17)에서 사용하였습니다. 두 번 반복적으로 사용하는 것은 강조 용법입니다. 그만큼 이 어휘는 중요합니다. 우선 '은혜' 어휘와 '진리' 어휘를 결합해서 '은혜와 진리'라는 이중말씀으로 사용한 것은 공관복음서에서 좀처럼 찾아보기 어렵지요. 여기에는 두 가지 의도가 있습니다.

하나는 두 어휘를 동의어로 사용하고자 한 겁니다. '은혜와 진리'란 '은혜 곧 진리'라는 뜻을 내포합니다. 또 하나는 이러한 이중말씀은 '예수 그리스도의 정체성'을 나타내는 동시에 그것이 최후의 메시지인 '십자가'의 진리를 상징하는 것으로 사용하고자 하는 의도를 가지고 있지요. 더 자세한 것은 나중에 다시 말씀드리도록 하죠.

까치: 제가 알기로는 요한복음에서 완전수인 일곱 '이중말씀'이 나타나는데, 이것 또한 묵시문학적 상황과 관련이 있나요?

요한: 그렇습니다. 이 또한 암호 같은 상징기법 중의 하나로써, 공동체 밖에 있는 사람들에게는 메시지의 의도를 잘 알지 못하도록 은폐하는 동시에 박해로 인해 근심과 두려움에 사로잡힌 공동체 내부 사람들에게는 위로와 격려를 통해 신앙을 굳게 지키도록 하려는 위장전술이지요.

까치: 그런데 '은혜와 진리' 어휘는 사도께서 직접 창안하신 것입니까, 아니면 어떤 전승으로부터 비롯된 것입니까?

요한: 아주 좋은 질문입니다. '은혜' 어휘는 히브리적 어휘이고, '진리' 어휘는 헬라적 어휘라고 말하는 분도 계신 것으로 알고 있

4_ 하나님의 은혜의 복음

습니다. 그러면서 요한복음에 많이 나타나는 '생명, 빛, 안다, 진리' 같은 어휘들이 헬라 영지주의적 용어들이며, 이에 근거하여 요한 복음을 '헬라적 배경에 근거한 복음서'라고 주장하는 학자도 있는 걸로 알고 있습니다. 그러나 그런 주장은 옳지 않습니다. 위에서 언급된 어휘들은 구약성경에 자주 언급되는 어휘입니다. 특히 이 중 말씀인 '은혜(헤세드, חסד)와 진리(에메트, אמת)' 어휘는 구약에서 함께 자주 사용되고 있는 어휘(창 24:27; 출 34:6; 시 40:9-10, 57:7-8, 10, 85:10; 미 7:20)입니다. 제가 구약성경에서 빌려온 것이지요.

까치: 항상 궁금했던 어휘가 하나 있는데요. 요한복음 1장 16절의 "은혜 위에 은혜"라는 어휘입니다. 무슨 뜻으로 말씀하신 것인 지요?

요한: 정말 중요한 질문입니다. '은혜 위에 은혜'라는 이 한 대목에 저와 바울 사도의 차이, 헬레니즘과 헤브라이즘의 차이가 다 들어 있습니다. 그러니 그 많은 얘기를 어떻게 쉽게 해야 할지 모르겠네요.

까치: 그 한 대목에 그렇게 많은 얘기를 해야 할 줄 몰랐습니다. 질문을 드린 제가 오히려 송구스럽습니다.

요한: 아닙니다. 어차피 짚고 넘어가야 하는 문제지요. 먼저 서양사상의 2대 조류(헬레니즘과 헤브라이즘) 중의 하나인 '헬레니즘'이 태동하게 된 배경부터 말씀드리면 이렇습니다.

5

바울 사도와 요한 사도의 차이

요한: 헬레니즘이란 헬라 사상, 특히 플라톤과 아리스토텔레스 사상을 기초로 하여 이룩된 사상체계를 말합니다. 소크라테스의 제자인 플라톤은 모든 사물이 기본적으로 이원론적 세계, 즉 눈에 보이는 '현상의 세계'(형이하학)와 눈에 보이지 않는 '이데아의 세계'(형이상학)로 되어 있다고 보았죠. 이를 인간에게 적용하면 육체는 현상의 세계이고, 정신 또는 영혼은 이데아의 세계에 속합니다. 그런데 영혼은 육체에 감금되어 있기에 육체의 동굴로부터 영혼이 해방되는 것, 이것이 바로 구원이요 인간의 궁극적 목적(목표)이라고 보았죠. 이 같은 플라톤의 이원론적 사상은 그 후에 영혼은 선하고 육체는 악하다는 영지주의(Gnosticism) 사상으로 전개되어 갔습니다.

그런데 헬레니즘 세계가 본격적으로 이룩된 것은 플라톤의 제자

아리스토텔레스부터입니다. 그는 헬라제국이라는 대제국을 이룩한 마케도니아의 왕자 알렉산더(Alexander the Great, 356-323 BC)의 사부(師父)로서 인간의 이성, 즉 사물에 대해 생각하는 능력(사고)과 관찰을 통한 인간의 경험을 중시했죠. 이에 대한 한 좋은 일화가 있습니다.

어느 날 아리스토텔레스는 제자 알렉산더와 함께 한적한 동굴에 갔습니다. 그 동굴에서 불 위에 차관(茶罐)을 올려놓았는데, 그 물이 끓어 수증기가 되어 동굴 천장으로 올라갔다가 동굴 천장에서 다시 아래로 떨어지는 모습을 통해 '비가 내리는 원리'를 발견하게 됩니다. 비의 원리를 발견한 그는 알렉산더에게 이제 우리는 비를 만들 수 있고, 우리의 환경과 세상, 나아가 우리의 운명도 바꿀 수 있다고 외쳤죠. 그리고 인간은 하나의 거대한 존재이고, 자기 세계의 통치자이며, 자기의 미래와 운명을 스스로 형성하는 운명의 주인공이라고 가르쳤죠.

스승으로부터 인간을 거인으로 생각하는 영웅적 개념을 물려받은 알렉산더는 스승의 가르침을 즉시 행동으로 옮겼습니다. 그는 먼저 헬라 세계(그리스)를 정복하고, 마침내 세 대륙에 걸친 거대한 대제국을 이룩했습니다. 그러고는 이 거대한 헬라제국(주전 336-163)에 그의 스승 아리스토텔레스 사상을 심어 하나의 통일제국을 만들고자 했죠. 이 같은 헬라의 문화와 사상을 통칭하여 '헬레니즘'이라고 합니다. 한마디로 헬레니즘은 인간의 합리적 이성과 인간의 가능성(잠재성)에 대한 무한한 신뢰와 확신을 바탕으로 한 사상체계입니다. 따라서 그 사상의 근저에는 '인본주의'(인간숭배사상)가 깔려 있습니다.

한편, 헤브라이즘은 구약성경, 특히 창세기와 출애굽기의 사상을 바탕으로 형성된 히브리인들의 사상체계를 말합니다. 창세기는 우주만물이 하나님에 의해 창조되었으며, 그런 의미에서 하나님은 '창조주'(Creator)이시고, 모든 만물을 포함한 인간은 '피조물'이라는 거죠. 나아가 인간은 하나님의 말씀을 거역하고 금단의 열매인 선악과를 따 먹은 '죄인'이라는 겁니다. 이것이 창세기가 말하는 인간 이해입니다.

또한 출애굽기는 하나님이 인간 역사를 주관하시고 인간 역사 속에 개입하셔서 인간을 구원하시는 '구속주'(Redeemer)라는 것을 잘 보여주고 있습니다. 즉 하나님은 애굽에서 바로 왕의 노예로 있던 히브리 백성을 그 예속으로부터 해방시키고, 시내 산에서 그들과 언약을 맺고 거룩한 백성(성민)으로 삼았죠. 이 같은 하나님의 구원 행위는 인간의 노력에 의한 것이 아니라 전적으로 하나님에 의해 주어진 선물, 즉 은혜라는 겁니다.

따라서 헤브라이즘은 인간이 기본적으로 피조물이자 죄인이며, 이 같은 인간이 구원을 얻는 길은 창조주이자 구원주이신 전능하신 하나님을 믿어야 한다(신앙)는 겁니다. 그런데 그 구원은 전적으로 하나님의 거저 주시는 '은혜'에 기초하고 있죠. 따라서 그 사상의 근저에는 '신본주의'(하나님숭배사상)가 깔려 있지요.

그런데 인본주의를 특징으로 하는 헬레니즘과 신본주의를 특징으로 하는 헤브라이즘은 근본적으로 사고방식에서 차이가 납니다. 헬라적 사고에 의하면 정리(定理) A가 참이면, 그 반대 명제인 정리 B는 반드시 거짓입니다. 이에 반해 히브리적 사고에 의하면 A가 참이면, 그 반대 명제인 B가 반드시 거짓이라고 보지 않습니다. 이 두 사고방식의 차이를 보다 쉽게 설명하면 이렇습니다.

헬레니즘은 '양손'에 해당하고, 헤브라이즘은 '한 손의 양면'으로 비유할 수 있습니다. '양손'은 오른손과 왼손으로 각기 분리되는 반면, '한 손의 양면'은 손등과 손바닥으로 구분은 되지만 분리되지 않습니다. 그러니까 헬레니즘은 분리된 두 실체, 즉 이원론적 사고방식을 띱니다. 이에 반해 헤브라이즘은 한 손의 양면의 특징, 즉 분리되지 않는 한 실체인 일원론적 사고방식을 띱니다.

가령 오른손을 '믿음'이라고 하고, 왼손을 '행위'라고 할 때 믿음이 참이면 행위는 거짓이 됩니다. 이것이 헬레니즘적 사고방식입니다. 이에 반해 손등이 중심(1차적)이면 손바닥은 주변(2차적)을 형성하는 헤브라이즘적 사고방식에서는 믿음과 행위는 중심(1차적)과 주변(2차적)을 형성할 뿐 참과 거짓으로 분리되지 않습니다. 이 같은 사고방식의 차이는 '영과 육', '은혜와 율법', '하나님과 인간'에 대해서도 그대로 적용됩니다.

가령 예수 그리스도가 하나님이냐 인간이냐를 두고 대립되는 두 실체로 보는 헬레니즘은 예수께서 하나님이시면 인간이 아니고, 인간이면 하나님이 아닌 것이 되어, 이 모순을 어떻게 처리할지 몰라 곤혹스러워합니다. 그러나 헤브라이즘에서는 예수 그리스도는 '하나님이자 인간이다'라는 것이 결코 모순되지 않고, 한 실체 안에 같이 공존할 수 있어 전혀 문제되지 않습니다.

이방 크리스천인 바울 사도는 '헬레니즘적 사고방식'이 강합니다. 그러나 유대 크리스천인 저는 '헤브라이즘적 사고방식'을 가지고 있습니다. 그래서 율법과 은혜를 대립적인 것으로 보는 바울 사도와 달리 율법도 하나님이 주신 은혜이고, 복음도 하나님이 주신 은혜인데, 단지 그 차이는 '복음의 은혜'가 '율법의 은혜'를 넘어선다는 겁니다.

그래서 '은혜 위의 은혜'에서 앞의 은혜 어휘는 '율법의 은혜'를 말하고, 뒤의 은혜 어휘는 '복음의 은혜'를 말하는 것이죠. 그리고 후자가 전자를 넘어섭니다. 이를 17절에서는 이렇게 표현했죠. "율법은 모세로 말미암아 주어진 것이요 은혜와 진리는 예수 그리스도로 말미암아 온 것이라."

모세로 말미암은 '율법의 은혜'보다 예수 그리스도로 말미암은 은혜와 진리 곧 '복음의 은혜'가 더 크다는 것을 말하는 것이죠. 이는 유대교와 싸우고 있는 당시 상황에서 유대교보다 기독교가 우월하다는 것을 말함으로써 기독교회를 지키고 보호하려고 한 것이죠.

마르틴 루터의 종교개혁이 로마서 1장 17절("복음에는 하나님의 의가 나타나서 믿음으로 믿음에 이르게 하나니 기록된 바 오직 의인은 믿음으로 말미암아 살리라")의 말씀을 통한 '복음의 재발견'에서 비롯되었다면, 외람되지만 오늘날 새로운 종교개혁은 요한복음 1장 17절의 말씀을 통한 '복음의 재발견'에서 시작되어야 한다고 봅니다. 공교롭게도 두 책의 장절이 같군요.

까치: 그러면 요한 사도께서 말씀하신 '복음의 재발견'과 바울 사도께서 발견한 '복음의 재발견'은 어떻게 다른지요?

요한: 바울 사도께서 로마서 1장 17절에서 말씀한 '복음의 재발견'은 '하나님의 의'에 대한 재발견입니다. 바울 사도께서 바로 앞 절인 1장 16절에서 "내가 복음을 부끄러워하지 아니하노니"라고 말씀하고 있는데, 여기서 말하는 '복음'은 '십자가의 복음'을 말합

니다. 그 근거는 바울 사도께서 주님을 만나기 전에는 신명기 21장 23절에 근거하여 십자가를 저주와 수치의 상징으로 보아 십자가를 몹시 부끄러워한 데 근거합니다.

또한 여기서 말하는 '하나님의 의'가 무엇을 말하는가에 대해 루터가 씨름하다가 다음과 같은 사실을 깨닫습니다. 중세 가톨릭 교회에서는 그동안 인간의 죄에 대해 가차없이 처벌하시는 무서운 '심판의 하나님' 곧 '공의의 하나님'을 강조했습니다. 따라서 하나님의 심판을 모면하고 구원을 받으려면 인간이 그 무엇인가를 해야 한다고 가르쳤죠. 즉 '하나님의 의'를 인간의 노력이나 업적이나 공로에 의해 이루는 '능동의 의'로 가르쳤죠.

그런데 루터는 '심판의 하나님'이라기보다는 '은혜의 하나님', 즉 죄로 말미암아 영원히 죽을 수밖에 없는 죄인임에도 불구하고 인간을 지극히 사랑하사 십자가로 구원을 베푸시는 사랑 많으신 '은혜의 하나님' 곧 '사랑의 하나님'을 깨닫게 된 것이죠. 따라서 여기서 말하는 '하나님의 의'란 하나님께서 그의 아들 예수 그리스도를 십자가에 내어주심으로 이미 다 이루신 대속의 의(구원)를 인간이 다만 믿음으로 얻는 '수동의 의'라는 사실을 새롭게 깨달은 것이죠. 이것을 '복음의 재발견'이라고 합니다.

제가 말하려는 '복음의 재발견'은 종교개혁의 모토인 '아드 폰테스'(ad fontes), 즉 '근원으로 돌아가자'라는 데서 비롯됩니다. 마태복음 6장 33절을 보면 이런 말씀이 있습니다. "그런즉 너희는 먼저 그의 나라와 그의 의를 구하라 그리하면 이 모든 것을 너희에게 더하시리라." 여기에서 '하나님의 나라'는 예수 선포의 핵심이고, '하나님의 의'는 바울 선포의 핵심입니다. 그런데 '하나님의 나라'가 '하나님의 의'에 앞섭니다. 따라서 근원으로 돌아가자고 할 때 이는 보다 근원에 속하는 바울에게서 예수에게로, 즉 '하나님의 의'의 복음에서 '하나님의 나라'의 복음'으로 돌아가자는 겁니다.

까치: 개신교 종교개혁 500주년을 맞이하면서 새로운 종교개혁을 '제2의 종교개혁'이라고 말하는 데 대해, 저는 '제3의 종교개혁'이라는 표현이 적절하다고 봅니다. '제2의 종교개혁'이라는 표현은 루터의 종교개혁을 기준으로 말하는 것이죠. 그런데 기독교의 모든 기준은 '예수 그리스도'여야 한다는 의미에서 모세의 종교인 유대교에서 예수의 종교인 기독교로의 종교개혁이 '제1의 종교개혁'이고, 루터의 종교개혁은 '제2의 종교개혁'이며, 오늘날의 새로운 종교개혁은 '제3의 종교개혁'이라고 말하는 것이 적절하다고 생각합니다.

요한: 전적으로 공감합니다. 까치 선생께서 제가 말하려고 한 것을 정확히 대변하셨네요. '성육신의 복음'에서 다시 언급하겠습니다만 '모든 기준은 예수 그리스도'이어야 하며, 그런 의미에서 새로운 종교개혁은 '제3의 종교개혁'이라는 표현이 적절합니다.

까치: '하나님의 은혜의 복음'을 말할 때 바울 사도를 말하지 않을 수 없다고 생각합니다. 사도행전 20장 24절을 보면 이런 말씀이 있습니다. "내가 달려갈 길과 주 예수께 받은 사명 곧 하나님의 은혜의 복음을 증언하는 일을 마치려 함에는 나의 생명조차 조금도 귀한 것으로 여기지 아니하노라." 지금 바울 사도께서는 '하나님의 은혜의 복음을 증언하는 것'을 '주 예수께 받은 사명'이라고 고백하고 있습니다. 그리고 이를 위해서는 자신의 생명조차 귀한 것으로 여기지 아니하노라고 사생의 결의를 다지고 있습니다. 왜

그런지요?

요한: 우선 바울 사도께서는 예수 그리스도의 복음의 핵심을 바로 깨달았다고 말할 수 있지요. '성육신의 복음'에서 보다 자세히 다루겠지만 주님께서 이 세상에 오신 것은 모든 차별과 억압을 철폐하고 만민에게 동등하게 구원의 은혜를 베푸는 것이었죠. 그런데 유대인이 아닌 이방인에게 하나의 장애물이 있었는데, 그것이 바로 유대인들이 지키는 '율법'이었죠. 바울 사도께서 율법을 그렇게도 은혜 또는 복음과 대립시킨 것은 율법이 주는 차별과 억압 때문이었죠.

본래 하나님께서 이스라엘 백성에게 주신 율법은 출애굽과 홍해 도하를 통해 보여주신 구원의 은혜 이후에 성민으로서 거룩하게 살아가야 할 법도로 주신 겁니다. 그런데 '율법을 지켜야 구원을 얻는다'는 식으로 은혜와 율법이 역전됨(율법이 먼저, 은혜가 나중)으로써 이제 율법은 유대인뿐 아니라 이방인들에게도 족쇄가 되어 "자유롭게 하는 온전한 율법"(약 1:25)이 아니라 '차별과 억압을 가져다주는 율법'으로 바뀌었죠. 율법이 죄를 깨닫게 하는 긍정적 기능을 함(롬 7:7)에도 불구하고 바울 사도께서 율법을 강조하는 유대인들을 향해 그토록 분노한 것은 율법이 주는 부정적 기능 때문이었죠.

율법을 잘 모를 뿐 아니라 문화와 풍습이 다른 이방인들에게는 복잡한 율법을 지키는 것이 어려운 일이고, 심지어 율법을 아는 유대인이라도 율법의 세세한 조항을 다 지킬 여건이 안 되는 사람들에게 율법은 인간을 차별하고 억압하는 족쇄가 되었던 겁니다. 그래서 예수의 복음 곧 하나님의 은혜에는 차별이 없다(롬 3:22, 10:12; 골 3:11)는 말씀을 강조한 것이죠.

6

진리의 복음서

까치: 지금까지 '은혜' 어휘에 대해 살펴보았는데, 이제 '진리' 어휘에 대해 말씀을 듣고 싶습니다.

요한: 바울 사도께서 복음을 "진리의 말씀"(골 1:5), "복음의 진리"(갈 2:5, 14)로 표현하고 있지요. 먼저 히브리적 의미에서 진리가 무엇인지 '진리'에 해당하는 히브리어 '에메트'(אֶמֶת)의 세 문자를 풀이해 보죠.

첫 문자 알레프(א)는 '하나님'에 해당하는 '엘로힘'의 첫 문자이고,

두 번째 문자 멤(מ)은 '왕'에 해당하는 '멜렉'의 첫 문자이고,

세 번째 문자 타우(ת)는 '영원'이라는 의미의 '타미드'의 첫 문자입니다.

이 세 문자를 결합하면 '진리'라는 히브리어 단어는 '하나님은 영원히 왕이시다'라는 의미를 지닙니다. 그러니까 예수 그리스도의

진리(복음)는 '왕의 진리(복음)'입니다.

그런데 히브리어 알파벳 22자 중에서 알레프(א)는 첫 문자이고, 멤(מ)은 꼬리가 길어지는 다섯 문자를 포함하여 27자 중에 정가운데인 14번째 문자입니다. 그리고 타우(ת)는 마지막 문자입니다. 따라서 히브리어에서 진리 어휘는 처음과 중간과 마지막을 모두 포함하고 있습니다. 진리는 하나님과 더불어 시작하고 하나님으로 끝나는 특징을 갖습니다.

예수께서 자신을 "알파와 오메가요 처음과 마지막이요 시작과 마침"(계 22:13)이라고 말씀하셨는데, 이는 진리가 가지는 전체성, 절대성을 내포하는 선언입니다. 하나님과 상관없는 진리는 상대적(부분적) 진리가 될 수 있을지 몰라도 영원히 변치 않는 절대적(전체적) 진리는 될 수 없지요.

까치: 요한복음은 '진리의 복음서'라고 할 만큼 사도께서는 '진리'에 깊은 관심을 갖고 계신 것으로 알고 있습니다. 이러한 사실은 '진리'(ἀλήθεια) 어휘와 '진실로 진실로'(Ἀμὴν ἀμὴν) 어휘를 각각 25회나 사용하는 데에서 극명하게 엿볼 수 있습니다. 공관복음에서는 '진리' 어휘가 마태 1회, 마가 3회, 누가 3회 나타나는 것이 고작이고, '진실로'를 반복한 '진실로 진실로' 어휘는 나타나지 않을 뿐더러 '진실로' 어휘조차 거의 찾아보기 어렵습니다. 사도께서 왜 그토록 진리에 깊은 관심을 가지셨는지 참으로 궁금합니다.

요한: 저는 인간의 궁극적 관심이 '진리'에 있다고 생각합니다. 진리에 관심이 없는 인간을 어찌 참된 인간이라고 할 수 있겠습니까? 인류의 스승이라고 하는 사람들은 진리를 찾는 데 그들의 전 생애를 걸었고, 그들이 '발견한'(깨달은) 진리를 전하는 데 목숨을 건

분들이었죠.《팡세》의 저자인 파스칼(B. Pascal, 1623-1662)은 "나는 신음하면서 구하는 자들만을 시인(是認)할 수 있다"는 말로 진리탐구의 어려움을 역설했죠.

진리에의 발견(깨달음)이 어려운 만큼 그 기쁨 또한 큰 것이죠. 이에 대한 아르키메데스(Archimedes, 주전 287-212)의 유명한 일화가 있죠. 어느 날 목욕을 하다가 비중을 이용해 순금과 가짜 금속을 구별하는 방법('아르키메데스의 원리')을 발견했죠. 그는 진리를 발견한 순간 "유레카"(Eureka, 헬라어로 '알았다' 또는 '찾아냈다'라는 뜻)를 외치면서 벌거벗은 몸으로 거리로 뛰쳐나가 춤을 추며 감격했다고 합니다.

인간은 진리를 찾기 전까지는 진정한 자유를 누릴 수 없다는 것이 저의 소신입니다. 외람된 말씀입니다만 저는 예수 그리스도를 만남으로 진리를 발견한 사람이라고 자신있게 말씀을 드립니다. 그래서 "진리를 알지니 진리가 너희를 자유롭게 하리라"(요 8:32)는 말씀은 진리를 발견한 사람으로서 참 진리가 예수 그리스도께 있으며, 그 안에서만 참된 자유와 안식을 누릴 수 있음을 역설하고자 한 겁니다.

까치: 그런데 '진리' 어휘와 '진실로 진실로' 어휘를 공히 25회 사용하신 무슨 뜻이 있으신지요?

요한: 거기에는 숫자상징코드적 의미가 들어 있지요. 우선 숫자 25는 5×5인데, 숫자 5가 모세(유대교)를 상징하는 숫자라고 할 때, 그것을 반복적으로 사용하면 넘어선다는 것을 의미합니다. 즉 유대교를 넘어선 기독교의 우월성을 말하고자 함이지요. 게다가 이 두 어휘를 더하면 숫자 50이 됩니다. '진실로 진실로' 어휘를 각각

으로 세면 또한 숫자 50이 되지요. 이는 희년(禧年)에 해당하는 숫자(레 25:8-12; 눅 4:18-19)로서 주님께서 해방자로 오신 분임을 말하고자 했지요. '진실로'가 원어로 '아멘'인데, 이는 '믿습니다. 그렇습니다'라는 뜻을 지닙니다. 그래서 이 두 어휘를 결합하면 "내가 하는 모든 말은 진리다. 그러니까 내 말을 확실히 믿으라"는 의미를 지닙니다.

까치: 사도께서 '진실로 진실로 너희에게 이르노니'(아멘 아멘 레고 휴민,'Αμὴν ἀμὴν λέγω ὑμίν)라는 정형화된 어구를 자주 사용하고 계신데, 여기에도 무슨 의도가 있으신지요?

요한: 그렇습니다. 구약시대 선지자들은 말씀을 선포할 때 '여호와께서 이같이 말씀하신다'(코 아마르 야웨, כה אמר יהוה)라는 정형화된 표현을 사용합니다. 이는 그들의 말이 자신들의 사상이나 지혜가 아닌 '하나님으로부터 온 메시지' 곧 신탁(神託)임을 강조하기 위한 것이지요. 그러므로 주님께서 이 말씀으로 이야기를 시작하신 것은 자신의 말씀이 신적 권위, 즉 명백한 하나님의 말씀(진리)임을 선언하는 상징적 의미를 갖습니다.

까치: 바울 사도께서도 '진리' 어휘를 참 많이 사용하셨더라고요(로마서에서 디도서까지 34구절에 걸쳐 말씀). 그 가운데 특히 제 가슴에 닿는 말씀은 "진리가 예수 안에 있는 것같이 너희가 참으로 그에게서 듣고 또한 그 안에서 가르침을 받았을진대"(엡 4:21)라는 말씀과 "그들에게 우리가 한시도 복종하지 아니하였으니 이는 복음의 진리가 항상 너희 가운데 있게 하려 함이라"(갈 2:5)라는 말씀입니다. 진리가 예수 안에 있으며, 그 진리는 '복음의 진리'로써 '다른 복음'(갈 1:6-8)을 말하는 거짓 교사들의 교훈을 경계할 것을 엄히 명하고 있

더군요.

요한: 요한복음 17장 17절에 보면 이런 말씀이 있지요. "그들을 진리로 거룩하게 하옵소서 아버지의 말씀은 진리니이다." 주님께서는 하나님 아버지의 말씀이 진리라고 하시면서 당신 자신이 바로 하나님 아버지의 진리를 가지고 이 땅에 와서 증언하고 계심을 역설하고 있지요. 그러나 유대인들이 이를 믿지 않았죠. 그래서 주님께서 이렇게 그들을 향해 독설을 퍼부으셨지요. "너희는 너희 아비 마귀에게서 났으니 너희 아비의 욕심대로 너희도 행하고자 하느니라 그는 처음부터 살인한 자요 진리가 그 속에 없으므로 진리에 서지 못하고 거짓을 말할 때마다 제 것으로 말하나니 이는 그가 거짓말쟁이요 거짓의 아비가 되었음이라/ 내가 진리를 말하므로 너희가 나를 믿지 아니하는도다"(요 8:44-45).

까치: 사도께서는 '보혜사 성령'(요 14:26, 15:26, 16:13)을 말씀하시면서, 이를 '진리의 영'이라고 말씀하셨는데, 이에 대해서도 한 말씀 해 주시지요.

요한: 오늘 너무 많은 것을 한꺼번에 말한 것 같아 미안합니다. 그래서 그 질문에 대해서는 나중에 다시 말씀드리는 것이 좋을 듯합니다.

까치: 그러면 한 가지만 질문 드리는 것으로 오늘의 말씀을 접도록 하죠. 사도께서 25회 사용하신 '진리' 어휘 중 맨 마지막으로 사용하신 대목이 이렇습니다. "빌라도가 이르되 그러면 네가 왕이 아니냐 예수께서 대답하시되 네 말과 같이 내가 왕이니라 내가 이를 위하여 태어났으며 이를 위하여 세상에 왔나니 곧 진리에 대하여 증언하려 함이로라 무릇 진리에 속한 자는 내 음성을 듣느니라 하

신대/ 빌라도가 이르되 진리가 무엇이냐 하더라"(요 18:37-38). 여기서 빌라도가 한 말, "진리가 무엇이냐"로 진리 어휘의 피날레를 장식하셨는데, 어떤 깊은 뜻이 있으리라는 생각이 드네요.

요한: 그렇습니다. 진리와 관련하여 요한복음에서 주님의 제일성은 "무엇을 구하느냐"(요 1:38)였습니다. 제가 주님의 제일성으로 삼은 이 질문은 주님을 처음 만났던 저의 충격과 감격을 이 질문에 담고자 했지요. 그만큼 이 질문은 진리를 찾기에 목마른 저를 비롯한 모든 인간들의 최고의 관심사가 아닐 수 없지요.

일제 치하에 살던 조선 백성이 해방된 조국을 간절히 염원하듯, 로마 치하에 살던 유대인들은 메시아가 오기를 간절히 소원했지요. 제가 안드레 형님과 함께 메시아 예수를 진리로 만났을 때, '유레카'라고 외쳤던 그날을 저는 평생 잊지 못합니다. 헨델의 오라토리오 〈메시아〉는 '유레카'의 감동을 잘 보여주는 최고의 명곡이지요.

그와는 달리 주님께서 빌라도에게 '하나님 나라의 진리'를 그토록 역설하셨지만 세상 권력에 눈이 먼 빌라도는 복음의 진리에 대해서는 관심이 없었지요. 그래서 비아냥거리는 투로 "진리가 무엇이냐"는 말을 던지고는 주님을 십자가에 못 박는 데 내어주었지요. 진리 되신 주님을 눈앞에서 보고도 천재일우의 기회를 놓친 빌라도가 참으로 안타깝기 그지없습니다.

예수의 부모께서 잃어버린 예수를 찾아 나섰듯이(눅 2:45-50), 모든 인간들은 오늘도 '예수를 찾으러'(요 6:24) 길을 나섰습니다. 빵을 구하려고 예수를 찾아 나섰는지, 아니면 진리를 구하려고 예수를 찾아 나섰는지 그것이 문제입니다. 이스라엘의 불행과 비극은 그들을 애굽에서 구속해 내신 여호와 하나님을 알지 못한 데 있었지요(호 4:6; 겔 6:10). 마찬가지로 모든 인간의 불행과 비극은 진리 되시는 그리스도 예수를 알지 못한 데 있지요(요 18:38; 빌 3:8 참조).

까치: 오늘 말씀 참으로 감사합니다. 내일 다시 뵙지요. 평안하세요.

요한: 까치 선생에게도 주님의 평강이 깃들기를 빕니다. 샬롬.

하나님의 비밀 2

제2부
성육신의 복음: 왕의 나심과 오심
- 대학로 마로니에 공원에서

7

성령에 의한 동정녀 탄생

까치: 다시 만나 반갑습니다.

요한: 저도요. 까치 선생께서 저를 대학로 마로니에 공원으로 부르신 데에는 어떤 깊은 뜻이 있으리라고 여겨지는데요?

까치: 그렇습니다. 이곳은 제게 늘 그리운, 고향 같은 곳입니다. 제 부모님이 한국동란 중이던 1950년 12월 말경 중공군의 개입으로 미군이 흥남철수를 하게 될 때 미 군함을 타고 동해 바다를 거쳐 거제도에 왔습니다. 거기서 부산을 거쳐 서울에 오셨고, 바로 이곳 동숭동 낙산에서 저를 낳았습니다. 바로 저 뒤에 동숭교회가 있는데, 저의 모교회입니다. 제가 고등학교 1학년 때부터 연대 대학원 신학과를 졸업할 때까지 12년 동안을 다녔던 교회입니다. 그러니까 제 청춘을 다 보낸 곳입니다.

그 시절 저는 철학, 신학, 사학 등 인문학에 심취했을 뿐 아니라 한국의 시인 윤동주를 비롯하여 러시아 문학, 프랑스 문학, 독일 문학에 심취한 문학청년이기도 했지요. 지금은 없어졌지만 전에 이곳에 커피숍 '하이델베르크'가 있었어요. 거기서 지금의 제 아내와 데이트하면서 제가 괴테의 시 〈미뇽의 노래〉를 읊으며 낭만적인 시간을 갖기도 한 추억의 장소이기도 하지요. 오늘 사도님을 모신 '학림다방'은 입구에 '서울미래유산'이라는 글이 있듯이 60년 전통을 자랑하는 유서 깊은 장소입니다. 제가 이곳에서 차를 마시며 문학과 철학과 신학, 그리고 인생을 논하던 시절이 있었지요.

요한: 그러고 보니 이곳은 까치 선생에게는 고향과도 같은 아주 친밀한 곳이네요. 철학이나 신학만이 아니라 문학에도 깊은 조예를 갖고 계신 까치 선생이 새삼 부럽습니다.

까치: 사도께서 그렇게 말씀하시니 한편 기쁘기도 하지만 솔직히 민망하네요.

요한: 그런데 이곳 동숭동은 '젊음의 거리'라고 할 수 있을 정도로 청년들로 가득하네요.

까치: 그렇습니다. 요즘 '동숭동 마로니에 공원' 하면 노래, 연극, 연애, 축제, 그리고 데모와 시위 등 젊은 청년들에게 연상되는 모든 단어들을 간직한 곳이 되었지요. 제가 고등학교와 대학을 다닐 때만 해도 이곳은 서울대학교와 서울대학병원이 자리 잡은 캠퍼스와 같은 곳이었지요. 그런데 서울대학교가 관악산으로 옮겨가고, 서울시에서 이곳을 문화와 예술의 거리로 조성하면서 오늘날은 청년들이 모여 데이트하고, 즐기고, 자신들의 의사를 표현하는 대표적인 젊은이들의 명소로 바뀌었네요.

요한: 청년들이 많은 곳에 오니, 이 늙은이가 젊어지는 것 같아

7_ 성령에 의한 동정녀 탄생

기분이 좋습니다.

까치: 그렇게 말씀하시니 제 마음도 편하네요. 20년 전 미국과 캐나다 접경지대에 있는 나이아가라 폭포에 가서 들었던 우스갯소리가 생각나네요. 이 자리에서 마음속으로 이렇게 외쳐 봅시다. "나이야, 가라!"고. 나이는 단지 숫자에 불과하다고 말입니다.

요한: 좋습니다. 우리 젊음을 만끽하면서 이제부터 '성육신의 복음'에 대해 진지하게 말씀을 나누어 보죠.

까치: '성육신의 복음'에 들어가기 전에 한 가지 짚고 넘어가야 할 것이 있어서 질문을 드립니다. 공관복음과 요한복음 간에는 상충된 부분이 많은데, 이를 어떻게 보아야 할까요?

요한: 공관복음이나 요한복음은 예수님 사후 짧게는 40년, 길게는 60년 후에 편찬된 책입니다. 그러다보니 사건에 대한 정확한 역사적 사실을 말하기가 쉽지 않습니다. 또 하나는 공관복음이 먼저 쓰였고, 요한복음이 나중에 쓰였기에 공관복음이 보다 역사적 사실에 가깝다고 생각하는 경향이 있어 왔는데, 이는 실제 사실과 정확히 일치하지 않습니다. 두 가지만 예를 들어 보죠.

공관복음은 예수님의 공생애를 한 번의 유월절로 설정하고, 갈릴리에서 예루살렘으로 가는 일직선적 구도로 그리고 있습니다. 그러나 제가 주님의 제자가 되어 세 번의 유월절을 같이 동행하면서 갈릴리와 예루살렘을 오고 갔습니다. 따라서 이 점에서 보면 공관복음보다 오히려 요한복음이 더 역사적 사실에 가깝다고 말할 수 있지요.

또한 공관복음은 세례 요한이 잡히신 후부터 예수께서 공생애 사역을 시작하셨고 제자들을 선택하신 것으로 기술하고 있지요. 이 또한 사실과 다릅니다. 더 정확한 사실은 두 분이 같이 활동을 하셨고, 제자들을 선택하여 사역을 하다가 세례 요한이 잡히신 후에 예수께서 본격적으로 공생애 사역을 하시게 되었죠. 그러니까 어느 복음서가 더 역사적 사실에 가까운가가 아니라 사복음서가 각각 자신의 신학적 관점에 따라 복음서를 기술했다는 점을 염두에 두시고 사복음서에 접근해야 한다는 것을 말씀드립니다.

까치: 아, 그렇군요. 이제 본격적으로 '성육신의 복음'에 대해 말씀을 나누도록 하죠. 공관복음(마 1-2장; 눅 1-2장)에서는 '성령에 의한 동정녀 탄생'을 말씀하고 있고, 요한복음에서는 '로고스(말씀)가 육신이 되었다'는 표현을 사용하고 있습니다. 현대인들에게는 이러한 표현들이 낯설고, 심지어 과학적으로도 맞지 않다고 보는 견해들이 많은데, 이에 대한 사도님의 견해는 어떠신지요?

요한: 과학을 신봉하는 현대인들에게 '동정녀 탄생' 교리는 받아들이기 힘든 교리임에 틀림없습니다. 또한 '성육신' 교리도 인간 예수를 신격화한 교리라고 해서 배척하는 분들도 많이 있는 것으로 알고 있습니다. 이와 관련해서 먼저 드리고 싶은 말씀은 우리가 사는 이 세상에는 인간이 이해할 수 없는 많은 신비(비밀)가 있다는 것입니다. '동정녀 탄생' 교리나 '성육신' 교리도 그중의 하나입니다. 18세기 계몽주의 시대 이후 현대에 이르기까지 진리의 잣대를 '인간의 이성'에 두는 경향이 강하게 대두되었지요. 이로 인해 자연과학이 크게 발전한 것이 사실입니다. 하지만 인간의 이성이 이 넓은 세상(우주)의 모든 진리를 다 대변할 수 있으리라고 생각한다면 그것은 정말 어린애와 같은 난센스입니다.

까치: '동정녀 탄생' 교리나 '성육신' 교리 속에는 기독교가 주장하는 삼위일체 교리와 그리스도의 양성론(신성과 인성) 교리가 들어

있는 것으로 압니다. 일반인들은 이슬람교 또는 유대교가 주장하듯이 하나님은 한 분(여호와 또는 알라)이시며, 모세나 무함마드처럼 예수 또한 예언자 중의 한 사람으로 보면 그토록 복잡한 신학논쟁이나 이단 문제로 인한 갈등과 싸움은 일어나지 않았으리라고 보는데, 이에 대한 사도님의 견해는 어떠신지요?

요한: 기독교 역사를 보면 이 문제로 인해 기나긴 신학논쟁이 있었고, 숱한 갈등과 싸움이 있었다는 사실을 저도 잘 알고 있습니다. 송구스럽지만 참으로 안타까운 일이 아닐 수 없다는 말씀을 먼저 드립니다. 그런데 일반인들이 아셔야 할 것은 이 문제는 싸우기 좋아하는 사람들이 한가해서 만들어낸 교리가 아닙니다. 이 문제로 인한 기나긴 신학논쟁의 근저에는 '예수 구원의 유일성'이라는 기독교의 사활이 걸린 문제가 내포되어 있지요. 그러기에 올바른 신학 정립을 위해 그토록 기나긴 신학논쟁에 빠져들게 된 것이지요.

까치: 그러면 먼저 공관복음에 나타난 '성령에 의한 동정녀 탄생'에 대한 사도님의 고견을 듣고자 합니다.

요한: 요셉과 마리아가 약혼하고 동거하기 전에 성령에 의해(마 1:18-25) 예수가 잉태되었다는 사실을 가브리엘 천사(눅 1:26-31)가 전해주었다는 예수님의 '동정녀 탄생' 기사는 인간 구원을 위한 하나님의 비밀(신비)에 속하는 사건입니다. 사도신경의 "그는 성령으로 잉태되어 동정녀 마리아에게서 나시고"라는 고백은 그보다 앞에 나오는 사도신경의 첫 고백, "나는 전능하신 아버지 하나님, 천지의 창조주를 믿습니다"에서 비롯된 자연스런 귀결입니다. 즉 동정녀 탄생이 인간이 생각하기에는 이해할 수 없고 불가능한 것처럼 보일지 모릅니다. 하지만 이 우주만물을 창조하신 전능하신 하나님이시라면 죄인 된

인간을 구원하시기 위해 죄 없으신 예수를 이 세상에 보내실 때에 인간의 성적 결합을 통한 생물학적 출생이 아닌 성령에 의한 동정녀 탄생으로 그 일을 이루시는 것은 전혀 어려운 일이 아니죠.

까치: 그러니까 '성령에 의한 동정녀 탄생' 교리에는 '예수의 무죄성'을 통한 죄인 된 인간 구원이라는 중요한 신학적 함의가 들어 있군요.

요한: 그렇습니다. 예수님은 우리와 같으신 인성(人性), 즉 인간의 몸인 마리아에게서 나셨지만 죄는 없으신 분(히 4:15; 요일 3:5)임을 성경은 누누이 강조하고 있죠. 마태는 "아들을 낳으리니 이름을 예수라 하라 이는 그가 자기 백성을 그들의 죄에서 구원할 자이심이라"(마 1:21)고 언급하고 있고, 누가는 "오늘 다윗의 동네에 너희를 위하여 구주가 나셨으니 곧 그리스도 주시니라"(눅 2:11)고 언급하고 있지요. 구주가 되시는 그리스도 예수는 인류를 구원하기 위해 '죄 없으신 분'으로 나셨습니다. 논리적으로 보아도 자신이 죄인인 주제에 죄인 된 인간을 구원하기 위해 태어났고, 우리 죄를 담당하려고 십자가에 달려 죽었다고 한다면 그것은 이치에 맞지 않죠.

까치: 어떤 분들은 예수께서 세례 요한으로부터 세례를 받았을 때 예수님이 죄 사함을 받았고, 세례 후에 물에서 올라오실 때 하늘로부터 '사랑하는 아들'이라는 음성을 듣고 메시아(그리스도)가 되었다고 주장하는데, 이에 대한 사도님의 생각은 어떠신지요?

요한: 우선 예수께서 세례 요한으로부터 세례를 받으신 것은 일반 백성처럼 죄 사함을 받기 위한 세례가 아닙니다. 제사장이 짐승의 머리에 손을 얹는 것은 그 짐승에게 죄를 전가하기 위함인 것처럼 죄인인 세례 요한이 죄 없으신 예수님의 머리에 손을 얹음으로

세례 요한의 죄가 예수님께 전가되었음을 보여주는 행위입니다. 이는 장차 예수께서 모든 인간들의 죄를 대신 짊어지시고 번제단의 희생제물처럼 죽으심으로 하나님의 의를 이루실 것을 예표하는 상징적 행동입니다(마 3:13-15). 그리고 세례 후에 하늘에서 들려온 음성은 이제부터 메시아로서의 공생애를 시작하라는 하나님의 사인이지, 이때부터 예수님이 메시아가 되었다는 사인은 아닙니다. 제가 요한복음서를 '태초에'라는 어휘로 시작한 것도 이런 오해를 불식시키기 위해서이기도 하지요.

까치: 그러면 '성령에 의한 동정녀 탄생' 교리에는 그리스도의 양성론, 즉 신성(神性)과 인성(人性)이 모두 들어 있다고 보면 되나요?

요한: 그렇습니다. '성령으로'가 신성에 해당하고, '마리아에게 나시고'가 인성에 해당합니다. 그런데 외람된 말씀이지만 성령에 의한 신성을 말하고 있음에도 불구하고 예수께서 다윗의 고향인 유대 땅 베들레헴에서 마리아에게 나셨다는, 즉 땅에서 나셨다는 것으로 인해 '하나님으로서의 신성'의 의미가 제대로 드러나지 않고 있지요.

제가 '성육신'을 말하고자 한 것도 신성과 인성을 분명하게 하기 위함이기도 하지요. 나아가 십자가 위에서 하신 주님의 말씀, 즉 "내가 목마르다"(요 19:28)라는 호소는 주님의 인성(人性)의 극치를 보여주고, "다 이루었다"(요 19:30)라는 발언은 주님의 신성(神性)의 극치를 보여주고 있지요. 이를 통해 예수 그리스도는 '참 인간'(Vere Homo)이자 '참 하나님'(Vere Deus)임을 말하고자 했습니다.

8

"태초에 말씀이 계시니라"에
담긴 뜻

까치: 그러면 이제 요한복음에 나타난 '성육신' 교리에 대해 말씀을 듣고자 합니다. 이 주제에 대한 공관복음과 요한복음의 차이는 무엇인지요?

요한: 한마디로 말하면 '나심'과 '오심'의 차이입니다. 공관복음은 '그리스도 예수의 나심'을 말하고, 요한복음은 '그리스도 예수의 오심'을 말하고 있습니다. 그리스도 예수께서 왕(주)이라는 점에서 공관복음은 '왕(주)의 나심'을, 요한복음은 '왕(주)의 오심'을 말하고 있지요. 부연설명하면 마태복음 2장 2절은 "유대인의 왕으로 나신 이가 어디 계시냐", 누가복음 2장 11절은 "너희를 위하여 구주가 나셨으니"라고 말씀하고 있습니다.

공관복음은 그리스도 예수의 나심을 '왕(주)의 나심'으로 기술하고 있죠. 그리스도 예수께서 '만왕의 왕', '만주의 주'로 태어났음을 말하고 있지요. 그런데 요한복음에서는 "태초에 말씀(로고스)이 계시니라"(요 1:1)로 시작하여 "말씀(로고스)이 육신이 되어 우리 가운데 거하시매"(요 1:14)라는 언급으로 성육신을 묘사하고 있지요. '말씀(로고스)이 육신이 되어 오심', 즉 '왕(주)의 오심'을 말하고 있죠.

까치: 사도께서 마태복음과 요한복음의 차이를 '나심'과 '오심'의 차이로 설명하셨는데, 그 차이를 특별히 강조하는 이유는 무엇인지요?

요한: 제가 요한복음을 쓰고자 한 근본적인 동기가 바로 거기에 있습니다. 이미 바울 사도께서는 '그리스도 찬가'(빌 2:6-11)를 통해 그리스도의 자기비하(Kenosis)와 승귀를 언급했고, 공관복음은 그리스도의 동정녀 탄생을 말했습니다. 그럼에도 불구하고 제가 굳이 새로운 복음서를 다시 쓰고자 한 것은 박해 상황에 처해 있는 성도들을 위로하고 격려하고자 한 것도 있지만 실은 이전에 나와 있는 바울 서신이나 공관복음이 그리고 있는 그리스도 예수상이 미흡하기에 보충해야 할 강한 필요성을 느꼈기 때문입니다.

우리가 이 책에서 말하고자 하는 '여섯 개의 복음'(6대 복음) 중에서 요한복음이 공관복음과 결정적인 차이가 나는 지점은 '성육신의 복음'입니다. 그 차이를 차원으로 말하면, '땅에서 나심'을 말하는 공관복음은 3차원이고, '하늘에서 오심'을 말하는 요한복음은 4차원입니다.

여기서 3차원이란 '시공인'(時間, 空間, 人間 = 3間)으로 구성된 세 개의 차원을 말합니다. 인간 역사는 '세 개의 차원'(時間, 空間, 人間)으로 구성되어 있고, 비유적으로 이는 땅에 속한 차원을 말합니다. 그런데 4차원이란 그 세 개의 차원에다가 신(神)의 차원 곧 하늘의 차원이 더해진 것(時間, 空間, 人間 + 神間 = 4間)을 말합니다.

이를 복음서에 적용하면 공관복음이 비록 성령으로 잉태한 예수를 말하고는 있지만 그 예수는 땅이라는 3차원, 즉 '시공인'(時間, 空間, 人間)이라는 3차원에서 나신 분으로 예수를 그리고 있지요. 이에 반해 요한복음은 땅이라는 3차원에다가 하늘이라는 또 하나의 차원을 더한 4차원, 즉 태초부터 하늘에 계셨던 하나님께서 인간의 육신을 입고 이 세상 속으로 오신 분으로 예수를 그리고 있지요. 즉 '4차원의 예수'를 그리고 있습니다. 이 하나의 차이가 공관복음과 요한복음을 결정적으로 '차이나게'(보다 정확한 표현은 '차원이 다르게') 했다는 것을 말씀드립니다.

까치: 3차원의 예수를 그린 공관복음과 달리 요한복음은 4차원의 예수를 그렸다고 하셨는데, 그것은 무엇을 의미하는지요?

요한: 먼저 그 의미에 대한 결론부터 얘기를 한 후에 부연 설명하는 식으로 논의를 진행해 보죠. 예수(말씀)의 오심은 하늘(영원)의 오심이요, 은혜(진리)의 오심이자 하나님(하나님 나라)의 오심이라는 점에서 4차원의 오심입니다. 이를 유대교의 상징인 '다윗의 별'로 비유하면, '예수(말씀)의 오심'은 '율법의 세계'(삼각형)에 '복음의 세계'(역삼각형)가 들어왔음을 의미하는 것으로, 이는 다윗의 별의 완성을 의미합니다.

나아가 성육신 사건은 이전에 3차원에 속한 땅의 것을 기준(canon) 삼던 기존의 모든 기준을 폐하고, 이제부터 4차원에 속한 하늘의 예수(말씀)를 기준 삼는 '패러다임 시프트'(paradigm shift)를 시사한다는 점에서 이보다 더 큰 혁명적 사건은 없습니다. 다윗의 별의 완성에 대해서는 '십자가의 복음' 편에서 다시 말씀드리지요.

까치: 방금 사도께서 하신 말씀은 일반인들에게는 너무나도 엄청난 충격적인 말씀입니다. 그래서 왜 사도께서 그렇게 말씀하시는지를 소상히 알기 위해 4차원의 예수를 말해 주는 '성육신' 본문(요 1:1-18)으로 직접 들어가 말씀을 나누어 보도록 하죠. 우선 이 본문을 두고 학자들은 서문, 서막, 프롤로그, 로고스 찬가 등 다양하게 부르고 있는데, 어떤 호칭이 좋을까요?

요한: 이 대목은 찬가에 속하고, '로고스'가 '키워드'(key word)라는 점에서 '로고스 찬가'로 부르는 것이 좋겠습니다.

까치: 예, 그렇게 하죠. 첫 문장을 보면 "태초에 말씀이 계시니라"로 되어 있어요. 마카오에 가면 첫 개신교 중국선교사로 일컬어지는 로버트 모리슨(R. Morrison, 1782-1834) 예배당이 있어요. 그 예배당에서 바로 이 대목을 두고 '태초유도'(太初有道)라고 쓴 글씨를 보았어요. 요한복음에 깊은 관심을 가진 저로서는 감회가 새로웠습니다. 그런데 원어로 '로고스'를 중국어 성경에서는 '도'(道)라고 번역을 했는데, 이에 대한 사도님의 생각은 어떠신지요?

요한: '번역은 반역'이라는 말이 있지요. 원어의 뜻을 정확히 반영하는 번역이 쉽지 않다는 말이지요. 중국에서 사용하는 '도'(道) 용어는 '길' 또는 '진리' 의미가 강한 용어로 알고 있습니다. '로고스' 되시는 예수 그리스도가 길이요 진리가 되신다(요 14:6)는 뜻에서 그런 번역도 가능하겠지요. 그러나 제가 여기서 사용한 '로고스' 어휘는 그런 의미보다는 한국어의 '말씀', 중국어로는 '성언'(聖言) 또는 '화'(話)의 뜻으로 사용했습니다.

그리고 말이 나온 김에 한 가지 덧붙이자면, 이 문장의 '로고스' 어휘는 그 앞에 나오는 '태초에' 어휘와 관계되어 있지요. 그 어휘는 모세오경의 첫 책인 창세기의 히브리어 책명인 '태초에'(베레쉬트, בְּרֵאשִׁית)에서 따온 것이지요. 그리고 '말씀'으로 번역되는 '로고스' 어휘는 모세오경의 마지막 책인 신명기의 히브리어 책명인 '핫데바림'(הַדְּבָרִים)에서 따온 것입니다.

까치: 불트만을 비롯한 많은 학자들은 여기서 사용된 '로고스'(λόγος) 어휘는 '헬라적 우주질서'를 반영하는 헬라철학의 핵심 단어라고 하면서, 요한복음을 헬라적 배경 아래에서 해석하고 있습니다. 이를 어떻게 생각하시는지요?

요한: 우선 여기서 사용된 '로고스'(λόγος) 어휘를 놓고 수많은 신학적 논쟁들이 있었다는 사실을 저도 잘 압니다. 그런데 단도직입적으로 말하면, 이 어휘는 '헬라적 우주질서'가 아닌 '히브리적 우주질서'를 반영하는 히브리어 '핫데바림'(הַדְּבָרִים)을 헬라어로 번역한 어휘임을 분명히 말씀드립니다. 부연 설명하면 이렇습니다. 제가 살던 시대는 헬라어를 국제어로 사용하였죠. 그러다 보니 요한복음만이 아니라 모든 신약성경이 헬라어로 기록되었지요. 저는 신명기 첫 절에 나오는 '말씀'이라는 뜻의 히브리어 '핫데바림'에 적합한 헬라어 어휘를 무엇으로 하면 좋을까를 놓고 많은 고민을 했습니다. 그러다가 결국 헬라철학의 핵심 단어인 '로고스' 어휘를 차용한 것이지요.

현학적인 것을 말하기 좋아하는 학자들이 주장하듯이 헬라철학에서 말하는 형이상학적인 심오한 진리를 말하고자 '로고스' 어휘를 차용한 것은 아닙니다. 또한 이 어휘는 헬라인들에게 복음을 전하기 위해 의도적으로 사용한 어휘도 아닙니다. 제가 속한 당시의 요한공동체는 묵시문학적 박해상황 속에 놓여 있었기에 선교를 위해 외부로 눈을 돌린 여유가 없었지요. 또한 잘 아시다시피 헬라 영지주의 철학은 하늘에 속한 것, 가령 로고스나 영혼은 선하고 거룩하고, 땅에 속한 것, 가령 물질이나 육체는 악하고 속된 것으로 봅니다. 로고스가 육신이 되었다는 성육신의 복음은 이러한 헬라 영지주의 철학에서 말하는 로고스 개념과는 정반대되는 의미로 사용되고 있다는 점에서 그러한 주장은 설득력이 없습니다.

한 가지 덧붙여 말하자면, 여기서 사용된 '로고스' 어휘는 무시간적인 철학적 진리를 말하고자 함이 아닙니다. '로고스' 어휘는 요한 공동체가 주후 1세기 유대교와 로마제국과의 진리(사상)전쟁이라는 절체절명의 위기상황에서 선택된 묵시적 상황언어입니다. 즉 하나님이 하늘로 철수해 버린 것 같은 암울한 현실에서 하늘에 계신 하나님('로고스'로 표현된 예수)께서 땅(역사) 속으로 들어오셨다는 것, 이것이 성육신에 나타난 '로고스'의 묵시적 의미입니다.

까치: '로고스' 어휘가 히브리어 '핫데바림'(הדברים)을 번역한 어휘라고 하셨는데, 어떤 근거가 있으시지요?

요한: 예, 유대 전승에 보면 "태초에 토라가 있었다"고 합니다. 즉 천지창조 이전에 토라(모세오경)가 존재했다고 합니다. 이러한 주장을 근거로 제가 창세기와 신명기의 첫 단어를 사용하여 토라(모세오경)를 말하고자 했지요. 이는 아래 17절을 미리 염두에 두고 하는 말이지요.

까치: '로고스'가 '말씀'의 의미로 사용되었다면, 구체적으로 어떤 말씀을 두고 하시는 말인지요?

요한: '토라의 말씀'은 물론 예언자의 말씀, 여호와 하나님의 말씀, 구약의 말씀, 나아가 예수 그리스도의 복음의 말씀, 사랑의 말

씀, 진리의 말씀, 평화의 말씀, 구원의 말씀 등 다중적 의미로 말하고자 했지요.

까치: 1-3절에 의하면 '로고스'가 곧 하나님이시며, 태초부터 하나님과 함께 계시면서 만물의 창조에 관여한 창조주로 기술되고 있습니다. 그렇다면 구약 지혜문학에서 하나님의 창조의 대리자로 사용된 '지혜'(잠 8:22-30; 집회 24:3-4 등)와는 어떤 관계가 있는지요?

요한: 외견상으로는 동일한 기능을 하는 것으로 볼 수도 있겠으나, 분명한 차이는 '지혜'에 해당하는 '소피아'(sofia)는 여성명사로서 비인격적인 속성을 띤 어휘입니다. 이에 반해 예수 그리스도와 동의어로 사용된 '로고스'는 남성명사로서 구체적인 인격(예수)을 말하는 어휘라는 점에서 근본적으로 다릅니다.

까치: 요한복음의 포문을 연 "태초에 말씀이 계시니라"라는 첫 문장은 너무나 유명하여 이를 패러디한 많은 유사한 표현들이 나왔습니다. "태초에 행동이 있었다"(J. W. von Goethe), "태초에 권태가 있었다"(S. Kierkegaard), "태초에 관계가 있었다"(M. Buber), "태초에 퍼포먼스가 있었다"(J. Crossan) 등. 저도 요한복음 4장을 근거로 한마디 했습니다. "태초에 목마름이 있었다." 사도께서는 이러한 패러디를 어떻게 생각하시는지요?

요한: 나쁜 의미로만 사용하지 않는다면 저로서는 대단히 고마운 일이지요. 제가 한 가지 덧붙이고 싶은 말은 무시간적 진리가 아닌 그 당시 유대교와의 대결상황에서 하고자 하는 메시지를 담고 있는 로고스 찬가의 첫 절(1절)은 끝 절(18절)과 연관해서 보아야 한다는 점입니다. 즉 첫 절의 "태초에 말씀이 있었다"는 선언은 "태초에 예수가 있었다"는 말이죠. 그 예수는 '하나님 말씀 그 자

체'이십니다. 이에 반해 모세는 '하나님 말씀의 대언자'일 뿐입니다. 또한 끝 절(18절)에서 예수님은 태초에 하나님과 함께 존재하신 분으로 하나님을 직접 뵌 분이지만 모세는 하나님의 등을 보았을 뿐 하나님을 직접 보지 못했죠(출 33:22-23). 이로써 기독교로 대표되는 예수님이 유대교로 대표되는 모세보다 우월한 분이며, 이는 유대교에 대한 기독교의 우월성을 말하고 있지요.

까치: 모세오경의 책명을 그 책의 첫 단어 또는 첫 절을 따서 책명을 삼을 정도로 유대인들은 첫 문장을 대단히 중요시하는 관습이 있는데요. 같은 유대인으로서 사도께서도 분명히 그런 생각을 갖고 첫 문장을 쓰셨으리라 여겨지는데요.

요한: 그렇습니다. 공관복음서의 저자들도 아마 그런 생각을 갖고 첫 절을 기록했을 겁니다. 저 또한 예외가 아니죠. 실은 제가 말하고자 하는 메시지의 전부를 이 한 절에 압축시켜 놓았습니다. 이에 대해서는 아래에서 기회가 있을 때마다 말씀드리기로 하죠.

유대인의 네 핵심가치를 성취하신 예수

까치: 학자들은 로고스 찬가를 '요한복음 전체의 압축파일'이라고 합니다. 그렇다면 이 압축파일을 어떻게 풀어가면 좋을까요?

요한: 로고스 찬가를 요한복음 전체와 관련지어 설명하려면 너무나도 복잡할 것 같아요. 그래서 로고스 찬가를 주후 1세기 유대인들의 세계관을 지배한 네 핵심가치, 즉 '성전'(聖殿), '토라'(聖經), '땅'(聖地), '민족적 정체성'(聖民)을 가지고 풀어가는 것이 좋을 것 같네요. 로고스 찬가에는 방금 말씀드린 네 핵심가치가 잘 드러나 있거든요.

까치: 로고스 찬가에 사도께서 말씀하신 네 핵심가치가 어떻게 나타나는지 궁금하네요.

요한: 먼저 유대인들이 가장 중요시했던 '성전'부터 살펴보도록 하죠. 성전은 유대 민족의 삶의 구심점이었죠. 그런 의미에서 성전

의 중요성은 아무리 강조해도 지나치지 않습니다. 성전은 단순히 이스라엘의 종교적 중심만이 아니라 세 기능(종교, 정치, 경제)과 결합되어 있었죠. 주후 1세기 성전에 대한 불만은 이 성전이 이방인인 에돔 사람 헤롯 왕에 의해 지어졌다는 사실에 기인합니다. 그럼에도 불구하고 성전은 여전히 민족적, 문화적, 종교적 삶의 구심점이었고, 유대교의 심장부를 형성하고 있었죠. 성전은 팔레스타인을 넘어 디아스포라 지역의 유대교라는 몸과 연결된 심장과 같았고, 여호와께서 그의 백성에게 주신 땅의 중심이었습니다.

다음으로, 토라(성경)입니다. 토라는 하나님의 언약 백성인 이스라엘의 언약 헌장이었죠. 성전과 토라는 떼려야 뗄 수 없는 하나의 통일체를 이루고 있었고, 또한 토라와 땅도 견고하게 하나로 묶여 있었죠. 토라는 땅에 대한 약속들과 땅을 통해서 주어질 축복들, 또 그 축복을 유지하기 위해서 꼭 필요한 행동에 대한 자세한 지시 사항들을 제공하였죠. 여호와께서 과거에 그 땅에 살던 거민들을 몰아내신 이유는 그들이 자행한 우상숭배와 음행 때문이었죠. 토라는 하나님이 주신 가나안 땅에서 이스라엘이 그들과 동일한 운명을 겪지 않으려면 토라에 기록된 말씀에 순종해야 함을 가르치고 있죠. 그러나 이스라엘은 토라에 기록된 말씀을 거역함으로 가나안 거민들과 동일한 운명에 처하게 된 것이죠.

포로기 이후 성전과 땅은 없어도 토라를 연구하고 실천하는 것은 어디서나 가능한 일이 되었죠. 그래서 유대인들에게 토라는 들고 다닐 수 있는 땅이요, 이동 가능한 성전의 역할을 했죠. 제사장 그룹인 사두개파는 주후 70년 성전 파괴와 더불어 사라졌지만 토라(성경)를 중심으로 생활한 바리새인들은 성전 파괴 이후에도 살아남아 '랍비 유대교'를 형성했죠. 토라는 성전 파괴 이후에는 성전을 대체하는 유일한 권위를 갖게 되었죠.

셋째로, 땅(성지)입니다. 유대(팔레스타인) 땅은 여호와께서 이스라엘에게 주신 양도할 수 없는 거룩한 땅(성지)이었고, 그 땅은 여호와께서 그의 언약 백성에게 약속하신 모든 축복들을 담고 있는 장소이자 그 축복의 수단이었죠. 그 땅은 새로운 에덴, 즉 여호와의 동산이었죠. 그런데 그 땅이 수백 년 동안 낯선 이방 나라의 통치로 인해 더럽혀졌지요.

'하나님의 나라'라는 말은 일차적으로 여호와 하나님께서 왕이 되신다는 사상인데, 이는 그 땅이 여호와께서 통치하실 곳임을 시사합니다. 그런 의미에서 수도 예루살렘은 그 땅의 중요한 구심점이었죠. 이스라엘은 사실 그 땅을 스스로 통치하지 못했고, 수백 년 동안 오직 이방 나라들의 꼭두각시 노릇만 해왔던 것이죠. 주후 1세기는 로마가 여호와의 거룩한 땅을 통제하고 더럽히고 있었기에 그들을 몰아내고 그 땅을 정화하려는 열망이 가득했던 시대였지요.

끝으로, 민족적 정체성 곧 성민입니다. 유대인들의 민족적 정체성은 선민(성민)의식에서 출발합니다. '누가 참 이스라엘(유대인)인가?'라는 문제는 '포로 귀환' 이후 바벨론에서 돌아온 자들 가운데서 가장 큰 쟁점이었죠. 역대기상의 처음 부분에 나오는 긴 족보(대상 1-9장)와 에스라서(2, 8, 10장) 및 느헤미야서(7, 12장)의 특징을 이루고 있는 긴 족보들은 아브라함, 이삭, 야곱의 후손들이 유다 지파를 통해 이어지고 있다는 주장을 강력하게 피력하면서 혼혈민족이 된 북왕국 이스라엘을 배제하고 남왕국 유다를 중심으로 한 새로운 공동체 건설의 절박성을 증언해 줍니다.

에스라 사역의 초점들 중 하나는 혼혈결혼에 대한 개혁이었지요. 유대인들이 언약의 징표로 삼은 할례의식 또한 이교도와의 동화와 타협을 막고 선민으로서의 유대인들의 민족적 정체성을 확립하고자 한 데서 비롯된 것이죠. 유대인들의 민족적 정체성은 성전, 토라, 땅과 철저하게 연관되어 있었습니다.

저는 요한복음을 통해 이러한 유대교의 네 핵심가치를 성취하신 분이 '예수 그리스도'라는 것을 말하고자 했지요. 그래서 로고스 찬가에서 유대인의 네 핵심가치인 성경(1절), 성전(14절), 성지(11절), 성민(12절)을 차례로 요약해서 말했습니다. 그리고 요한복음 1-4장에서는 이것을 매 장마다 하나씩 차례로 언급했지요. 1장에서는 성경(聖經, 토라, 모세)을, 즉 토라(모세)보다 크신 예수 그리스도의 복음(요 1:1, 17)을 말했고, 2장에서는 성전(聖殿)을, 즉 성전보다 크신 예수 그리스도의 몸 성전(요 2:13-22)을 말했고, 3장에서는 성지(聖地)를, 즉 성지보다 크신 예수 그리스도의 하나님 나라(천국) 되심(요 3:3, 5)을 말했고, 4장에서는 성민(聖民)을, 즉 야곱(이스라엘)보다 크신 예수 그리스도의 이방인(새 이스라엘, 사마리아인과 갈릴리인) 선교(요 4:1-54)를 각각 말했지요.

까치: 너무나도 중요한 말씀, 참으로 감사합니다. 그런데 저는 사도님의 말씀을 다 알아듣겠는데, 일반인들은 한 번에 너무 많은 것을 쏟아놓으시니 소화해 내기가 쉽지 않겠다는 생각이 드네요.

요한: 제가 본디 불같은 성미가 있어서 한 번 흥분하면 도대체 절제가 되지 않는 것이 제 흠입니다. 오죽했으면 주님께서도 저를 두고 '보아너게', 즉 '우레의 아들'(막 3:17)이라고 하셨겠습니까? 제

가 예의없이 주책없이 떠드는 때가 있거든 선생께서 잘 끊어 주셨으면 합니다.

까치: 아, 별 말씀을요. 그렇게 말씀하시니 오히려 제가 송구스럽네요. 그런데 유대인의 네 핵심가치 중에 성전이 토라(성경)보다 앞선다고 말씀하셨는데, 로고스 찬가에서는 이 순서가 바뀌었는데, 그 이유는 무엇인지요?

요한: 좋은 질문입니다. 성전종교인 유대교에서는 성전이 1차적(중심)이고, 성경은 2차적(주변)입니다. 반면에 기독교는 성경(말씀)종교라는 점에서 성경(말씀)이 1차적(중심)이고, 성전(교회)은 2차적(주변)입니다. 제가 로고스 찬가(요 1:1-18)에서 성전에 앞서 '말씀'(성경)을 언급한 것도 그런 연유에 기인합니다. 여기서 '말씀'(성경)은 곧 '예수 그리스도'라고 할 때 이는 종교개혁의 중요한 두 원리가 '오직 성경'(sola scriptura), '오직 그리스도'(sola Christus)에 해당합니다.

오늘날 성경의 권위가 실추되고 예수 그리스도 이외에 교회라든가 교권이라든가 마리아나 성인들을 숭배한다거나 다양한 구원을 주장하는 종교다원주의 시대에 하나님의 말씀, 곧 성경(예수)을 통한 하나님의 음성에 귀 기울여야 한다고 봅니다. "태초에 '말씀(성경=예수)'이 있었다"라는 이 문장이 '다시 성경'(Again Bible), '다시 예수'(Again Jesus)를 말하고 있다는 점에서 이보다 더 적절한 종교개혁의 구호는 없다고 생각합니다.

까치: 그러면 로고스 찬가에 나타난 유대인의 네 핵심가치 중에서 '성경'(말씀)에 이어 '성전'(성막)에 대해서 말씀해 주십시오.

요한: 토라(성경) 못지않게 성전(성막) 또한 정말 해야 할 말이 많

네요. 유대인들은 이렇게 말합니다. "세계의 중심은 이스라엘, 이스라엘의 중심은 예루살렘, 예루살렘의 중심은 성전, 성전의 중심은 지성소, 지성소의 중심은 법궤, 법궤의 중심은 십계명이다." 이 말 속에서 세계의 중심은 이스라엘이고, 그 중심에 예루살렘 성전이 있다는 말을 주목해 보도록 하죠.

까치 선생께서 저보다 더 잘 아시겠지만 중국(中國)이라는 말은 '중심 국가' 또는 '중앙에 있는 국가'라는 뜻입니다. 중국인들은 일찍이 자기들을 '세계의 중심'으로 자처했죠. 그래서 중국이 중심이라면 그 주변에 있는 나라들은 자연히 '변방'에 속한 나라가 됩니다. 중국은 예로부터 주변 나라들을 '오랑캐'라고 하여 동이(東夷), 서융(西戎), 남만(南蠻), 북적(北狄)이라고 불렀죠. 중국인의 입장에서 볼 때 한민족은 동이족(東夷族), 즉 '동쪽에 있는 오랑캐'죠.

그런데 중국인들만이 이런 생각을 한 것은 아니죠. 헬라인들은 델포이 신전이 있는 '아테네'를 '세계의 중심(배꼽)'이라고 생각했고, 로마제국(Pax Romana)을 이룩한 로마인들은 '로마'를 세계의 중심이라고 생각했죠. 또한 이스라엘 사람들 역시 성전이 있는 '예루살렘'을 '세계의 중심(배꼽)'(겔 38:12)으로 생각했죠. 그런데 유대인들은 '세계'(대우주)를 축소한 것이 '성전'(소우주)이고, 성전을 확대한 것이 세계라고 생각했죠. 그러니까 성전은 세계의 축소판입니다. 바로 그 세계의 중심인 예루살렘 성전으로 예수께서 오신 겁니다.

창조의 중재자요 만물의 생명이 되시는 예수는 빛으로 이 세상에 오신 분입니다. 로고스 찬가 4-9절에 '빛' 어휘가 일곱 번(4, 5, 7, 8[2회], 9[2회]절) 나옵니다. 이는 성전 안에 있는 일곱 금 촛대로 된 '등잔대'(메노라)를 상징합니다. 예수께서 성전 안에 있는 등잔대의 빛으로 오신 것입니다. 5절을 보면 "빛이 어둠에 비치되 어둠이 깨닫지 못하더라"는 말씀이 있습니다. 이 구절의 의미는 이렇습니다.

이동 성전인 성막은 전체가 천막으로 덮여 있어 성막 안은 깜깜합니다. 그 깜깜한 어둠을 환하게 밝히는 것은 성소에 세워져 있는 등잔대입니다. 예수께서 등잔대의 빛으로 이 세상에 오셨건만 세상은 이 사실을 깨닫지 못했다는 겁니다. '빛' 어휘를 완전수인 7회 사용한 것은 예수께서 안 계시면 깜깜한 어둠의 세상이요, 예수께서 계시면 밝은 광명의 세상임을 말하고자 한 것입니다.

어부인 저는 '생명과 빛에 친숙한 사람'입니다. 생명이 빛(하늘)과 물(바다)에 있음을 날마다 몸으로 체득하며 살았던 사람입니다. 고기를 잡으러 밤에 바다로 나가면 밤하늘에는 별빛이 가득했고, 만선(滿船)의 기쁨을 안고 돌아오는 아침이 되면 저 동쪽에서 찬란하게 떠오르는 태양빛에 반사되어 반짝이는 은빛 물결에 늘 황홀에 젖곤 했죠.

또한 안식일에 회당에 들어가 보면 오른쪽엔 다윗의 별이, 왼쪽엔 등잔대가 그려져 있는데, 그것을 보면서 생활했지요. 늘 보는 등잔대를 바라보면서 이방의 빛(사 42:6)으로서의 이스라엘의 사명을 상기하곤 했죠. 등잔대의 가지와 살구나무(아몬드) 꽃 장식은 고대근동에서 다산과 생명을 상징하는 것으로, 하나님의 빛과 생명에 대한 가시적 표현이지요. 또한 등잔대는 유대인들의 성전봉헌절인 '하누카 축제'('수전절' 또는 '빛의 절기'라고 부른다)의 중요한 상징이기도 합니다. 저는 이 상징을 통해 예수께서 성전(성막)을 대체하러 오신 분임을 말하고자 했던 것이죠.

제가 로고스 찬가에서 말씀(1[3회], 14절), 세상(9, 10[3회]절), 은혜(14,

16[2회], 17절) 어휘를 각각 4회씩 사용했는데, 여기에는 세 어휘가 갖는 숫자상징적 의미가 담겨 있습니다. 율법이 지배하는 이 어둠의 '세상'에 성육신, 즉 빛 되신 예수께서 오셔서 하나님의 '은혜'의 '말씀' 곧 '복음'을 선포하심으로 이 세상 나라에 하나님 나라가 도래했음을 암시하고자 했던 겁니다.

그리고 본문이 무시간적 진리를 말하는 것이 아님을 이미 언급했는데, 당시 상황에서 이것이 말하려는 메시지는 '율법의 종교인 유대교'보다 '은혜의 종교인 기독교'가 우월하다는 것을 변증하고, 박해에 직면한 요한공동체로 하여금 유대교, 나아가 로마제국(인간 황제 가이사)에 대한 기독교(하나님의 아들 그리스도 예수)의 승리를 증언하고자 했던 겁니다.

그리고 성육신을 말하는 14절이 또한 성전과 깊이 관련되어 있지요. "말씀이 육신이 되어 우리 가운데 거하시매"라는 표현과 "우리가 그의 영광을 보니 아버지의 독생자의 영광이요"라는 표현은 그 근저에 성막(성전) 배경이 깔려 있지요. '거하시매'로 번역된 '에스케노센'(ἐσκήνωσεν)은 '천막을 치다'를 뜻하는 '스케노오'(σκηνόω)의 부정과거입니다. 여기서 '천막을 치다'라는 말은 이스라엘 백성이 광야생활 할 때 하나님의 임재의 상징으로 세운 성막(tabernacle)을 반영하는 언어입니다.

천상의 대왕이 그의 백성과 함께 살기 위해 지상(땅)에 내려왔는데, 이것이 광야에서 모세가 지은 성막의 의미입니다. 그리고 지상 성전인 성막은 하나님의 보좌인 천상 성전의 대응물입니다. 성막이 하늘의 실재를 보여주기 위해 고안된 지상건물이듯이, 예수님은 하늘의 실재를 보여주기 위해 지상에 성육신하셨죠. 성막을 이은 성전이 세계의 중심인 예루살렘에 지어졌듯이, 여호와를 이은 예수님은 세계의 중심인 팔레스타인 땅에 성육신하셨죠. 따라서 천상의 말씀이 지상의 육신이 되었다는 것은 '천상성전(말씀)'이 '지상성전(육신)'이 되었다는 의미입니다.

또한 "그의 영광을 보니 아버지의 독생자의 영광이요"라는 대목은 광야에서 성막이 건립된 이후 여호와의 영광의 상징인 구름이 성막에 충만한 모습을 연상케 합니다(출 40:34-35). 성육신은 '하나님께서 우리와 함께 거하신다'는 임마누엘(마 1:23)의 절정을 보여줍니다. 나아가 예수께서 구약의 성막(성전)을 대신하여 오신 분임을 말해 주고 있습니다.

주님께서 '나는…이다'라고 표현하신 소위 '에고 에이미'(Ἐγώ εἰμι) 말씀이 있는데, 이 말씀용법이 성막(성전)을 대신하러 오신 예수님을 극명하게 보여주고 있지요. 성막(성전)에는 일곱 주요 내용물이 있는데, 입구부터 그 순서를 말하면 다음과 같습니다. 성막(성전)문, 번제단, 물두멍, 등잔대, 떡상, 분향단, 법궤의 순으로 되어 있습니다. 여기서 성막문, 번제단, 물두멍은 뜰에, 등잔대, 떡상, 분향단은 성소에, 그리고 법궤가 지성소에 들어 있습니다. 놀라운 사실은 주님께서 성전(성막)의 일곱 주요기구를 '에고 에이미'의 일곱 말씀과 상응시키셨다는 점입니다.

① "나는 생명의 떡이다"(요 6:35, 48) - 떡상(출 25:23-30).
② "나는 세상의 빛이다"(요 8:12) - 등잔대(출 25:31-40).
③ "나는 양의 문이다"(요 10:7, 9) - 성막문(출 27:13-16).
④ "나는 선한 목자다"(요 10:11, 14) - 번제단(출 27:1-8).

⑤ "나는 부활이요 생명이다"(요 11:25) - 법궤(출 25:10-22).
⑥ "나는 길이요 진리요 생명이다"(요 14:6) - 분향단(출 30:1-10).
⑦ "나는 참 포도나무다"(요 15:1, 5) - 물두멍(출 30:17-21)

성막의 일곱 기구에 상응하는 예수님의 비유말씀을 간단히 설명하면 이렇습니다.

첫째로, '생명의 떡'은 이스라엘의 열두 지파를 상징하는 열두 개의 떡을 각각 여섯 개씩 두 줄로 쌓아 놓은 진설병 '떡상'에 해당합니다. 둘째로, '세상의 빛'은 '메노라'(등잔대)에 해당합니다. 셋째로, '양의 문'은 하나밖에 없는 '성막문'(성전문)에 해당합니다. 넷째로, '선한 목자'는 양을 위해 스스로 희생제물이 되신 예수님을 비유한 것으로 이는 희생제물을 태우는 '번제단'에 해당합니다. 다섯째로, '부활이요 생명'은 '법궤'를 상징합니다. 법궤 안에는 만나를 담은 금 항아리와 아론의 싹 난 지팡이와 언약의 돌판들(히 9:4)이 들어 있는데, 이는 부활 생명을 상징합니다. 여섯째로, "내가 곧 길이요 진리요 생명이니 나로 말미암지 않고는 아버지께로 올 자가 없느니라"(요 14:6)는 말씀은 '분향단'과 상응합니다. 이에 대해서는 약간의 설명이 필요합니다.

"내가 곧 길이요 진리요 생명이니…"에서 접속사 '카이'(καί)를 각각 번역하면 현재처럼 '길과 진리와 생명'으로 번역됩니다. 그런데 제 글쓰기의 특징인 앞의 어휘를 강조하는 이중말씀의 원리에 따르면, 이는 '길 곧 진리와 생명'을 뜻합니다. 여기서 '길'은 이중의미를 갖습니다. 하나는 분향단에서 기도를 통해 하나님께 가는 길이고, 또 하나는 법궤가 있는 지성소로 가는 길입니다. 부연해서 설명하면, 분향단은 하나님께 기도를 올리는 곳이며, 구약시대에 하나님께 갈 수 있는 길은 (대)제사장이 분향단에서 기도하는 길밖에 없습니다.

그런데 분향단(성소)과 법궤(지성소) 사이에는 휘장이 놓여 있지요. 성소와 지성소를 가르는 휘장은 땅과 하늘의 경계로써 휘장과 휘장 너머의 세계를 구분 짓습니다. 구약시대에 지성소는 제사장도 못 들어가고 오직 대제사장만 1년에 하루 대속죄일에 들어갈 수 있었죠. 그렇기에 지성소 바로 앞에 놓인 분향단에서의 기도는 휘장으로 가로막혀 있어 불완전한 기도일 수밖에 없었습니다. 이제 길이요 진리요 생명이 되신 예수께서 성소(분향단)와 지성소(법궤) 사이를 가로막고 있는 휘장을 십자가로 찢으시고(마 27:51) 부활하심으로 하나님께(지성소)로 가는 '새로운 살 길'(히 10:20)을 여신 겁니다.

일곱째로, '참 포도나무'는 '물두멍'을 상징합니다. 구약에서 포도나무는 거룩한 이스라엘 백성을 상징합니다. 이 비유말씀은 참 이스라엘 사람인 예수께서 거룩하신 것처럼 거룩하신 예수께 붙어 있어야 거룩함을 보존할 수 있고, 생명을 공급받아 많은 열매를 맺을 수 있다는 것 (요 15:2-5)을 의미합니다. 이는 성소에 들어가기 전에 성결(거룩)을 위해 손을 깨끗하게 씻는 '물두멍'에 해당합니다. 일곱 에고 에이미의 말씀을 통해 예수께서는 자신이 곧 성막(성전)임을 밝히신 겁니다.

그런데 여기서 주목해야 할 사실은 예수님의 일곱 비유말씀이 성막(성전)의 일곱 기구의 순서로 되어 있지 않고, 메노라(등잔대)의 중심처럼 '번제단'을 상징하는 네 번째 말씀 '나는 선한 목자'를 중심에 두고 있지요. 이는 선한 목자이신 예수께서 십자가를 지심으로 우리를 대신하여 희생제물이 되심으로 더 이상 죄 사함을 위한 번제가 필요 없음을 말하고자 하는 뜻이 담겨 있죠. 따라서 일곱 에고 에이미 말씀은 예수께서 대제사장 아론을 대신한 새 언약의 대제사장으로서(히 9장), 유대교의 성전을 대체하러 오신 분임을 천명하는 동시에 예수께서 유대교의 성전 제사제도를 대체하신 분임을 시사하지요.

까치: 요한복음에 나오는 일곱 '에고 에이미' 말씀에 '성막(성전)'의 의미가 들어 있었다는 사실이 놀랍기만 합니다. 그런데 오랫동안 궁금했던 것이 있어 질문 드립니다. 제가 아는 목사님께서 이런 말씀을 하셨습니다. 주전 587년에 예루살렘 성전이 무너졌을 때 번제단에 불 피워 놓고 짐승 잡아 대속의 제사를 드리는 성전제사종교는 그때 끝났어야 했다는 겁니다.

이미 그 시대는 아시아에서 공자, 노자, 석가가 등장하고 서양에서는 소크라테스가 출현하던 시대였지요. 인류의 지혜가 여기에 이른 시대에 소나 양을 잡아 그것으로 하나님께 속죄의 제사를 드린다는 것은 참으로 어리석기 그지없는 낡은 시대의 시대착오적 행위였다고 하시는 것을 들었습니다. 그런데 유대교의 아버지로 불리는 선지자 에스겔에게 하나님께서는 새 성전 환상(겔 40-48장)을 보여주셨고, 이를 기반으로 유대교는 다시 성전을 짓고 예수 시대까지 5백년을 이어왔습니다. 이를 어떻게 해석해야 하나요?

요한: 참으로 중요한 질문입니다. 까치 선생만이 아니라 어쩌면 많은 이들에게 이 문제는 궁금한 문제일 겁니다. 우선 결론부터 말씀드리면, 예수께서 오시기 전까지는 성전을 중심으로 이스라엘이 모여 있어야 했다(요 11:51-52)는 겁니다. 무슨 얘긴고 하니 587

년에 바벨론 군대에 의해 제1성전인 솔로몬 성전이 파괴되고 나서 다시 제2성전인 스룹바벨 성전을 515년경에 지었습니다. 이는 선지자 에스겔에게 하신 말씀(새 성전 환상의 말씀)을 유대인들이 이행한 겁니다.

이 같이 행하도록 하나님께서 말씀하신 것은 다름 아니라 성전을 대신하러 오신 예수께서 오시기 전까지 유대인들이 흩어지지 않고 예루살렘 성전을 중심으로 모여 있어야 할 필요성 때문입니다. 유대인들이 모두 디아스포라가 되어 전 세계에 흩어지면 예수께서 '하나님의 비밀'을 성취하기 위해 바로 그 시대에, 그 땅에 오셔야 할 하등의 이유가 없어지는 겁니다. 하나님께서 선지자 에스겔을 통해 여러 나라에 포로되어 흩어진 이스라엘 백성을 고토로 귀환시키고자 하신 것은 그들을 예루살렘에 다시 모으시기 위함(겔 36:24)이었지요. 그리고 이를 위해서는 성전 재건이 필요했고, 성전을 중심으로 모여 살던 그들에게 참 성전 되시는 예수께서 오심으로 더 이상의 돌로 된 성전은 필요 없게 되었죠.

그리고 이제는 때가 되었으니 흩어져 '예수 말씀' 곧 '복음'을 전하라고 명하신 겁니다. 이 일을 위해 예수께서 이스라엘을 대표한 열두 제자들을 훈련시키시고, 때가 되어 예루살렘을 시작으로 유대와 사마리아와 땅 끝까지 전 세계에 복음이 전해지도록 하려는 하나님의 경륜(비밀)을 이루신 겁니다.

까치: 사도님의 말씀을 듣고 보니 성전을 두고 그 오랜 세월 동안 기다리신 데에도 하나님의 놀라운 뜻이 있었다는 사실을 새삼 깨닫게 됩니다. 어리석은 인간들은 하나님의 뜻을 속히 이루고자 스스로 물레방아를 빨리 돌리고자 합니다만 '하나님의 물레방아는

천천히 돌아간다'는 말이 실감납니다.

요한: 까치 선생의 비유가 제게 더욱 실감나게 전해져 오는군요.

까치: 그렇습니다. 제가 주제넘게 공자 앞에서 문자 쓴 것 같아 송구스럽네요. '성전'과 관련하여 한 가지 짚고 넘어가고 싶은 것이 있는데요. 예수께서 "너희가 이 성전을 헐라 내가 사흘 동안에 일으키리라"(요 2:19)라고 말씀하셨지요. 이를 두고 사도께서 "예수는 성전 된 자기 육체를 가리켜 말씀하신 것이라"고 부연 설명하셨습니다. 이는 예수께서 새 성전이 되신다는 얘기죠.

따라서 이제는 성전시대는 지나갔고, 오순절 성령 강림 이후 교회시대가 시작되었잖아요. 주님께서 성전을 헐고 교회를 지으라고 말씀하셨지요. 그런데 오늘날 교회에서 예배당을 지으면서 '성전 건축'이라는 말을 자주 사용하는 것을 흔히 볼 수 있는데요. 성전(temple)과 교회(church)는 엄연히 다른데, 왜 이런 표현을 쓰는 것일까요?

요한: 참 좋은 질문입니다. 우선 성전과 교회의 차이를 한마디로 말하라면 성전은 건물 중심, 장소 중심입니다. 이에 반해 교회는 사람 중심, 영 중심입니다. 성전은 제사를 통해 하나님께 예배를 드리는 곳이고, 교회는 기도와 말씀을 통해 하나님께 예배를 드리는 곳입니다. 까치 선생께서 이미 말씀하셨지만 예수께서 오심으로 성전시대는 끝나고 이제는 교회시대입니다. 이것을 인간을 구원하기 위한 하나님의 건축 프로젝트로 말하면 이렇습니다.

하나님은 3단계의 '말씀의 집'을 짓고자 하셨죠. 성막(성전)-예수-교회가 그것입니다. 성막(성전)은 성부 하나님께서 명하신 대로 지어진 '말씀의 집'입니다. 이어서 성자 하나님이신 예수님은 육신을 입은 '말씀의 집'입니다. 그리고 오순절 성령 강림 사건 이후 탄생한 교회는 믿는 자들의 공동체요, 하나님의 백성으로서 성령 하나님께서 임재하시는 '말씀의 집'입니다. 따라서 이제는 제사를 드리는 성전으로서의 말씀의 집이 아니라 기도를 드리는 교회로서의 말씀의 집이 되어야 합니다.

물론 그리스도인을 '하나님의 거룩한 전'이라는 의미에서 '성전' 용어를 쓸 수 있습니다. 그런데 성도들의 모임으로서의 교회가 아닌 화려하고 웅장한 건물로서의 성전을 생각하고, 그런 대규모 성전을 짓고자 하는 마음으로 예배당을 짓는다면 이는 시대착오적인 발상이라는 점을 분명히 하고 싶습니다. 사실 이 문제에 대해서는 개신교보다 가톨릭은 더욱 심합니다.

사실 조심스럽게 말씀드립니다만 '교회 예배당'이 아닌 '성전'을 건축하여 웅장하고 화려한 큰 건물을 자랑하고 싶은 욕심이 교회 당국자들에게 있기에 그런 표현을 쓰는 것이 아닌가 하는 생각이 듭니다. 이 문제와 관련하여 제가 심히 걱정스러운 것은 초대형 성전을 짓고 나서 그것을 사유화하고 세습하려는 유혹과 이를 둘러싼 온갖 비리와 갈등입니다.

까치: 교회를 건축하고자 하는 분들이 사도님의 진심어린 호소를 새겨들었으면 좋겠네요. 그럼 다음 주제로 넘어가죠.

까치: '성전'(성막)에 이어 '로고스 찬가'에 나타난 성지(聖地)에 대한 말씀을 나누도록 하죠. 11절을 보면, "자기 땅에 오매 자기 백성이 영접하지 아니하였으나"라는 말씀이 있습니다. 여기서 말하는 '자기 땅'이란 넓게는 팔레스타인 땅이고, 좁게는 세계의 중심이라

고 일컬어지는 성전이 있는 예루살렘을 말하는 것으로 보입니다. 그리고 '자기 백성'이란 선민이라고 일컬어지는 유대인을 말하는 것이고요.

그런데 예수께서 자기 백성인 유대인들에게 오셔서 하나님의 말씀인 복음을 전하셨으나 저들이 그 말씀을 받아들이지 않았죠. 여기서 우리는 이 넓은 우주 속에 왜 하필이면 예수께서 그 시대에 그 곳으로 오셔야만 했는가? 또한 유대인들은 그토록 메시아가 오기를 고대했으면서도 정작 메시아가 그 땅에 왔으나 왜 그분을 거절했는가 하는 근본적인 물음을 묻고 싶네요.

요한: 우선 두 번째 질문에 대해서는 아래 '성민' 주제에서 다루기로 하고, 여기서는 왜 메시아가 그 땅에 오셔야 했는가를 간단히 말하면 이렇습니다. 주님이 팔레스타인 땅에 오신 주후 1세기는 헬라의 문화, 로마의 정치, 유대의 종교가 어우러져 빚어낸 격동의 시대였죠. 그야말로 주후 1세기는 무엇이 진리이고, 무엇이 정의인지, 무엇이 올바른 삶인지 분간할 수 없는 혼미한 시대였습니다.

그런 속에서 모두를 참 진리로 이끌 자, 모두에게 기쁜 소식을 가져올 자, 포로생활을 끝내고 새 시대를 열 자, 이스라엘을 그 죄로부터 구원할 자, 저들의 굶주림과 목마름을 해결할 자, 짙은 먹장구름을 걷어내고 회천(回天)의 문을 열 자, 이교도들의 통치를 종식시키고 유대인들이 열망한 핵심적 가치들을 해결할 자는 누구인가? 이 모든 문제를 해결할 길은 어디에 있는가? 주후 1세기 팔레스타인 땅은 이런 문제들로 가득 찬 시대였죠. 그 해답은 하나님의 아들인 메시아 예수의 오심(성육신의 복음과 하나님 왕국의 복음)과 예수의 십자가 지심(십자가의 복음) 및 예수 부활(부활의 복음)에 있었던 것이죠.

주후 1세기 팔레스타인 땅은 주전 5세기 제사장 에스라 이후, 그리고 마지막 예언자 말라기 이후 세례 요한이 등장하기까지 400년 이상 수만 명의 제사장들이 들끓었지만 하나님의 말씀을 바르게 전해 줄 참 예언자는 한 사람도 나타나지 않았죠. 신구약 중간시대인 그 400년을 암흑시대라고 부르는 까닭은 문명을 이룩해 놓은 것이 없어서가 아니라 바로 예레미야와 같은 참 예언자 한 사람이 없었기 때문입니다. 선지자 아모스(암 8:11)의 말씀처럼 이스라엘의 기근과 기갈은 양식이나 물이 없어서라기보다는 하나님의 말씀을 듣지 못한 기근이요 기갈이었죠.

또한 그 땅은 지역적, 민족적, 종교적으로 온갖 차별과 장벽이 극심했고, 그로 인한 억압과 죄악과 고통으로 가득 찬 질곡의 땅이었죠. 전 지구상에서 가장 메시아를 필요로 하는 땅, 메시아가 오시기를 가장 절박하게 기다린 곳으로 하나님은 메시아 예수를 보내기로 작정하셨던 겁니다.

까치: 그렇군요. 주후 1세기가 메시아를 가장 절박하게 기다린 곳이기에 주님께서 그 땅에 오셨다면, 오늘날 메시아가 다시 오신다면 어느 땅에 오시리라고 보시는지요?

요한: 글쎄요. 늘 종교적 갈등으로 화약고와 같은 중동 지역이나 내전과 기근으로 인해 굶주림에 허덕이는 아프리카 땅에 오실 수도 있겠죠. 하지만 바로 이 한반도 북쪽에 있는 북한 땅에 오시지 않을까 생각합니다. 주후 1세기의 팔레스타인 땅처럼 저 북녘 땅이야말로 이 시대의 온갖 문제를 다 안고 있는 억압과 질곡의 땅이라는 생각 때문입니다.

까치: 사도께서 주후 1세기에 팔레스타인 땅에 사셨고, 저는 2천 년이 지난 주후 21세기 한반도 땅에 살고 있는 상황에서, 사도님의 말씀을 들으니 동병상련(同病相憐)의 마음이 듭니다. 주의 복음으로 치유의 역사가 일어났으면 하는 마음 간절합니다.

까치: 그럼 이제 마지막으로 '성민' 주제에 대해 말씀을 듣고자 합니다.

요한: 로고스 찬가에서 '성육신' 구절인 1절과 14절도 중요하지만 '하나님의 자녀'를 언급하는 12-13절 또한 그에 못지않게 중요합니다. "영접하는 자 곧 그 이름을 믿는 자들에게는 하나님의 자녀가 되는 권세를 주셨으니/ 이는 혈통으로나 육정으로나 사람의 뜻으로 나지 아니하고 오직 하나님께로부터 난 자들이니라." 이 말씀의 의미(중요성)를 설명하면 이렇습니다.

우선 '하나님의 자녀' 사상은 북왕국 전승에 속하는 신명기서(14:1)와 호세아서(2:1)에 기초합니다. 남왕국 유다 지파의 후손인 유대인들은 자신들의 정체성(identity)을 선민사상에 두었죠. 그리고 에스라-느헤미야 이후에 나온 유대교는 '혈통에 의한 선민사상'을 갖도록 했습니다.

그러나 만민의 구주로 오신 주님께서는 유대민족주의에 속하는 이 같은 '혈통에 의한 선민사상'을 넘어서는, '신앙(예수신앙)에 의한 선민사상'을 말씀하셨습니다. 즉 선민사상에 대한 기준을 바꾸신 것이죠. 이는 북왕국 전승인 신명기의 참된 정신으로 되돌아가는 것이기도 합니다(신 7:6-11). 즉 하나님께서 이스라엘이 크고 잘나서 만민 가운데 히브리 민족을 성민(선민)으로 택하신 것이 아닙니다. 히브리(사회적 유랑민, 경제적 하층민, 법적 천민)라는 별 볼일 없는 자들을 이스라엘이라는 성민(선민)으로 택하신 것은 전적으로 하나님의 은혜에 기인합니다.

　이와 마찬가지로 이제 하나님의 아들로 오신 메시아 예수님은 그 옛날 여호와 하나님께서 히브리 민족을 이스라엘로 선택하여 성민 삼으셨듯이 이제는 예수(복음)를 하나님의 아들로 '믿는'(영접하는) 자는 누구나(이방인을 포함) 하나님의 자녀(12절)가 되게 하셨습니다. 하나님의 주권적 권세로 말입니다. 참으로 놀라운 기쁜 소식(복음)이 아닐 수 없죠(요 3:16-17).

　그 옛날 여호와를 믿은 이스라엘은 '하나님의 백성'이 되었죠. 이제는 하나님이 보내신 예수님을 믿는 자는 누구나 '하나님의 자녀'(새 이스라엘)가 된다는 것입니다. 이 선언은 예수께서 오신 이후부터는 '하나님의 백성(자녀)' 안에 들어와 살 것이냐, 그 밖에서 살 것이냐 하는 양자택일이라는 엄청난 결단 앞에 온 인류가 서게 되었음을 뜻합니다.

10

최고의 혁명:
예수로 기준 바꾸기

까치: 12절에 이어지는 13절은 깊은 뜻이 있을 것이라는 생각이 들면서도 잘 이해가 안 됩니다. 어떤 뜻으로 말씀하신 것인가요?

요한: 이 구절은 각별히 주목해야 할 구절입니다. 총독 빌라도가 히브리어, 로마어, 헬라어 세 언어로 패를 써서 십자가 위에 붙였다는 언급이 나옵니다(요 19:19-20). 이 세 언어는 그 당시 자신들이 세계 최고라고 자랑하던 세 민족(유대인, 로마인, 헬라인)과 관계되어 있지요.

선민이라는 혈통을 자랑했던 유대인들, 그들은 헤브라이즘(Hebraism)이라는 '위대한 종교'를 이룩했죠. 군사적 힘이라는 인간적 육정을 자랑했던 로마인들, 그들은 거대한 로마제국(Pax Romana)이라는 '위대한 정치'를 이룩했죠. 그리고 인간의 이성이라는 사람의 뜻을 자랑했던 헬라인들, 그들은 헬레니즘(Hellenism)이라는 '위대한 문화'를 이룩했죠.

그런데 이들이 이룩한 업적이 아무리 엄청나더라도 그것은 모두 땅(사람)에 속한 3차원에 불과하죠. 이에 반해 하나님이 보내신 아들 예수를 믿는 신앙(요 1:12)은 하늘에 속한 것이요 하나님으로부터 온 것(요 1:13)이기에 하늘(하나님)에 속한 4차원이라는 겁니다. 그런 의미에서 예수를 믿는(영접하는) 것은 땅(인간)에 속한 그 어떤 것과도 비교가 안 되는 '차원이 다른 세계'에 속하는 자들이 되었다는, 실로 엄청난 의미를 담고 있습니다.

예수께서 오신 이후 이제는 예수를 믿는(영접하는) 신자와 예수를 거부하는(영접하지 않는) 불신자가 홍해 바다가 갈라지듯 둘로 갈라지게 되었죠(출 14:20). 이편과 저편, 즉 광명(빛)의 나라와 흑암(어둠)의 나라로 갈라지게 된 겁니다. 이제 예수님을 영접한 자는 4차원의 세계, 즉 하나님의 자녀(신의 자녀), 하나님 나라에 속한 자, 빛의 자녀가 되고, 예수님을 영접하지 않는 자는 3차원의 세계, 즉 사람의 자녀, 세상 나라에 속한 자, 어둠의 자식들이 됩니다.

그런 의미에서 '복음 중의 복음'이라고 일컬어지는 요한복음 3장 16절은 이 세상에서 가장 무서운 선언이자 혁명적 발언입니다. 예수 믿는 자는 오른편, 즉 구원과 영생, 예수를 불신하는 자는 왼편, 즉 심판과 멸망입니다. 이보다 더 무서운 선언이 이 세상 천지에 또 어디 있습니까. 그러니까 예수께서 이 세상에 오신(성육신) 이후부터 예수께서 모든 것의 '영원한 기준(canon)'이 되신 것이죠.

그래서 전에는 열방(만민)이 복을 받는 데 있어서, 이스라엘을 대표하는 아브라함이 복의 통로로서 복의 기준이 되었는데(창 12:3), 예수께서 오심으로 이제는 기준이 바뀌게 되었죠. 즉 새 이스라엘로 대표되는 예수께서 복의 기준이 되셨다는 것이죠(요 1:12, 3:16). 이것이 참 복음이자 영원한 복음임을 말하고 있는 것이죠.

여기서 기준 삼는다는 것은 왕(최고, 제일) 삼는다는 의미입니다. 이전까지는 세상에 속한 그 무엇이 기준이었죠. 한 나라의 왕(황제)이 기준이 되었고, 돈, 권력, 명예, 신분, 지위, 외모, 성전(교회), 부모, 자녀, 행복, 성공, 자기 자신, 유대인, 백인, 지역, 남자 등등이 기준(왕)이 되었다면, 이제부터는 그리스도 예수께서 기준(왕)이 되신 겁니다. 이보다 더 혁명적인 사건은 없습니다. 그래서 인류 역사의 최고의 혁명은 예수 혁명 곧 말씀 혁명입니다.

우리가 조금만 깊이 생각해 보면 이 세상에서의 모든 싸움은 '기준 싸움'입니다. 기준 싸움은 종교, 신앙적으로 말하면 정통 싸움입니다. 정통에서 벗어나면 이단이 됩니다. 이를 사회적으로 말하면 주류 싸움입니다. 주류에서 벗어나면 비주류가 됩니다. 정치적으로 말하면 여당 싸움입니다. 여당에서 벗어나면 야당이 됩니다. 지리적으로 말하면 서울 싸움입니다. 서울에서 벗어나면 지방이 됩니다. 음식으로 말하면 원조 싸움입니다. 원조에서 벗어나면 모방이 됩니다. 제품으로 말하면 KS 마크 싸움입니다. KS 마크를 받지 못하면 불량품이 됩니다. 그리고 어느 회사의 제품을 기준으로 삼느냐 하는 회사 싸움입니다. 그 회사의 제품이 아니면 믿을 수 없는 제품이 됩니다.

역사의 변방, 변두리에 있던 히브리인들이 여호와 신앙을 간직했을 때 그들은 선민 이스라엘이 되었고, 역사의 주류가 되었고, 구속사의 주역이 되었죠. 그러나 그들이 여호와 신앙을 떠났을 때 저들은 나라를 잃고 식민지 백성으로 전락했죠. 그리고 그들은 역사의 변방으로, 구속사의 변두리로 밀려났죠. 그 후 하나님은 새 기준을 마련하셨는데, 유다 지파-다윗 왕의 후손인 예수 그리스도를 이 땅에 보내시고 예수 그리스도를 역사의 중심, 기준으로 삼으셨죠.

그리하여 이제 역사의 주류, 구속사의 주역의 기준을 '예수 신앙', '예수 복음'으로 삼으셨죠. '예수 신앙', '예수 복음'에서 떠난 자는 구원에서 떠난 자가 되고, 역사의 주류, 구속사의 주역에서 밀려나게 된 겁니다. 지난 2천 년의 역사는 예수 신앙, 예수 복음을 간직한 민족이 역사의 주류, 구속사의 주류가 되었음을 증언하고 있습니다.

사람들은 저마다 자신이 세상의 기준이 되고, 역사의 주류가 되기를 원합니다. 그런데 무엇이 진정으로 참 기준이고, 참 주류냐 하는 겁니다. 세상 사람들은 눈에 보이는 물질, 돈이 세상의 기준이 되고, 주류가 되게 하는 힘이라고 생각합니다. 그러나 지나온 역사가 가르치는 교훈은 그렇지 않습니다. 눈에 보이지 않는 하나님 신앙과 예수 그리스도가 성경(요 5:39)과 역사의 기준, 중심(BC와 AD)이 되었고, 이를 지키는 사람이 역사의 주류, 구속사의 주역이었음을 극명하게 보여주고 있습니다.

신구약성경 66권을 정경(正經), 영어로 캐논(Canon)이라고 합니다. 캐논이라는 말은 원래 '갈대'라는 말인데, 예전에는 '갈대'가 길이를 재는 '자'로 사용되었죠. 이 뜻이 확대되어 캐논은 '기준', '표준'이라는 의미를 갖게 되었죠. 즉 성경은 '우리 신앙과 삶의 기준이 되는 책'입니다. 예수 그리스도와 성경 말씀을 우리 인생과 역사의 기준이요 중심으로 삼을 때 인생의 승리자가 되고 역사의 주역이 될 것입니다.

성육신 사건은 모든 것의 기준을 바꿈으로써 온 세상을 뒤집어 엎는 예수 혁명, 말씀 혁명의 의미를 갖습니다. 세상에 이에 비견할 혁명은 다시없다고 생각합니다. 왜냐하면 지금까지 이 세상에서 일어났던 모든 혁명들은 3차원의 혁명입니다. 가령, 지난 세기에 러시아에서 공산주의 혁명이 있었죠. 예수께서 수직의 세계에 속한 모든 기준을 폐하시고 예수 자신을 기준으로 한 수평의 세계를 말씀하신 것을 공산주의자들이 흉내를 냈지요.

그런데 그들의 행한 혁명은 하나님 자리에 자기들이 앉고, 모든 인민들의 평등을 주장한 가짜 혁명이었죠. 소수의 혁명가들과 그 당에 속한 공산당들이 모든 권력과 부를 독차지하는 인류 최대의 사기극이 공산주의 혁명이지요. 결국 공산주의 혁명이란 왕조시대에 왕이 앉던 자리에 공산주의 혁명가들이 앉는, 그야말로 자리를 바꾼 것에 지나지 않아요. 달라진 것은 아무것도 없지요.

다시 말하지만 예수 혁명, 말씀 혁명은 그것과는 차원이 다른 4차원의 혁명입니다. 가령 엄청나게 많은 돈을 가진 재벌이나 권력의 최정점에 있는 왕도 예수 믿지 않으면 3차원의 땅에 속한 '사람의 아들'(人子)이고, 아무런 가진 것도 없는 거지나 천민도 예수를 믿으면 4차원의 하늘에 속한 '신의 아들'(神子)이 됩니다. 예수께서 우주보다 귀하고, 예수 믿는 신자가 천하보다 귀하다는 것은 이를 두고 하는 말입니다. 이는 기존의 세상 질서를 완전히 전복하는 최고의 혁명이 아닐 수 없습니다.

그리스도인의 정체성 곧 하늘을 찌를 것 같은 그리스도인의 자신감은 '성육신의 복음'에서 비롯됩니다. 따라서 '성육신의 복음'을 믿게 되면, 그리스도인은 '세상이 감당할 수 없는 사람들'(히 11:38)이 되지요. 온 세상을 이기는 믿음이 '성육신의 복음' 속에 내재된 '하나님의 자녀 됨'(요일 5:4)에 있다는 말씀은 그런 뜻으로 말씀하고 있는 것이죠.

까치: 아, 감동입니다. 말씀을 듣고 보니 예수를 믿는다는 것이 이렇게 엄청난 의미를 담고 있다는 사실에 전율이 느껴집니다. 그래서 당시에 예수 믿는 노예가 예수를 믿지 않는 황제 앞에서 "난 3차원에 사는 당신과 차원이 달라" 하면서 그렇게 당당했고, 순교 현장으로 끌려가면서도 찬송하며 순교의 길을 걸어갔던 것이로군요.

성육신 사상에 나타난 예수 혁명은 흔히 이 세상에서 혁명에 성공하면 신분이 상승되는 그런 정도의 혁명이 아니라 세상 질서에 대한 완전한 전복이라는 점에서 이보다 더한 혁명적 사상은 없네요. 그런 점에서 요한복음은 최고의 '혁명지서'(革命之書)이자 최고로 위험한 '불온문서'라는 생각이 듭니다. 그리고 꼭꼭 감춰 두어야 할 하나님의 마지막 비밀문서로군요.

요한: 아, 그런가요. 그런데 듣고 보니 저도 그렇고, 까치 선생도 그렇고, '혁명' 용어를 자꾸 쓰고 있네요. 공산혁명을 몸소 체험하여 '레드 콤플렉스'(red complex)를 갖고 계신 분들은 이 용어가 몹시 불편하게 들리지 않을까 걱정이 됩니다.

까치: 그러네요. 더 좋은 용어가 떠오르지 않아 자꾸 그 용어를 사용하게 되는 것 같네요. 독자들의 양해를 구합니다.

11

성육신의 복음 속에 담긴 하나님 사랑

까치: 그리스도 예수를 기준 삼음으로써 인간사의 모든 억압과 차별을 철폐하는 진정한 의미에서의 평등(혁명)을 가져왔다는 점에서 주후 1세기 예수님의 오심은 인류사상사의 마침표, 즉 종언을 고했다고 보는데, 사도님의 생각은 어떠신지요?

요한: 인간의 사고 영역에서 이보다 더 놀랍고 새로운 사상은 존재할 수 없다는 점에서 저도 그렇게 생각합니다.

까치: 그렇다면 이러한 사상을 담고 있는 요한복음을 가리켜 '천하제일지서'(天下第一之書)라고 불러도 되겠네요.

요한: 그렇게 말씀하시니 몸 둘 바를 모르겠습니다.

까치: 저희 조선역사에서 '동학혁명'이라는 사건이 있었죠. 동학(東學)은 서학(西學)에 반대하여 수운(水雲) 최제우 선생(1824-1864)이 창도한 종교입니다. 훗날 천도교라고 개칭되었지요. 그가 내세운

동학(東學)의 핵심사상은 '인내천'(人乃天)과 '사인여천'(事人如天) 사상인데, 이는 인간의 존엄성을 내세운 사상입니다. '인내천' 사상이란 사람이 곧 하느님이며, 만물이 모두 하느님이라고 보는 사상입니다. 그리고 '사인여천' 사상은 '사람을 하늘처럼 섬기라'는 가르침입니다.

그런데 이러한 사상은 수운 선생이 구도(求道)하던 중 받았다고 하는 '을묘천서'(乙卯天書)에 기인하는 것으로, 그 책은 곧 마테오 리치(Matteo Ricci, 1552-1610)가 쓴 《天主實義》라고 합니다. 그렇다면 동학의 근본사상은 기독교 교리, 특히 요한복음에 나타난 '하나님의 자녀' 사상에서 비롯되었다는 것이 저의 생각입니다.

요한: 저는 동학에 대해 잘 모릅니다. 아무튼 동학사상이 기독교 교리, 특히 요한복음을 그 사상적 기저로 삼고 있다고 말씀하셨는데, 사실이 그러하다면 동서양이 서로 사상적 공감대를 형성하고 있다는 점에서 고무적이라고 생각합니다.

까치: 중세에 스콜라주의의 아버지로 불리는 안셀무스(Anselm of Canterbury, 1033-1109)가 쓴 책의 제목 《하나님은 왜 인간이 되었는가》(Cur Deus homo)처럼 사도께서는 '하나님이 왜 사람이 되셨다'고 생각하시는지요?

요한: 한마디로 말하면 '사랑 때문에'라고 말하고 싶네요. 어떤 이가 이렇게 말하더군요. "이 세상에서 단 한 권의 책을 선택하라면 성경책이고, 성경 66권 중 단 한 권을 선택하라면 요한복음이고, 그 가운데 한 장을 선택하라면 3장이고, 그 가운데 한 절을 선택하라면 16절이 될 것이다." 저로서는 그렇게 말해 준 분에게 참으로 고맙게 생각합니다. 까치 선생의 질문에 대한 대답을 3장 16절의

말씀으로 대답하고자 합니다.

우선 이 구절의 의미를 말한다면 이렇습니다. 본래 하늘에 계셨던 하나님(선재주), 그 하나님이 왜 사람이 되셨는가(성육신)? 그리고 왜 그토록 수치스럽고 참혹한 죽음을 당하셔야 했는가(십자가)? 그리고 왜 다시 사셔서 하늘로 올라가셔야 했는가(부활주)? 그리고 왜 다시 오마 약속했는가(재림주)? 그 답은 이렇습니다. '우리를 사랑하는 까닭에.' 달리 말한다면, 우리로 하여금 하나님 나라의 생명(곧 영생=부활)에 참여하도록 하기 위해서이지요.

이 구절에는 하나님의 영원하신 비밀 곧 성자의 성육신, 십자가, 부활, 재림을 통한 성부의 인류 구원 계획이 잘 요약되어 있지요. 그리고 예수의 유일성(唯一性), 즉 예수라는 문 외에는 그 어떤 구원의 문도 없으며, 예수 이름 외에는 구원을 얻을 만한 다른 이름이 없다(행 4:12)는 것을 잘 말해 줍니다. 이는 예수 그리스도를 믿음으로 구원을 얻는다는 바울 사도의 이신칭의(以信稱義)와도 그 맥을 같이하죠.

이 구절을 원문으로 살펴보면 "하나님이 세상을 이처럼 사랑하사"(ἠγάπησεν ὁ θεὸς τὸν κόσμον)에서 '사랑한다'는 말이 맨 앞에 나와 있는 것을 보게 됩니다. 여기서 말하는 '사랑'은 하나님의 '아가페 사랑'을 말합니다. "독생자(μονογενής)를 주셨으니"라는 말씀은 하나님(神)이 사람(人)이 되었다는 성육신을 말할 뿐 아니라 하나님이 우리를 사랑하사 구원하기 위해 성육신적 내리사랑의 극치인 십자가에 아들을 내어주셨다(대속적 죽음)는 의미를 담고 있지요. 하나님께서 창조하신 이 세상은 참으로 아름다운 낙원(에덴)이었죠. 그 아름다운 낙원이 하나님이 창조하신 아담의 원죄로 인해 더럽혀졌고, 하나님과 사람의 관계는 단절되었고, 세상은 죄로 인한 혼돈과 죽음의 세상으로 변하고 말았죠.

이런 세상을 내버릴 수도 있었지만 당신 자신이 만드신 세상과 인간을 지극히 사랑하신 나머지 하나뿐인 당신의 아들을 보내신 것이죠. 하나님과의 관계를 다시 회복하고 구원의 길을 여시기 위해서이지요. 그리스도 예수께서 신인(神人)으로 올 수밖에 없었던 까닭은 사람의 죄를 사하고 싶으셨지만 죄인인 사람은 사람의 죄를 사할 수 없기에 부득이 '죄 없으신 분(神人)'이 오셔야만 죗값을 치를 수 있었기 때문이죠.

"이는 그를 믿는 자마다"라는 말씀은 유대인(니고데모)과 이방인 (사마리아 여인, 백부장 고넬료 등)을 차별하지 아니하고 사랑하셨다는 말씀이지요. 당신의 아들을 이 세상에 보내신 성부 하나님은 아들을 믿는 자는 차별 없이 누구나 영생(천국)으로 이끄시는 사랑 많으신 하나님이시죠.

영원히 죽을 수밖에 없는 나 같은 죄인을 사랑하사 영원한 생명을 주시기 위해 하나뿐인 외아들을 낮고 천한 이 세상에 보내셔서 온갖 고초를 겪게 하시고 끝내는 십자가에 피 흘려 죽게 하신 그 크신 하나님의 은혜와 사랑을 어찌 필설로 다 말할 수 있겠습니까. 그리스도인의 자존감, 자신이 얼마나 소중한 존재인가에 대한 자각은 바로 이 같은 자각, 즉 자신은 아무것도 한 것이 없는데 아무런 대가 없이 거저 주신 사랑이라는 하나님의 아가페 사랑에서 비롯되는 것이지요.

모든 부모가 자기 자식을 사랑한다고 하지만 세상에 어느 부모가 이같이 할 수 있겠습니까? 갈릴리 바닷가에서 고기 잡던 생선 비린내 나는 내게 먼저 다가와 손 내미시고 제자 삼으신 주님의 그 크신 사랑을 찬송가의 한 대목으로 대신합니다. "하늘을 두루마리 삼고 바다를 먹물 삼아도 한없는 하나님의 사랑 다 기록할 수 없겠네."

까치: '복음 중의 복음'이라고 일컬어지는 요한복음 3장 16절의 말씀이 왜 그리도 가슴에 선연한 울림이 되는지 사도님의 말씀을 통해 새삼 절감합니다.

요한: 까치 선생의 질문에 오히려 제가 많은 은혜를 받았습니다.

까치: 성육신 사상의 배경을 두고 불트만은 '영지주의적 구속자 신화' 가설을 말했고, '나그 함마디'(Nag Hammadi)에서 나온 영지주의 문서는 물질세계에 갇혀 있는 신실한 자들을 해방시키기 위해 하늘로부터 내려오는 신적 구세주를 묘사하고 있습니다. 이는 얼핏 보기에 요한복음이 그리고 있는 하늘에서 내려온 인자로서의 예수(요 3:13, 6:62)와 비슷합니다. 또한 영지주의 문서 중 가장 오래된 것으로 널리 인정받고 있는 '도마복음서'에 따르면 이 세상은 근본적으로 악하며, 구세주는 '여자에게서 나지 않은' 자로 그리고 있습니다. 이러한 사상적 배경에 대해 사도님의 견해를 듣고 싶네요.

요한: 우선 저는 학자가 아니기에 불트만이 주장하는 그런 가설에 대해서는 전혀 모르는 일입니다. 그리고 영지주의에 속하는 나그 함마디 문서나 도마복음서에 대해서도 그 당시 저는 알지 못했습니다. 저의 성육신 사상의 배경은 다니엘서(7장)에 그 사상적 배경을 가지고 있지요. 주후 1세기 유대인들은 구약 묵시문서에 속하는 다니엘서에 매우 친숙했고, 저 또한 메시아의 나라가 임하기를

바라면서 다니엘서를 가까이했죠. 하나님이 하늘로 철수해 버리신 것 같은 암울한 역사 현실에서 하늘(메시아)이 땅(역사) 속으로 임하기를 고대했던 것이죠. 이것이 성육신의 사상적 배경입니다.

다니엘서에 보면 세상 나라를 상징하는 짐승은 바다로부터 올라오는 데 반해(단 7:3), 인자 같은 이 곧 메시아는 하늘로부터 내려오신다고 했죠(단 7:13). 이는 곧 메시아의 도래와 동시에 하나님 나라의 도래를 상징합니다. 이는 짐승으로 상징되는 세상 나라와 천상에 속한 메시아 왕국 곧 하나님 나라의 본질적 차이를 보여주는데, 성육신의 사상적 배경은 바로 여기에 근거합니다.

까치: 로고스 찬가에는 '세례 요한' 기사(요 1:6-8, 15)가 등장합니다. 이에 대한 사도님의 말씀을 듣고자 합니다.

요한: 세례 요한에 대해서는 아래 '하나님 나라의 복음'에서 다루는 것이 좋을 것 같네요.

까치: 그러면 마지막으로 로고스 찬가에서 더하고 싶으신 말씀이 있으신지요?

요한: 사실은 1장 1절에 대해 아직도 할 얘기가 남아 있으나 이에 대해서는 '십자가의 복음'에서 나누는 것이 좋을 것 같습니다.

까치: '성육신의 복음'은 '성탄절'에 관한 얘기인데, 우리가 성탄절, 크리스마스에 대해서는 얘기가 없었네요. 매년 12월 25일은 기독교회가 가장 크게 기뻐하며 지키는 성탄절이죠. 우리 주님 나신 이날은 아기 예수께 경배하며 예배드리는 날이지요. 그런데 요즘은 안타깝게도 그러한 성탄절의 의미는 퇴색되고, 상인들은 한 밑천 챙기는 날로, 젊은이들은 놀고 즐기는 날로 변질되어 버렸네요. 사도께서는 성탄의 의미를 한마디로 말하면 무엇일까요?

요한: 그것을 누가복음 2장 14절로 대신할까 합니다. 그 구절을 보면 천군이 천사와 함께 하나님을 찬송하며 이렇게 노래하고 있지요. "지극히 높은 곳에서는 하나님께 영광이요 땅에서는 하나님이 기뻐하신 사람들 중에 평화로다." 메시아 예수의 나심과 오심을 말하는 성탄은 '로마의 평화'(Pax Romana)를 추구하는 사람들에게는 슬픔이요 심판이지만, '그리스도의 평화'(Pax Christi)를 추구하는 사람들에게는 기쁨이요 구원이라는 사실입니다.

까치: 저는 성탄을 이렇게 노래하고 싶네요.

♪하나님 나라를 가슴에 품고
종의 모습으로 오신 아기 예수여!

당신은 한겨울에 오신 하늘의 기쁨이셨습니다.
마구간 말구유에 눈 내리듯 그렇게 고요히 오신
당신은 겨울에 오신 기쁜 소식이셨습니다.

당신은 겨울에 오신 빛이셨습니다.
추위와 어둠, 절망 속에 갇힌 자를 따스하게 비춰 주는
당신은 겨울에 오신 한 줄기 소망의 빛이셨습니다.

당신은 겨울에 오신 떡이셨습니다.
굶주림으로부터 해방을 기다리는 배고픈 이들에게
당신은 겨울에 오신 굶주린 이들의 생명의 떡이셨습니다.

당신은 겨울에 오신 생명이셨습니다.
죽음의 그늘에 앉은 이들에게 생기를 불어넣으신
당신은 겨울에 오신 참 생명이셨습니다.

당신은 겨울에 오신 친구이셨습니다.
버림받고 소외된 이들에게 친히 먼저 찾아와 주신
당신은 겨울에 오신 진실한 친구이셨습니다.

당신은 겨울에 오신 길이셨습니다.
길을 잃고 헤매며 길 아닌 길을 가는 자에게
당신은 겨울에 오신 영원으로 가는 길이셨습니다.

당신은 겨울에 오신 사랑이셨습니다.
고통당하는 이들과 함께 아파하고자 몸소 십자가를 지신
당신은 겨울에 오신 거룩한 사랑이셨습니다.

당신은 겨울에 오신 평화의 왕이셨습니다.
깊은 밤
목자들이 양 떼를 지키는 거친 들판으로
어린 새끼 나귀를 타고 오시는
나의 왕
나의 메시아여
내 영혼이 당신의 오심을 기뻐하나이다. 아멘.

요한: 성탄의 의미를 잘 표현했네요. 피날레를 멋지게 장식했네요.

까치: 감사합니다. 그럼 오늘은 여기서 마치겠습니다. 평안한 밤 되세요.

요한: 까치 선생께서도 좋은 밤 되세요. 샬롬.

하나님의 비밀 3

제3부

하나님 나라의 복음: 왕의 행차와 통치

- 광화문 삼봉로에서

왕 사상으로 본 인류사상사

까치: 지난밤 평안하셨는지요?

요한: 예, 잘 잤습니다. 오늘 까치 선생의 표정이 밝아 보이네요.

까치: 예, 저는 세종로 광화문에 오면 새로운 힘이 솟아납니다. 근처에 새문안교회가 있는데, 30여 년 전에 제가 모교회인 동숭교회를 떠나 새문안교회를 다니다가 1년간 중등부 교사를 한 적도 있지요. 그리고 제 아내와 이 근처에서 데이트를 많이 한 곳이기에 아주 친근합니다.

이 광화문 광장에는 우리 역사에서 가장 훌륭한 두 인물의 동상이 있지요. 한 분은 지금 우리가 쓰고 있는 한글을 창제하신 세종대왕(1397-1450)입니다. '세종로'는 그분을 기리기 위해 붙인 길 이름이지요. 또 한 분은 임진왜란 때 일본의 침략을 막아 나라를 지킨 충무공 이순신 장군(1545-1598)입니다. 이곳에 오면 나라사랑을 배울 수 있어 참 좋습니다.

요한: 그런데 이곳으로 오다 보니 '삼봉로'라는 표지판이 있는데, 누구를 기리기 위한 길 이름인지요?

까치: 삼봉(三峯) 정도전(鄭道傳) 선생입니다. 제가 삼봉 선생을 소개하고자 사도님을 이곳으로 모셨습니다. 삼봉 선생은 이성계 장군(1335-1408)을 도와 역성혁명(易姓革命)을 일으켜 조선을 건국한 인물입니다.

요한: 그럼 삼봉 선생이란 분은 혁명가라고 할 수 있네요?

까치: 그렇습니다. 도올(檮杌) 김용옥 선생의 말에 의하면, 삼봉 선생은 세계정치사에 내놓을 수 있는 위대한 혁명가라고 할 수 있지요. 삼봉 선생은 마르크스의 냉정(이상주의)과 레닌의 열정(현실주의)을 한 몸에 지닌 인물입니다. 600년의 역사를 지닌 수도 서울을 설계한 것도 삼봉 선생이었지요.

그럼에도 불구하고 지난 600년 동안 삼봉 선생은 제대로 역사적 평가를 받지 못했지요. 제가 배운 한국사 책에는 고려 왕조를 지키고자 했던 포은(圃隱) 정몽주(1337-1392) 선생은 충신으로 그리고 있는 반면, 조선을 건국한 일등공신 삼봉 정도전 선생은 역적처럼 취급되어 거의 알지도 못할 정도로 무시되었습니다. 최근에야 그분의 위대함을 재조명하려는 움직임이 일고 있지요.

요한: 삼봉 선생을 그렇게 취급한 이유는 무엇인지요?

까치: 조선시대 왕들은 삼봉의 혁명 덕택으로 왕위를 이어받아 왕이 되었음에도 불구하고, 신하들이 충절을 지키도록 하기 위해 고려 왕조에 충성한 포은은 충신으로 모시고, 새 왕조를 건설한 삼봉은 역적으로 몰아 그를 꺼린 데서 비롯된 것이지요. 이것이 역사

의 아이러니지요.

요한: 삼봉 선생이 역성혁명을 하고자 했다면 그 이유는 어디에 있습니까?

까치: 한마디로 썩을 대로 썩은 고려는 더 이상 희망이 없다고 본 것이지요. 불교를 국가 이념으로 삼았던 고려는 더 이상 나라를 지탱할 수 없을 정도로 타락했지요. 종교의 부패는 나라를 멸망에 이르게 하는 가장 큰 요인이지요. 고려 말은 난세 중의 난세였지요. 소수의 권문세족들에게는 만족스러운 평화의 시대였을지 모르나 도탄에 빠진 일반 백성들에게는 굶주림과 억압과 착취 속에 신음했던 질곡의 시대였죠. 그런 나라를 계속 지키는 것이 역사의 책임을 다하는 것인지 삼봉 선생은 계속 고민하고 물었지요.

소설가 김탁환 씨는 삼봉 정도전을 가리켜 '광활한 인간'이라고 하면서 이런 말을 했습니다. "인간은 과연 얼마나 절망해야 혁명을 꿈꾸게 될까", "모든 혁명은 분노로부터 시작되는 법", "혁명이 무엇을 먹고 자라는 줄 아는가. 절망이라네. 분노에 뒤이은 실패, 그리고 절망. 이 셋을 반복하는 동안 혁명은 싹이 트고 뿌리와 줄기가 뻗고 가지가 펼쳐진 뒤 꽃이 피고 열매가 매달리지."

마침내 삼봉 선생은 유교를 바탕으로 한 '새로운 나라'(새 세상)를 건설해야겠다고 작심하고 고려를 버리고 조선 건국에 뛰어들었죠. 이에 반해 고려를 지키고자 한 포은 선생은 자신의 기득권을 내려놓지 못했고, 결국 시대에 역행하는 퇴행적 행동을 한 셈이죠. 제가 포은과 삼봉에 대한 역사적 재평가를 해야 한다는 것도 이런 연유에 기인합니다.

삼봉 선생을 깊이 연구한 한영우 교수라는 분이 계신데, 그분이 삼봉 선생의 일생을 이렇게 표현했습니다. 삼봉 선생은 57세라는 길지 않은 세월 동안 타인의 추종을 불허하는 업적을 쌓았습니다. 역사상 세상을 바꾼 위인들이 적지 않지만 정치, 국방, 문화 방면의 한 축에서 위업을 쌓은 이들이 대부분입니다. 그러나 삼봉 선생은 정치, 경제, 국방, 사상에 이르기까지 포괄적인 변화와 혁명을 주도했다는 점에서 그 위치가 남다릅니다. 조선왕조가 고려와 다른 성리학적 인본주의의 성격을 띠고 태어날 수 있었던 배경에는 삼봉 선생의 노력과 지혜가 절대적이었죠. 흔히 혁명은 목숨을 거는 일이라고 말하지만 삼봉 선생이야말로 목숨을 걸고 혁명을 주도했고, 실제로 그 혁명 때문에 목숨을 잃었던 분이라고 말하고 있지요. 실로 그가 남긴 《삼봉집》은 요한복음처럼 '혁명의 책'(革命之書)입니다.

요한: 한국에 제가 알지 못하는 그토록 위대한 혁명가가 있었다는 사실에 새삼 놀랐습니다. 남이 알아주지 않아도, 그리고 당대에 제대로 평가를 받지 못한다 하더라도 언젠가는 제대로 된 평가를 받을 날이 올 것임을 믿고 하루하루를 성실하게 자기에게 주어진 길을 걸어가야 한다는 생각이 드는군요.

까치: 삼봉 선생 얘기만 나오면 제가 곧잘 흥분합니다. 오늘 사도님의 말씀을 들어야 하는데 제가 얘기를 너무 많이 해서 죄송합니다. 오늘 '삼봉로'로 사도님을 모신 것은 '하나님 나라의 복음'을 역설한 주님이야말로 '최고의 혁명가'라는 생각에서이지요. 이를 어떻게 생각하시는지요?

요한: 그렇습니다. 실로 예수님은 '하나님 나라'를 구호(캐치프레이즈)로 내걸었던 '묵시문학적 혁명가'였다고 말할 수 있지요. 종교

는 꿈입니다. 현실이 악몽일수록 꿈은 더욱 절실합니다. 이미 언급했듯이 팔레스타인 땅은 수백 년 동안 식민지 포로생활을 하던 억압과 질곡의 땅이었죠. 그때 예수님은 갈릴리 나사렛에 오셔서 흑암과 그늘에 앉은 자들에게 하나님 나라의 꿈을 심으셨죠. 제가 예수님을 만난 그날 저는 예수님과 함께 새로운 세상에 대한 꿈을 꾸기 시작했습니다. 마찬가지로 그리스도인은 모두 나사렛 예수와 함께 하나님 나라를 꿈꾸는 혁명가라는 것이 제 생각입니다.

까치: 오늘 주제도 흥미진진하겠네요. 말씀을 들으면서 꿈을 잃고 무의미 속에 허우적거리며 살아가는 현대인들에게 '예수는 곧 꿈이다', '예수는 곧 의미이다'라고 외치고 싶네요. 이제 본격적으로 '하나님 나라의 복음'에 대해 말씀을 나누도록 하죠. 그런데 어디서부터 시작하는 것이 좋을까요?

요한: 저보다는 까치 선생이 원하는 대로 진행하시죠.

까치: 예, 그러지요. 그런데 어제 사도께서 하신 말씀 중에 한 가지 짚고 넘어가고 싶은 대목이 있는데요. 요한복음이 '인류사상사의 종언을 고한 책'이라고 하셨는데, 어떤 의미에서 그런지 말씀해 주셨으면 합니다.

요한: 역사를 공부할 때 우리는 제일 먼저 사관(史觀)을 공부하잖아요. '어떤 관점에서 역사를 볼 것인가' 하는 것이지요. 마찬가지로 '인류사상사를 어떤 관점으로 볼 것인가' 할 때 '왕 사상'을 중심으로 보면 이해가 빠를 것 같아요. 그럴 경우 인류사상사는 크게 셋으로 나누어 볼 수 있죠.

첫째, 주전 6세기 이전 시대는 인간이 자연의 위력 앞에서 무능하다는 두려움에 사로잡혀 자연을 신으로 숭배하던 시대였죠. 이

시대는 주술과 미신의 시대였죠. 샤먼인 무당은 신의 노여움을 달래는 역할을 한 그 시대의 중보자였죠. 따라서 이 시대는 자연 곧 천(天)을 본(本)으로 하는 천본시대, 자연(天)을 왕 삼았던 '천왕(天王) 시대'였습니다.

둘째, 주전 6-5세기는 위대한 사상가들이 대거 출현한 문명의 기축(基軸)시대였습니다. 동양에서는 석가, 공자, 노자가, 서양에서는 소크라테스가 출현했고, 이스라엘에서는 에스겔을 비롯한 포로기 예언자가 출현했고, 그 후 유대교가 탄생한 시대였죠. 이 시대는 구약으로 말하면 율법시대였죠. 이 시대는 인간이 자신의 무한한 가능성을 발견하면서 스스로를 최고의 존재로 왕 삼으면서 신처럼 되고자 시도한 시대였죠. 따라서 이 시대는 인간을 본(本)으로 하는 인본시대, 인간을 왕 삼았던 '인왕(人王) 시대'였습니다.

셋째, 예수님을 필두로 베드로-바울-요한으로 이어진 주후 1세기는 사상사의 종언을 고한 인류 역사상 가장 위대한 시대였습니다. 이 시대는 하나님(神)을 본(本)으로 하는 신본시대 곧 하나님(神)을 왕 삼았던 '신왕(神王) 시대'였죠. 복음의 시대였던 이 시대에 기독교가 출현한 겁니다. 기독교는 인간이 신을 찾아가는 것(人神)이 아니라 신이 인간을 찾아오셨다(神人)는 성육신의 복음, 아무 공로 없어도 하나님이 보내신 아들 예수를 믿으면 구원을 받는다는 은혜의 복음, 인간이 아닌 하나님이 이 세상의 진정한 왕이라는 하나님 왕국의 복음, 인간의 죄를 대속하기 위해 십자가를 지셨다는 십자가의 복음, 죽어도 다시 산다는 부활의 복음, 이 세상을 심판하시기 위해 다시 오신다는 재림의 복음으로 자신의 정체성을 확립했죠.

삼국지에 나오는 위나라의 조조, 오나라의 손권, 촉나라의 유비가 천하를 놓고 3파전의 진검승부를 벌였듯이, 성령과 악령이 치열하게 싸웠던 주후 1세기는 기독교와 유대교와 로마제국이 '운명을 건 사상전쟁'의 시대였습니다. 이 절체절명의 사상전쟁에서 최약체였던 기독교가 '복음'이라는 비밀병기로 최후의 승리를 거두는 쾌거를 이루었죠.

주후 1세기 이후에 나타난 모든 사상은 위에서 언급한 세 범주 가운데 하나에 해당한다고 말할 수 있죠. 가령 이슬람 사상, 공산주의 사상, 현대 과학기술사상은 모두 위에서 언급한 세 사상 가운데 두 번째 범주 곧 인간이 신이 되고자 노력하거나 인간이 신을 향해 그 무엇인가를 행하고자 하는 '인신 사상'(인왕 사상)에 속합니다. 즉 하나님이 인간을 찾아오시는 주후 1세기 '예수 복음' 이전 시대에 속하는 사상들에 해당한다고 할 수 있죠. 인류사상사를 통해서 본 사상전쟁이란 결국 '누구를 왕 삼을 것이냐?' 하는 '왕 싸움'이지요.

까치: 인류사상사를 '왕 사상'의 관점에서 보셨는데, 이는 오늘의 주제인 '하나님 나라'와 어떤 관련이 있기에 그렇게 말씀하신 것인가요?

요한: 까치 선생은 참으로 눈치가 빠르네요. '하나님 나라 사상'은 곧 '왕 사상'이라고 말할 수 있지요. 부어스틴(D. Boorstin)이라는 학자가 《탐구자들》이라는 책에서 이런 말을 했지요. "어떤 이들은 아리스토텔레스를 철학적 자기 인식에 있어서뿐만 아니라 역사적 자기 인식에 있어서도 선구자로 인식하기도 한다. 베르너 예거에 따르면 아리스토텔레스는 자신의 철학과 더불어 '역사 속에서 자

신의 위상이라는 관념'을 만들어낸 최초의 사상가였다. 그는 자신의 사상이 플라톤 및 이전의 다른 사람들에 대한 비판으로부터 나온 것으로 제시하였다. 이 때문에 예거는 그를 '시간 속에서의 지적 발전이라는 개념의 창안자'로 평가하기도 했다."

위의 인용문을 쉽게 말하면, 한 사람에 대한 평가(위상)는 전체 역사적 맥락에 두고 평가해야 한다는 말이지요. 이를 예수 그리스도에게 적용하면 전체 인류사상사라는 역사적 맥락에서 볼 때 그분의 위상은 역사의 절정이자 사상사의 절정입니다. 즉 '신인(神人)의 오심'으로 신왕(神王) 시대인 복음 시대를 열었다는 점에서 인류사상사의 종언이라고 말하는 것이지요.

독일관념론의 완성자인 헤겔(1770-1831)은 이런 말을 했지요. "세상은 일련의 우연으로 구성되어 있지만, 그것을 관통하는 필연적 존재(법칙)가 있다." 그는 그 필연적 존재를 분명히 밝히지 않았지만, 성경은 그 필연적인 존재를 '예수 그리스도'라고 분명히 밝히고 있지요. 그래서 인류 역사는 그리스도가 오시기 이전에는 그리스도에게로 행하고, 그리스도가 오신 이후에는 다시 그리스도에게로 돌아가는 역사이지요.

까치: '성육신'으로 시작하는 '예수의 오심'(神人의 오심)이 왜 사상사의 종언인지 이제야 알겠네요. 그런데 주후 600년경에 출현한 이슬람교는 예수를 무함마드(570-632)처럼 예언자 중의 한 사람으로 보면서 경전을 가진 6명(아담, 노아, 아브라함, 모세, 예수, 무함마드)의 예언자 중 무함마드를 사상사의 종언을 고한 마지막 예언자로 간주하고 있는데, 이를 어떻게 보아야 할까요?

요한: 우선 이슬람교의 경전인 '꾸르안'(코란)은 기독교 경전인

신구약성경을 모방하고 있는데, 문제는 기독교 경전을 자기들이 원하는 방식으로 왜곡해 놓았다는 점입니다. 우리가 자기 주장을 내세우기 위해 남의 책을 자신이 원하는 방식대로 수정하고 변경시켜 놓는다면 그것은 예의가 아니지요.

가령 구약성경에 분명히 아브라함의 후계자는 이삭으로 되어 있는데, 이것을 이스마엘로 바꾸어 놓았지요. 그리고 예수에 대해서도 심각한 왜곡을 자행하고 있어요. 예수는 한 사람의 예언자일 뿐이며, 따라서 하나님의 아들로 이 땅에 성육신하지도 않았고, 대속의 십자가를 지지도 않았으며, 사망에서 부활하지도 않았다는 겁니다. 이것은 신약성경에 기록된 말씀을 자기들이 원하는 방식대로 왜곡시킨 무례한 짓이지요.

그러면서 삼위일체를 주장하는 기독교는 유일신교에서 벗어났다고 하면서 알라 한 분만이 하나님이라고 주장하고 있지요. 이는 여호와만이 유일하신 하나님이라고 주장하는 유대교와 이름만 다를 뿐 같은 범주에 속하는 주장이지요. 즉 여호와 대신 알라, 이삭 대신 이스마엘, 모세 대신 무함마드로 변주해 놓은 '또 하나의 유대교'라고 할 수 있지요. 따라서 예수 이후에 나타난 이슬람교는 더이상 새로울 것이 없는 뱀의 발, 즉 사족(蛇足)에 불과한 종교(사상)라는 것이 제 생각입니다.

13

세례 요한과 에세네파

까치: 그동안 궁금했던 것을 잘 설명해 주셔서 감사합니다. 그럼 다시 '하나님 나라' 주제를 놓고 말씀을 나누도록 하죠. 바울 사도께서는 예수 선포의 핵심인 '하나님 나라' 어휘보다는 '하나님의 의' 어휘를 주로 사용하셨는데, 이를 어떻게 보아야 하나요?

요한: 바울 사도께서는 예수님을 직접 대면한 제자가 아니었기에 예수 사상의 핵심이 '하나님의 나라'라는 사실을 제대로 인지하지 못했다고 생각합니다. 다만 이방인의 사도로서 구약에서 하나님과 이스라엘의 관계를 나타내는 언약 개념으로서의 '하나님의 의'를 구원을 위한 주요 개념으로 사용했다고 볼 수 있지요.

까치: 누가복음에 의하면 예수께서 열두 살 때에 유월절을 맞아 예루살렘을 방문하셨다가 갈릴리 나사렛으로 돌아오셨고(눅 2:41-51), 나이 30세가 되어 본격적으로 공생애를 시작하셨습니다

(눅 3:23). 그러면서 제일성으로 "회개하라, 하나님 나라가 가까이 왔다"고 외치셨는데, 이는 그 이전에 세례 요한이 외친 구호와 같지요. 그런데 그 사이 기간에 대해서는 모든 복음서가 완전히 침묵하고 있습니다. 이 기간 동안 세례 요한과 예수님은 각각 무슨 일을 하셨을까요?

요한: 질문을 받았으니 대답을 안 할 수도 없고 참으로 곤혹스럽네요. 그 문제에 대해서는 그 누구도 정확히 말하기 힘들 겁니다. 제가 알고 있는 한도 내에서 말씀드리죠.

유대인들은 열세 살이 되면 성인식을 갖고 어른으로 대접을 받습니다. 예수께서 열두 살 나이에 유월절을 맞아 예루살렘 성전을 방문하게 되었고, 거기서 '하나님의 집에 있겠다'고 하셨죠. 이는 사제가 되겠다는 결심을 말한 겁니다. 그러자 요셉과 마리아는 아들 예수의 소망에 따라 열세 살 때에 유대 광야에 자리 잡은 에세네 지도자 양성소에 보냈고, 예수는 그곳에서 성장했지요.

그러다가 나이 스무 살 즈음에 에세네 사제와 교사가 되었습니다. 사촌지간인 세례 요한도 거의 같은 기간에 예수와 동문수학한 것으로 여겨집니다. 세례 요한은 계속해서 유대 광야에 있는 에세네 공동체에 머물렀고, 예수께서는 일단 고향 나사렛으로 돌아와 이미 돌아가신 아버지를 이어 목수 일을 하시면서 가르치는 일도 하셨습니다.

그러다가 20대 후반에 접어든 어느 날, 예수께서 저의 고향인 갈릴리 바다 건너편 벳새다에 오셨습니다. 그 당시에 한 동네 사람이었던 베드로 형제와 저의 형제는 갈릴리 바다에서 물고기를 잡아 생활하는 어부였지요. 저희들은 '진리'라는 이름으로 불리는 교사요 사제였던 예수님에 관해 이미 소문으로 들어 알고 있었죠. 그분은 지난 몇 년 동안 갈릴리 지방을 다니며 가르치는 사역뿐 아니라 병을 치유하는 등 많은 이적을 베푼 것으로도 잘 알려져 있었지요. 그런데 거짓말처럼 그분이 물고기를 잡고 있는 갈릴리 해변에 나타난 겁니다. 그분을 보는 순간 범상치 않은 그 매혹적인 자태 앞에 우리 모두는 전류에 감전된 사람처럼 꼼짝 못하고 서 있었죠. 이때 예수께서 "나를 따라오너라 내가 너희를 사람을 낚는 어부가 되게 하리라"(마 4:19)고 말씀하셨지요. 그 부르심에 응하여 예수님을 따라 나서기로 결심했습니다.

그런데 몇 날이 못 되어 예수께서 고향 나사렛으로 돌아가시면서 다음과 같은 부탁을 하시는 겁니다. 두 집의 형님 되시는 베드로와 야고보에게는 당신께서 다시 와서 부를 때까지 이곳에 남아 어부생활하면서 집안을 도우라고 하셨고, 안드레 형님과 저에게는 유대 광야에 있는 세례 요한 선생에게 가라고 하셨죠. 모두가 큰 결심을 하고 예수님을 따르기로 했던 저희들로서는 몹시 서운했죠. 하지만 어쩔 수 없이 예수님의 분부를 따르기로 의견을 모은 후 나중에 다시 만나기로 하고 저와 안드레 형님은 세례 요한 선생을 찾아 떠났고, 두 형님은 고향에 남아 하던 일을 계속했죠.

저와 안드레 형님은 세례 요한을 스승으로 모시고 3년 동안 에세네 공동체 속에서 철저한 토라교육과 영성훈련을 받았습니다. 그러던 어느 날 요한 스승께서 저희들을 요단 강 건너편 베다니라는 곳으로 데리고 가시더니 저희들에게 세례를 베푸셨습니다. 그러고는 그때부터 본격적으로 공동체 밖에 있는 사람들에게 회개의 세례를 베푸시면서 "회개하라, 하나님 나라가 가까이 왔다"고 외치셨습니다.

　그러자 유대 종파 가운데 하나인 바리새인들이 나타나 예언자적 발언을 하는 요한 스승님의 정체에 대해 알고자 이것저것을 캐물었습니다. 이때 스승님은 그들에게 자신은 앞으로 오실 그분 곧 메시아의 신발 끈을 풀기조차 감당할 수 없는 사람이라고 하시며 자신을 이렇게 소개하셨습니다. "나는 너희들이 고대하는 메시아도 아니고 엘리야도 아니고 그 선지자도 아니다. 나는 이사야의 말과 같이 주의 길을 곧게 하라고 광야에서 외치는 소리로라"(요 1:19-28).

　바로 그 무렵 서로 약속이나 한 듯이 예수께서 갈릴리로부터 요한 스승님을 찾아 유대 광야로 오신 겁니다. 요한 스승님은 하나님으로부터 계시를 받고 당신을 찾아오는 예수님이 이스라엘이 고대하는 메시아임을 아셨습니다. 그래서 예수께서 나타나시자 요한 스승님은 그곳에 모인 많은 유대인들을 향해 "보라 세상 죄를 지고 가는 하나님의 어린 양이로다"(요 1:29)라고 외치셨습니다. 이는 예수께서 메시아임을 선포하는 충격적 발언이었지요.

　그런데 놀라운 사실은 예수께서 요한 스승의 외침을 듣자마자 세례 받기를 자청하시는 겁니다. 요한 스승님은 말도 안 되는 소리라며 극구 사양하셨지만 이것이 하나님의 의를 행하는 것이라는 예수님의 말씀에 순종하기로 하고 결국 예수께 세례를 베푸셨습니다.

　이미 언급했듯이 이 세례의 의미는 세례 요한의 죄를 예수께 전가하는 의미를 지니는 것이었죠. 그런데 세례가 베풀어지는 순간 놀라운 일이 일어났습니다. 갑자기 하늘이 열리더니 하늘에서 음성이 들려오기를, "이는 내 사랑하는 아들이요 내 기뻐하는 자라"(마 3:17) 하였습니다. 이어서 성령이 비둘기같이 예수님의 머리 위에 임하였던 겁니다. 하나님께서 이미 계시하신 대로 요한 스승님은 이분이야말로 성령으로 세례를 베푸실 하나님의 아들이심을 분명히 깨닫게 된 것이죠(요 1:29-34).

성령의 충만함을 입은 예수께서는 자신에게 주어진 하나님의 아들로서의 메시아적 사명을 감당해야 하는 엄청난 과제에 봉착하셨지요. 그래서 유대 광야 깊은 곳으로 물러나 금식기도에 들어갔습니다. 이에 대해서는 공관복음서가 잘 말해 주고 있지요(마 4:1-11; 막 1:12-13; 눅 4:1-13). 예수님은 40일 금식기도라는 실로 초인적인 사투를 벌이며 죽기 직전에 이릅니다.

예수께서 이토록 생사를 건 영적 사투를 벌이신 것은 세 원수가 주는 시험을 이기기 위함이었죠. 육신(재물), 세상(명예), 사탄(권력)이 그것입니다. 결국 예수님은 하나님의 말씀(신 8:3, 6:16, 6:13)으로 세 원수를 물리치고 승리하셨습니다. 그리고 이제부터 당신께서 가야 할 길이 십자가의 길임을 깨달으셨던 것이죠.

시험을 이기신 예수께서 '이튿날' 다시 요한 스승님께 나타나셨습니다. 제가 요한복음에서 '이튿날'이라고 표현한 시간은 하루의 의미가 아닌 새로운 사건을 시작할 때 쓰는 관용적 표현입니다. 마지막 유월절을 기준으로 제2부가 시작되는 12장 이전까지의 시간 개념은 오늘날의 의미에서 구체적이고 정확한 시간 개념이 아닙니다.

이날 요한 스승님은 저와 안드레 형님을 예수께로 인도하고자 길을 나섰습니다. 예수께서 오시는 것을 본 요한 스승님은 저희 보고 들으라는 듯이 "보라 하나님의 어린 양이로다"라고 외치셨습니다. 이는 예수님을 '제2이사야의 고난받는 여호와의 종의 노래'(사

52:13-53:12)에 나오는 침묵 속에 죽어가는 어린 양으로 비유해서 외치신 것이죠. 예수님의 길이 메시아로서의 십자가의 길임을 다시 천명한 것이지요. 그러고는 저희 둘을 예수님께 인계하셨죠. 그 순간은 예수님을 다시 만나는 재회의 기쁨보다 3년 동안 정들었던 요한 스승님과 작별해야 하는 슬픔이 더 큰 순간이었죠. 그러나 슬픔을 뒤로하고 예수님을 따라나섰죠.

길을 가는데 갑자기 예수께서 이렇게 물으시는 겁니다. "무엇을 구하느냐?" 이 물음을 받고 일순간 당황하고 있는데, 안드레 형님께서 "랍비여, 어디 계시오니이까?"라고 되묻는 겁니다. 그러자 예수께서 "와서 보라" 하시며 당신이 머무시는 곳으로 저희 둘을 데리고 가셨습니다. 그 시각이 열 시경, 한국 시각으로는 오후 4시경입니다. 그날 예수님과 머물며 그분의 말씀을 들으면서 저와 안드레 형님은 이분이야말로 우리가 그토록 오매불망 고대하던 메시아임을 확신하게 되었죠.

안드레 형님은 메시아를 만난 이 기쁜 소식을 먼저 시몬 형님께 알려야겠다며 부랴부랴 달려갔습니다. 시몬 형님을 보는 순간 "유레카! 메시아"를 외쳤습니다. 그러자 시몬 베드로 형님은 무슨 영문인지 몰라 어리둥절해하고 있는데, 예수님께서 그 자리에 나타나셨습니다. 시몬을 보자 예수님은 "요한의 아들 시몬아, 이제 네 이름을 게바라 하리라"고 하시더군요.

아람어 '게바'는 헬라어로는 '베드로'입니다. 그 뜻은 '반석'입니다. 장차 기독교회의 초석이 될 것임을 시사한 것이죠. 이때부터 저희들은 예수님의 직속 제자가 됩니다. 이어서 야고보 형님, 빌립, 나다나엘, 도마 형제들이 차례로 합류했죠. 그렇게 해서 자연스럽게 열두 제자 그룹이 형성되었죠. 일단 여기까지 하죠. 제가 너무 장황하게 말했네요. 죄송합니다.

까치: 아닙니다. 제게는 매우 유익한 말씀이었습니다. 제가 가진 많은 궁금증이 해소되었습니다. 말씀을 듣다 보니 세례 요한뿐만 아니라 예수님, 그리고 사도님도 에세네 공동체와 깊은 관련을 맺고 있네요?

요한: 예, 그렇습니다.

까치: 그러면 사도께서 쓰신 요한복음에도 에세네적 요소가 많이 들어 있나요?

요한: 물론입니다. 1947년 사해사본이 발견되기 전까지만 해도 학자들은 이 같은 사실을 잘 몰랐습니다. 그런데 사해사본이 발견된 후 요한복음에 나타난 많은 이원론적 진술들이 에세네적 영향임이 밝혀졌죠. 잘 아시겠지만 20세기를 대표하는 신학자 불트만은 《요한복음연구》라는 대작을 썼습니다.

그런데 불행하게도 그의 저서가 사해사본이 발견되기 6년 전에 나왔죠(1941년). 그러다 보니 요한복음이 에세네 공동체가 지닌 유대 묵시문학에 얼마나 깊은 영향을 받았는지를 몰랐습니다. 그래서 그는 요한복음에 나타난 헬라어 '로고스' 어휘나 많은 이원론적 진술들이 헬라 영지주의적 영향을 받은 것으로 보았고, 결국 그의 저서는 결정적으로 빗나가게 되었던 것이죠.

까치: 그렇다면 요한복음에서 에세네적 영향을 받은 구체적인 증거를 든다면 무엇이 있을까요?

요한: 쿰란 제1동굴에서 발견된 〈공동체 규범〉은 요한복음에 나타난 이원론적 진술과 평행하는 모습을 그대로 보여줍니다. 이를

영문으로 그대로 옮기면 이렇습니다.

The Fourth Gospel	1Qs 3:14-4:26
the Spirit of Truth(14:17, 15:26, 16:13)	Spirit of Truth(3:18-19, 4:21, 23)
the Holy Spirit(14:26, 20:22)	by the Spirit of Holiness(4:21)
sons of light(12:36)	sons of light(3:13, 24, 25)
eternal life(3:15, 16, 36, 5:24 passim)	in perpetual life(4:7)
the light of life(8:12)	in the light of life(3:7)
and he who walks in the darkness(12:35)	they…walk in the ways of darkness(3:21)
he will not walk in the darkness(8:12)	to walk in all the ways of darkness(4:11)
the wrath of God(3:36)	the furious wrath of God's vengeance(4:12)
the eyes of the blind(9:32, 10:21, 11:37)	blindness of eyes(4:11)
full of grace/fullness of grace(1:14, 16)	the fullness of grace/his grace (4:5, 4)
the works of God(6:28, 9:3)	the works of God(4:4)
their works(of man) were evil(3:19)	works of abomination/of a man (4:10, 20)

이외에도 세상에 대한 저항 사상, 형제애 개념, '일치'로서의 공동체의 자의식, 성령 개념 등에 이르기까지 쿰란문서와 요한복음 사이에는 많은 사상적, 언어적 유사성이 있죠.

까치: 사도님과 스승 요한뿐 아니라 예수님도 에세네파와 깊은 관련을 맺고 있다면, 사도께서는 이것이 예수 선포의 핵심인 '하나님 나라'에 깊은 영향을 주었다고 생각하시나요?

요한: 물론입니다. 본디 '하나님 나라' 어휘는 기존질서에 대한 전복적 성향을 지닌 묵시문학적 어휘입니다. 에세네파는 묵시문학적 특징인 이원론적 세계관(사탄이 통치하는 현재와 하나님이 통치하실 새

로운 미래) 속에서 살았던 유대 종파입니다. 다시 말하면, 에세네파는 유대 사막과 같은 외진 곳에서 메시아가 하나님 나라를 안고 속히 오시기를 간절히 고대했던 종말론적 현실 도피 집단입니다.

까치: 나중에 시간이 될지 몰라 여기서 잠깐 짚고 넘어가고 싶은 것이 있네요. 에세네파에 속한 예수님의 하나님 나라 운동의 성격(특성)은 어떤 내용(모습)인지요?

요한: 대단히 어려운 질문이네요. 우선 그 당시 이스라엘은 로마 제국의 식민지라는 민족 외부 문제와 예언자적 영성을 상실한 유대교라는 민족 내부 문제를 해결해야 하는 커다란 두 과제를 안고 있었죠. 귀족계급이었던 사두개파 제사장 그룹은 예루살렘 성전을 기반으로 한 기득권을 향유하기에 바빴고, 엘리트 그룹인 바리새파는 율법을 가지고 민중을 억압함으로 자신들의 기득권을 유지하려고 했죠. 그리고 젤롯당은 민족 외부 문제를 먼저 해결해야 한다면서 로마제국에 대한 성전(聖戰)에 몰입했죠.

이런 상황에서 1세기 유대인 예언자로서 예수님은 하나님 나라가 자신의 사역을 통해 시작되었음을 믿으면서, 이 하나님 나라 운동에 이스라엘이 가담해 줄 것을 촉구하며, 이스라엘을 대표하는 상징으로 열두 제자를 선택하셨죠. 그리고 그들을 통해 무너진 이스라엘을 다시 재건하고, 이방의 빛으로서의 사명(창 12:3; 출 19:5-6; 사 49:6)을 이루고자 하신 것이죠. 이는 민족 내부 문제를 해결하는 것이 우선이라고 보셨던 것이죠. 그러면서 주님은 이스라엘의 사명을 망각한 바리새인들의 위선을 신랄하게 질책하고, 착취와 부패 집단으로 전락한 사두개파의 거점인 성전을 정화하려고 나섰던 것이죠.

또한 예수님은 민족 외부 문제인 로마제국에 맞서 성전(聖戰)을 고집하는 것은 곧 파국을 초래하는 것이기에 무력으로 도전하지 말라고 경고하셨죠. 이는 젤롯당이 지닌 마카비 혁명방식(무력)이 아닌, 에세네파가 지닌 다니엘서의 묵시문학적 방식, 즉 "때를 기다리라. 곧 하나님이 악인들(사탄의 세력)을 물리치실 것이다"라는 입장을 취하셨죠. 만일 자신의 경고를 무시한다면 이 민족과 예루살렘 및 성전은 파국을 맞이하게 될 것이라고 말씀했지요.

그러면서 이스라엘은 하나님이 주신 두 주요 계명, 즉 '하나님 사랑과 이웃 사랑'(마 22:34-40)을 실천할 것을 강력히 요청하셨죠. 그것이 진정으로 '평화의 길'로 가는 것임을 보여주고자 했던 것이죠.

까치: 잘 알겠습니다. 그 문제는 여기까지 하지요. 그 이후 요한 스승께서는 어떻게 되었는지요?

요한: 제가 예수님의 제자가 된 뒤부터 요한 스승님의 신상에 대해서는 저도 잘 모릅니다. 다만 마태복음(14:1-12)에 기술된 기사에 의하면 이렇습니다. 갈릴리 분봉왕인 헤롯 안티파스가 그의 동생 빌립의 아내 헤로디아를 강탈한 일이 있었죠. 요한 스승께서 이 일이 불의하다고 지적하시자 스승님을 붙잡아 감옥에 가두었습니다.

그 이후 헤롯의 생일에 헤로디아의 딸이 잔치 자리에서 춤을 추어 헤롯을 기쁘게 하였고, 이 일로 인해 그녀에게 무엇이든지 주겠다고 맹세했죠. 그녀가 어머니의 사주를 받아 "세례 요한의 머리를 달라"고 요구했죠. 이로 인해 요한 스승님은 어처구니없게도 허망하게 돌아가셨지요.

까치: 사도께서는 요한 스승님의 정체성을 무엇이라고 보십니까?

요한: 제가 로고스 찬가(1:6-8, 15)에서 밝혔듯이 그분은 자신을 메시아의 길을 예비하는 선구자요 증언자라고 생각하셨죠. 그분의 정체성을 잘 대변해 주는 한 대목을 직접 들어보죠. "나는 그리스도가 아니요 그의 앞에 보내심을 받은 자라고 한 것을 증언할 자는 너희니라 신부를 취하는 자는 신랑이나 서서 신랑의 음성을 듣는 친구가 크게 기뻐하나니 나는 이러한 기쁨으로 충만하였노라 그는 흥하여야 하겠고 나는 쇠하여야 하리라"(요 3:28-30). 이 대목을 쉽게 풀이하면 이렇습니다.

요한 스승님은 예수님은 신랑이고 자신은 신랑 되신 예수님의 친구이자 그분의 들러리라고 생각하셨죠. 들러리는 신랑 곁에서 신랑을 돕고 그를 신부에게 인도하는 조연의 역할을 하는 사람입니다. 그러면서 신혼의 초야에 신랑이 기뻐하는 음성을 듣는 것으로 기쁨을 삼는 사람입니다. 여기서 신랑의 기쁜 음성은 곧 예수의 복음(福音)입니다. 그러니까 먼저 온 자신은 메시아 그리스도가 아니며, 예수님의 오심으로부터 시작된 복음시대 이전의 율법시대에 속하는 마지막 인물로 보고 있는 겁니다.

따라서 자기 뒤에 오시는 신랑 예수님이 만왕의 왕이요 만주의 주가 되시는 하나님의 아들 그리스도이시며, 자신은 오직 이를 증언하기 위해 하나님으로부터 보냄을 받은 증언자일 뿐이라는 겁니다. 그러면서 복음의 주역이신 그리스도 예수께서 커지기 위해 조연인 자신은 작아져야 한다고 역설하고 있습니다. 마치 '왕 되신 그리스도 예수의 호위무사' 역할을 자신의 정체성으로 지니고 있었죠.

호위무사의 역할은 왕을 위해 충성을 다하는 것이지요. 왕을 위해서라면 자신이 작아지는 것을 마다하지 않으며, 왕을 위해 죽는 것을 최고의 영광으로 삼는 사람이 진정한 호위무사입니다. 스승 세례 요한은 그리스도 예수를 위해 충성된 호위무사 역할을 다하고 역사의 무대에서 조용히 사라졌지요. 그런 까닭에 저의 스승 세례 요한은 오고 오는 세대에 모든 그리스도인의 귀감이요 모범이 아닐 수 없습니다.

나와 예수님의 관계를 '명마(名馬)와 주인'의 관계로 말하면 이렇습니다. 예수님은 명마가 되고 내가 그 주인 마부가 되어 명마 위에서 멋지게 곡예를 부리는 것이 아니라, 내가 명마가 되고 예수님은 주인이 되어 예수께서 명령하시는 대로 충성을 다하고, 마침내는 주인인 예수님을 위해 죽는(순교하는) 것을 최고의 영광으로 여기는 것, 이것이 진정으로 아름다운 관계이지요.

까치: 듣고 보니 감동입니다. 예수를 믿는다고 하면서도 그리스도 예수의 호위무사가 되어 예수님을 위해 죽는 것을 최고의 영광으로 삼기보다는 오히려 자신이 왕이 되고 예수님은 자신의 호위무사가 되어 자신을 위해 도움을 주고 복을 주고, 심지어 자신을 위해 대신 죽어 주기를 바라는 오늘의 세태가 부끄럽습니다.

요한: 마지막으로 저의 스승 세례 요한에 대해 한 가지 드리고 싶은 말씀이 있습니다. 요한 스승님은 자신을 구약의 모세와 같은 운명공동체로 생각하셨지요. 그래서 모세가 가나안 땅, 즉 요단 서편에 못 들어가고 요단 강 건너편인 요단 동편에서 죽은 것처럼, 자신은 요단 강 건너편인 요단 동편에 머무는 존재로 여기셨지요. 그리고 가나안 땅인 요단 서편은 여호수아가 들어갔듯이 주님만이 들어가시는 것으로 자기 정체성을 삼으셨죠.

여기서 모세가 죽은 요단 동편(건너편) 땅은 죽음(사망)의 땅이요, 여호수아가 들어간 요단 서편(가나안) 땅은 생명(구원)의 땅을 상징합니다. 그러니까 생명(구원)의 땅인 요단 서편(가나안) 땅은 예수 그리스도로만 들어갈 수 있지요. 요한복음 5장 24절에서 "내 말을 듣고 또 나 보내신 이를 믿는 자는 영생을 얻었고…사망에서 생명으로 옮겼느니라"는 말씀은 이를 두고 하는 말입니다.

6장에서 행한 오병이어 표적도 이러한 메시지를 담고 있지요. 즉 예수님의 표적을 통해 요단 동편에서 먹은 만나는 결국 썩어 없어질 죽음의 양식이요, 요단 서편에서 예수께서 주시는 말씀은 영원히 썩지 않는 생명의 양식임을 설파한 겁니다.

까치: 오병이어 사건을 두고 지리적으로 마태(마가)와 요한이 정반대로 기술되어 있는데, 그것이 의미하는 바가 무엇인지 이제 알겠네요. 사도께서 '지리상징코드'를 사용하신 것이네요. 마태(마가)처럼 요단 서편에서 이 사건을 행하시고 바다 건너 요단 동편으로 옮겨가는 것은 별 의미가 없지만, 그 반대로 요단 동편에서 이 사건을 행하시고 바다 건너 요단 서편으로 옮겨가는 것은 죽음에서 생명으로 가는 것임을 상징적으로 보여주고자 한 것이네요.

요한: 예, 그렇습니다.

14

천당과
천국(하나님 나라)의 차이

까치: 사도님께 단도직입적으로 여쭙겠습니다. 교인들은 대개 이 세상에 사는 동안 예수 믿고 복 받아 잘살아 보겠다는 기복적 열망을 갖고 있으며, 죽어서는 천당 가겠다는 소망으로 살아가고 있지요. 이런 현상은 근본적으로 무엇이 잘못되었는지요?

요한: 그리스도인으로서 '하나님 나라'를 제대로 모르는 무지로부터 나타나는 현상이지요.

까치: 그러면 성경에서 '하나님 나라' 곧 천국(天國)은 소위 천당(天堂)과 다른 개념인가요?

요한: 참 좋은 질문입니다. 톰 라이트(1948~)라는 신약학자가 이런 말을 했지요. "1세기 유대인들의 사고방식은 헬라인과 로마인 등 1세기 다른 사람들과 달랐다. 따라서 우리는 예수가 누구인지 이해하려면 매사를 1세기 유대인의 관점에서 보려고 열심히 노력

해야 한다." 이 말은 21세기를 살아가는 동양인들에게 시사하는 바가 자못 큽니다. 사람들은 자기가 살고 있는 상황 아래에서 성경을 보고 예수를 믿으려 합니다. 그러나 주후 1세기 팔레스타인 상황 속에서 예수께서 하신 말씀이 그 당시에 어떤 의미였는지를 그 시대상황 속으로 들어가서 고찰해야 그 의미를 정확히 알 수 있는 것입니다.

동양문화 속에서 자라온 동양인들은 '죽으면 가는 나라로서의 천당' 개념에 익숙해 있지요. 따라서 1세기 유대인 예수께서 말씀하신 '하나님의 나라' 곧 '천국'도 '죽어서 가는 나라'로 이해하고 그렇게 믿고 가르쳐 왔지요. 그러나 이 두 개념은 불교와 기독교의 차이처럼 전혀 다른 의미를 지닙니다. 한마디로 불교는 "내가 불국(佛國) 곧 천당을 향해 '가는 나라'"이고, 기독교는 "예수께서 천국(天國) 곧 하나님 나라를 가지고 '오는 나라'"입니다.

따라서 결론부터 쉽게 말하면, 천당은 '가는 나라'이고, 천국은 '오는 나라'입니다. 이 두 개념은 주어가 다릅니다. 천당은 주어가 '인간'(나)이고, 천국은 주어가 '하나님'(예수님)입니다. 즉 천당은 인간이 어딘가에 있을 낙원(극락세계)을 향해 찾아가는 나라입니다. 즉 미래적이고, 장소적 개념입니다. 이에 반해 천국은 왕이신 하나님이 지금 인간을 통치하기 위해 찾아오시는 나라입니다. 즉 현재적이고 주권적 개념입니다. 이것이 불교와 기독교의 근본적 차이입니다.

'하나님 나라'가 '오는 나라'라는 사실은 우리가 늘 무심코 고백하는 '주기도문'에도 분명하게 나타나 있지요. "아버지의 나라가 오게 하시며." '가게 하시며'가 아니라 '오게 하시며'입니다. 또한 우리가 잘 아는 세례 요한이나 주님께서 하신 공생애의 첫 선포의 말씀, "회개하라 천국이 가까이 왔느니라"(마 3:2)에서도 천국은 '오는 나라'로 분명하게 언급됩니다.

까치: 복음서에 보면 '천국(하나님 나라)에 들어가다'(마 5:20; 요 3:5)라는 말을 사용하고 있는데, 이는 '천국(하나님 나라)에 가다'라는 것과 다른 뜻입니까?

요한: 전혀 다르지요. 영어로 말하면 '가다'는 자동사 go이고, '들어가다'는 타동사 enter입니다. 이 차이는 '문'이 '있고 없고'의 차이입니다. go는 문이 없기에 그냥 내가 가는 것입니다. 그런데 enter는 문이 있습니다. 그래서 저쪽에서 문을 열고 들어오라고 허락해야 내가 들어갈 수 있는 겁니다. 다시 말하면, 하나님이 내게 오셔서 내 마음 문을 두드리실 때 내가 문을 열어드리면 그분이 내게 들어오라고 하시므로 내가 들어갈 수 있는 겁니다.

까치: 마태복음에서는 '하나님 나라' 용어 대신 주로 '천국'이란 용어를 쓰는데, 이 둘은 어떤 차이가 있는지요?

요한: 여기서 용어를 정리할 필요가 있어요. '하나님의 나라'는 한자로 하면 신국(神國)입니다. 그런데 거룩한 '하나님' 용어를 쓰는 것을 꺼리는 유대인의 관습에 따라 마태는 '하늘나라' 곧 천국(天國)이라고 용어를 많이 썼지요. 이 용어를 헬라어 원문으로 보면 '바실레이아 투 데우'(βασιλεία τον θεον) 또는 '바실레이아 톤 우라논'(βασιλεία τῶν οὐρανῶν)입니다. 이를 영어로 번역하면 각각 'Kingdom of God'('하나님의 왕국'), 'Kingdom of Heaven'('하늘의 왕국')입니다.

이 두 용어 속에 공히 '왕국'이란 뜻의 'Kingdom'이 들어가 있는 것을 볼 수 있지요. 그래서 이 용어의 올바른 번역은 '하나님 왕국' 또는 '하늘 왕국'입니다. 이 번역이 왜 중요한고 하니 '하나님께서 왕이 되어 통치하시는(다스리시는) 나라'라는 뜻을 정확히 보여주고 있기 때문입니다.

사복음서는 세례 요한의 제일성("회개하라 천국이 가까이 왔느니라") 과 관련한 문맥에서 공히 이사야 40장 3절의 말씀을 인용합니다. "그는 선지자 이사야를 통하여 말씀하신 자라 일렀으되 광야에 외치는 자의 소리가 있어 이르되 너희는 주의 길을 준비하라 그가 오실 길을 곧게 하라 하였느니라"(마 3:3; 평행구절, 막 1:2; 눅 3:4; 요 1:23). 사복음서 전부가 '주님의 오심'에 대해 이사야(40:3)의 말씀을 인용하고 있지요. 이는 '주님의 오심'이 대단히 중요하다는 사실을 시사함과 동시에 '천국' 개념을 이해하는 열쇠가 된다는 점에서 대단히 중요합니다. 그 의미를 쉽게 풀면 이러합니다.

옛날에 어느 고을에 임금님이 행차하게 되면 그 고을의 사또는 임금님을 모시기 위해 만반의 준비를 합니다. 임금님이 행차하여 오시는 길목을 깨끗하게 청소하고 불편하지 않도록 길을 잘 닦아 놓습니다. 그리고 백성들에게는 임금님이 행차하실 것을 알리고, 그분이 오시면 그분 앞에 머리를 조아릴 것을 시달합니다. 나아가 임금님이 관청에 들어오시면 자기가 앉던 자리를 임금님께 내어드리고, 그 발아래 엎드려 '임금님의 명령'(어명)을 기다립니다. 바로 이 모습이 예수께서 말씀하신 '천국'의 의미입니다.

선구자였던 세례 요한은 예수께서 임금님으로 행차하실 것을 백성들에게 알리고 그분이 오시는 데 불편하지 않도록 길을 잘 닦아 놓았지요. 그리고 그분이 행차하시자 그분에게 왕 자리를 내드리고 본인은 조용히 역사의 무대에서 사라졌지요(요 3:30). 여기서 우리는 예수의 오심이란 곧 왕의 오심(행차)이며, 왕의 오심이 곧 '하나님 왕국의 오심'임을 알 수 있지요. 이는 앞으로 살펴보게 될 '하나님 나라'의 의미에 중요한 실마리를 제공합니다.

오늘날은 정치와 종교가 분리되어 있기에 '왕' 어휘는 주로 정치 세계에서 사용하는 용어이고, '주' 어휘는 주로 종교 세계에서 사용하는 것으로 알고 있지요. 그런데 정치와 종교가 분리되지 않은 예전에는 왕 어휘와 주 어휘가 동의어로 사용되었지요. 본디 '왕' 어휘는 정치적 용어입니다. '하나님 왕국' 용어가 '하나님이 왕이 되어 다스리시는 나라'라는 의미라면, 이는 '세상 왕국', 즉 인간이 왕이 되어 다스리시는 왕국과 대조되는 개념이지요.

따라서 세상 나라의 왕(황제)들은 기본적으로 '하나님 왕국' 용어를 상당히 꺼려 했지요. 왜냐하면 하나님이 왕이 되어 통치하시는 '하나님 나라' 용어가 인간이 왕이 되어 통치하는 세상 나라를 전복하는 의미를 그 속에 내포하고 있기 때문이지요. '하나님 나라' 용어는 기본적으로 묵시문학적 어휘입니다. 묵시문학은 악한 세력이 지배하는 현재의 세상 나라를 전복하고 하나님이 통치하시는 새로운 세상이 오기를 꿈꾸는 것을 주요 내용으로 하고 있지요. '천당'(天堂) 어휘와 '천국'(天國) 어휘의 차이점을 도표로 간단히 정리하면 이렇습니다.

	천국(天國)-하나님 나라(神國)	천당(天堂)
1	왕적 통치로서의 상태(시간) 개념	어딘가에 있는 장소(공간) 개념
2	이 세상-현세적(현재적) 개념 하나님께서 가지고 '오는 나라'	저 세상-내세적(미래적) 개념 우리가 죽음 이후에 '가는 나라'
3	묵시문학적 용어 - 인간 왕이 통치하는 기존 질서에 대한 전복적 성향을 띰	비묵시문학적 용어 - 인간 왕이 통치하는 기존 질서에 대한 안정 추구
4	국가적, 정치적 개념 (하나님이 '왕'이라는 개념)	개인적, 기복적 개념 (자신의 소원을 하늘에 투사하는 개념)
5	현실 변혁을 위한 역사의식이나 윤리적 책임의식 요청	현실 변혁을 위한 역사의식이나 윤리적 책임의식 결여
6	인간적 측면에서 '수동 개념' 그 나라에 들어가는 데 인간적 노력이나 공로가 필요 없는 은혜 개념	인간적 측면에서 '능동 개념' 그 나라에 들어가려면 인간적 노력이나 공로가 필요하다고 생각
7	하나님을 최고 왕 삼은 '왕의 교체' 필요 절실하게 '회개'(거듭남)가 요청됨	여전히 자신이 주인이거나 왕. 절실하게 회개가 요청되지 않음

까치: '가는 천당'과 '오는 천국'이 어떻게 다른지 구체적인 실례를 들어서 다시 설명해 주셨으면 합니다.

요한: 예, 그러지요. 마가복음에 보면 재물이 많은 한 부자 청년 이야기(막 10:17-31; 평행본문, 마 19:16-30; 눅 18:18-30)가 나옵니다. 누가는 이 부자 청년을 관리(눅 18:18)라고도 했지요. 그러니까 이 청년은 젊음(체력)과 재물(재력)과 관리(권력)인 힘 있는 사람입니다. 세상에서 부러울 것이 없는 사람이지요.

그런 그가 예루살렘을 향해 길을 가고 있는 주님께 달려와서는 무릎을 꿇고 앉아 정중히 이렇게 묻습니다. "선한 선생님이여, 내가 무엇을 하여야 영생을 얻으리이까?" 이 부자 청년은 가진 것이 참 많지만 영생을 얻고 싶었습니다. 쉽게 말해 자신이 가진 모든 것을 끌어안고 천국에 가서 영원히 살고 싶었던 겁니다. 주님께서 이 부자 청년에게 십계명의 모든 것을 지켰느냐고 물으셨지요. 그러자 이 부자 청년은 "내가 어려서부터 다 지켰나이다"라고 자신 있게 대답합니다.

그러자 주님께서 결정적인 한 방을 날리십니다. "네게 아직도 한 가지 부족한 것이 있으니 가서 네게 있는 것을 다 팔아 가난한 자들에게 주라 그리하면 하늘에서 보화가 네게 있으리라 그리고 와서 나를 따르라." 그러자 이 부자 청년은 재물이 많은 고로 주님의 이 말씀으로 인해 슬픈 기색을 띠고 근심하며 갔다고 합니다. 여기서 "그리고 와서 나를 따르라"는 말씀은 주님의 제자가 되라는 뜻이지요.

그러니까 주님의 말씀은 나의 제자가 되어야 영생을 얻는데, 그 길은 자신이 왕 삼고 있는 땅의 보화를 버리고(가진 재물을 가난한 사람들에게 나누어 주고) 주님을 왕 삼을 때 하늘의 보화인 영생과 천국을 얻게 된다는 그런 말씀입니다. 이 부자 청년은 하늘의 보화보다 땅의 보화를 더 중요하게 생각했기에 주님의 말씀을 받아들일 수가 없었고, 그래서 영생과 천국에서 멀어졌고, 결국 슬픈 기색을 띠고 집으로 돌아갔던 겁니다.

부자 청년이 떠나간 뒤에 예수께서 제자들을 둘러보시며 이렇게 말씀하셨죠. "재물이 있는 자는 하나님의 나라에 들어가기가 심히 어렵도다." 이 말씀에 제자들이 놀라자 주님은 다시 이렇게 말씀하셨죠. "하나님의 나라에 들어가기가 얼마나 어려운지/ 낙타가 바늘귀로 나가는 것이 부자가 하나님의 나라에 들어가는 것보다 쉬우니라." 이 말씀은 낙타가 바늘귀로 나가는 것이 불가능하듯이 부자가 천국에 들어가는 것은 불가능하다는 그런 말씀입니다. 이 말씀에 제자들이 매우 놀라 "그런즉 누가 구원을 얻을 수 있는가"라고 말하자 주님께서 최후에 이렇게 말씀하십니다. "사람으로는 할 수 없으되 하나님으로는 그렇지 아니하니 하나님으로서는 다 하실 수 있느니라"(막 10:23-27).

우선 여기서 오해가 없었으면 합니다. 주님께서 재물에 대해 부정적 사고를 가지셨기에 이런 말씀을 하시는 것이 아닙니다. 주님께서는 재물이 많은 부자 청년 이야기를 통해 당신이 말씀하시는 '천국'(하나님의 나라)이란 어떤 나라인지를 극명하게 보여주고자 하신 겁니다. 이 부자 청년은 천국을 '가는 천당'으로 생각했죠. 그래서 그는 이 땅의 재물을 왕 삼고, 자신이 가진 재물을 다 가지고 천당에 가서 영원히 살고 싶었습니다.

그러나 주님께서 말씀하시는 천국은 자신이 가진 모든 것을 끌어안고 가는 나라가 아니라는 겁니다. 천국은 오는 나라, 즉 주님께서 왕으로 오시는 나라이기에 왕 되신 주님 앞에서 자신이 왕 삼았던 것을 전부 내려놓아야 한다는 겁니다. 그것이 주님을 왕으로 모시는 것이기 때문입니다. 자신이 왕 삼고 있는 것을 마음속에 꼭꼭 숨긴 채 주님을 왕으로 영접한다는 것은 왕을 속이는 것이며, 그것은 진정으로 주님을 왕 삼는 것이 아니라는 겁니다. 그러니까 오는 나라로서의 천국이란 내가 왕 삼던 모든 것을 내려놓고 주님을 왕 삼는 '왕의 교체'를 말합니다. 이것을 수용할 수 없었던 부자 청년은 결국 실족하여 떠나갈 수밖에 없었던 것이죠.

인간적으로 이 부자 청년은 예의도 바르고 십계명을 잘 지킬 정도로 도덕적으로 훌륭한 모범적인 사람이었죠. 그런데 그가 영생을 얻는 데 있어서 결정적으로 '한 가지 부족한 것'이 있었죠. 그것은 그의 왕 곧 그가 최고로 삼고 있는 재물(돈)을 내려놓는 일이었죠.

그래서 주님께서 재물을 가난한 사람들에게 다 주고 나를 따르라고 하신 것이죠. 그러자 그의 숨은 의도가 들통 납니다. 이 부자 청년은 자신이 왕 삼고 있는 재물을 다 포기하면서까지 천국(영생)에 들어가는 것을 원치 않았던 겁니다. 그것만은 못하겠다는 겁니다.

그 부자 청년에게는 영생과 천국보다 재물이 더 중요했습니다. 재물(돈)과 천국(영생)을 바꾸는 왕의 교체는 싫다는 겁니다. 그래서 그는 제자가 될 수 있는 기회를 잃었고, 천국에 들어가 영생할 수 있는 길이 막혔던 겁니다. 부자(관리) 청년에게 하신 주님의 말씀은 주 예수보다 더 귀한 것이 있다면 결코 천국에 들어갈 수 없다는 메시지를 담고 있습니다.

우리는 그동안 불교에서 말하는 천당은 적선을 하고, 참선을 하고, 오체투지와 같은 고행을 해야 가는 나라이기에 불교는 '어려운 종교'라고 생각했고, 그에 반해 기독교는 예수를 믿기만 하면 구원을 얻고 천국에 가는 나라이기에 기독교는 '쉬운 종교'로 생각했죠. 그런데 가는 나라로서의 천당은 자기의 소유를 내려놓음 없이 그냥 가지고 가면 되기에 오히려 '쉬운 나라'인 데 반해, 오는 나라로서의 천국은 자신이 왕 삼고 있는 것(그것이 무엇이든 간에)을 주님 앞에 일단 내려놓는 큰 결단에 직면해야 하고, 그것을 행하지 않고는 결단코 천국에 들어갈 수 없다는 의미에서 '어려운 나라'입니다. 그런 점에서 기독교는 '가장 어렵고 위험한 종교'입니다. 왜냐하면 세상 가치관과 배치되는 역설이기 때문입니다.

까치: 말씀을 듣다 보니 기독교는 '불편한 진리'를 말하고 있네요.

요한: 그렇습니다. 대단한 역설이죠. 타종교는 모두 세상적 가치관에 입각하여 더 많이 갖는 것이 행복이고 성공이라고 가르치지

만 기독교는 가진 것을 주님 앞에 내려놓으라고 하니 외견상 세상적 가치관과 배치되는 진리를 말하는 것으로 보이지요. 여기서 기독교가 말하려는 것은 소위 세상에서 가치 있다고 여기고 그것을 얻으려고 추구하는 것들이 무의미하고 필요 없다는 것을 말하려는 것이 아닙니다. 이미 언급했듯이 가치관의 기준, 즉 중심(최고, 또는 왕)을 예수로 해야 한다는 것이고, 그 나머지는 주변적인 것임을 말하려는 겁니다.

그러니까 주님보다 우선하거나 사랑하는 것은 우상숭배에 해당하는 것이고, 그것을 추구하는 것은 허무한 것이죠. 그 좋은 실례가 사마리아 여인의 이야기입니다. 이 여인이 여섯 남편을 소유했으나 자신은 남편이 없다고 주님께 고백합니다. 무슨 뜻인고 하니 세상 사람들이 가장 소중하다고 생각하고 추구하는 것들, 가령 재물, 명예, 권력, 지식, 쾌락, 부모나 자식 등이 아무리 귀하더라도 그것은 만족을 주지 못하는 것이요, 여섯 남편을 소유하고 있더라도 참 남편을 갖지 못한 것이기에 남편이 없는 것과 같다는 그런 말씀입니다. 다시 말하면, 생수 되시는 참 남편인 메시아 예수를 만나지 못한 인생은 영원히 목마를 수밖에 없음을 말하는 겁니다.

나아가 그런 것들을 예배하는 것은 우상을 섬기는 것과 같은 허무한 것이며, 반대로 참 남편 되시는 메시아 예수를 예배하는 것이 진정한 참 예배라는 겁니다. 이는 메시아 예수를 기준 삼는, 즉 왕 삼고 그분을 예배하는 것이 영과 진리로 드리는 참 예배요, 그렇지 아니하고 다른 세상적인 것들을 기준(왕) 삼고 사는 인생은 거짓 것을 예배하는 인생이요 허무한 인생이라는 것을 말씀하고 있는 겁니다.

까치: 그런데 가진 것이 많은 부자만이 아니라 가진 것이 없는 빈자도 천국을 가는 나라로 생각합니다. 왜 그런지요?

요한: 팔복(마 5:3-12)을 말하는 마태복음에서는 "심령이 가난한 자는 복이 있나니 천국이 그들의 것임이요"(마 5:3)라고 했고, 4복4화(눅 6:20-26)를 말하는 누가복음에서는 "너희 가난한 자는 복이 있나니 하나님의 나라가 너희 것임이요"(눅 6:20), "화 있을진저 너희 부요한 자여 너희는 너희의 위로를 이미 받았도다"(눅 6:24)라고 말씀하고 있습니다. 위에 인용된 말씀들은 같은 뜻으로, 가진 것이 많은 부자들은 그것을 왕 삼기에 천국에 들어가기가 어렵고, 가진 것이 없는 사람들은 내려놓을 것이 별로 없으므로 천국을 안고 오신 예수를 왕 삼는 것이 쉬우므로 복 있는 자라는 그런 뜻이지요.

따라서 이 말씀을 받아들인다면, 가난한 자들에게 이 말씀은 춤을 추듯이 기뻐할 복음(기쁜 소식)이지요. 그럼에도 불구하고 가난한 자들이 천국을 가는 나라로 생각하는 것은 이 땅(현세)에서 가진 것이 없어 당한 설움과 한을 저 천국(내세)에 가서 보상, 만회, 봉창하려는 생각에서 비롯된 것이지요. 이러한 생각은 '오는 나라로서의 천국'을 이해하지 못한 데서 빚어진 불행한 모습이지요.

15

회개(거듭남): 왕의 교체

까치: '오는 나라로서의 천국'이 결국 왕으로 오시는 메시아 예수로의 '왕의 교체'라고 말씀하셨는데, 그러면 '왕의 교체'란 '회개'와 같은 의미로 봐도 될까요?

요한: 그렇습니다. '회개'란 곧 '왕의 교체'를 말하는 겁니다. 유대인들은 '처음'(first)을 중요시하는 관습이 있지요. 유대 광야에서 세례 요한이 외친 제일성은 "회개하라 천국이 가까이 왔느니라"(마 3:2)였는데, 이 말에 몹시 분개한 헤롯 왕은 세례 요한을 잡아 옥에 가두었지요. 이 일이 있은 후 예수께서는 변방으로 일컬어지는 고향 갈릴리로 돌아와 복음 사역을 시작하셨죠. 이때 주님이 외치신 공생애의 제일성도 세례 요한과 똑같았죠(마 4:17). 마가복음(1:15)은 마태복음과 달리 '회개' 용어보다 '하나님의 나라' 용어가 먼저 나옵니다. "때가 찼고 하나님의 나라가 가까이 왔으니 회개하고 복

음을 믿으라." 그런데 이 두 어휘는 보는 각도가 다를 뿐 실은 상호 연관된 용어입니다.

루터는 1517년 10월 31일 비텐베르크 성교회 문에 '95개 논제'라는 글을 써 붙였죠. 루터의 '95개 논제'는 종교개혁의 도화선이 된 유명한 글입니다. 첫 논제에 이런 말이 나옵니다. "우리들의 주님이시며 선생이신 예수 그리스도께서 '회개하라…'(마 4:17)고 말씀하셨을 때 그는 신자들의 삶 전체가 회개의 삶이 되어야 할 것을 요구하신다." 95개 논제를 시작하는 첫 논제에서 '회개'를 말하고 있지요. 이는 '회개' 주제가 대단히 중요하다는 것을 시사합니다.

'회개'로 번역된 '메타노이아'(μετάνοια)는 기본적으로 '가던 길을 돌이키는 것', 즉 '유-턴'(U-turn)을 의미합니다. 그런데 '회개' 용어가 '하나님 나라'와 관련되어 사용될 때는 단지 마음의 변화, 회심(回心)이라는 추상적이고 소극적 의미라기보다는 가치관의 일대 전환, 즉 지금까지 자신을 포함한 세상 왕국의 그 무엇을 '왕'(주인) 삼던 것을 내려놓고 하나님(그리스도 예수)을 왕(주인) 삼는 가치관의 일대 전환을 의미합니다.

까치: 예수 선포의 핵심인 '천국'(하나님 나라) 어휘를 공관복음에서는 무려 120회 이상(마 55회, 막 20회, 눅 46회)이나 사용하고 있는데, 요한복음에는 단지 세 구절에 5회[3:3, 5, 18:36(3회)] 나타날 뿐입니다. 이를 두고 대부분의 학자들은 요한복음은 공관복음과 달리 예수 선포의 핵심인 '하나님 나라' 주제를 '생명' 주제로 대체했다고 주장합니다. 이런 주장을 어떻게 생각하시는지요?

요한: 그런 주장은 요한복음이 기본적으로 장르상 묵시문학에 속한다는 사실에 대한 이해의 결여에서 비롯된 잘못된 주장입니

다. 그 대표적인 학자가 불트만입니다. 불트만은 묵시문학적 박해 상황과 '하나님 나라'가 갖는 은폐성 및 저의 글쓰기의 특징인 '대표성의 원리'를 몰랐기 때문에 공관복음과 단순 비교하면서 요한복음은 하나님 나라에 대해 말이 없을 뿐 아니라 '진리와 생명'이라는 개념들로 대신했다는 엉뚱한 말을 늘어놓았지요. 그러면서 요한의 예수는 침입해 들어오는 하나님 나라를 선포하는 예언자로 나타나지 않는다고 했지요. 그러나 북왕국 예언자 전통에 서 있는 저는 예수님을 철저히 하나님 나라를 선포하는 '세상에 오실 그 예언자'(요 1:26, 6:14, 7:40)라고 분명히 밝혀 놓았습니다.

결론부터 말하면, 요한복음도 공관복음과 똑같이 핵심 주제는 '하나님 나라'입니다. 요한복음은 주후 90년 도미티안 황제 기독교 박해 상황에서 쓰인 묵시문서입니다. 주님의 최측근 제자인 저는 스승 예수의 진리가 '세상 나라의 진리'가 아닌 '하나님 나라의 진리'임을 간파했죠, 그런데 '하나님 나라' 용어가 '하나님이 왕이 되어 통치하시는 나라'로써 세상 나라에 대한 '전복적 성향'(혁명성)을 갖는 묵시문학적 용어인 까닭에 그것을 철저히 은폐시킨 것이죠.

다시 말하면, 묵시문학이 추구하는 최종 목적(목표)은 현실의 악에 대한 하나님의 궁극적 승리, 즉 하나님 나라의 완성입니다. 그런데 그 하나님 나라는 세상 나라가 알지 못하는 비밀에 감춰진 나라입니다(마 13:34-35; 단 8:26). 더구나 유대교와 로마 당국에 의해 박해를 당하고 있는 묵시문학적 위기상황에서 '하나님 나라' 어휘는 요한공동체로서는 함부로 사용할 수 없는 대단히 위험한 용어이기 때문에 그 용어를 사용하는 것을 꺼렸던 것이지요.

따라서 이 어휘는 되도록 비밀로 감춰야 할 어휘였죠. 주님의 말씀을 직접 들어보죠. "하나님 나라의 비밀을 아는 것이 너희에게는 허락되었으나 다른 사람에게는 비유로 하나니 이는 그들로 보아도 보지 못하고 들어도 깨닫지 못하게 하려 함이라"(눅 8:10). 저는 '비밀에 속한 하나님 나라'(천국의 비밀)를 감추고자 많은 고심을 했죠.

그런데 '하나님 나라'라는 이 중요한 어휘를 안 쓰면 사람들이 저에게 '하나님 나라'에 대해 무관심했거나 몰랐다고 오해를 할 수 있고, 결국 예수 선포의 핵심인 '하나님 나라' 사상을 놓치게 되는 불행한 결과를 초래하게 될 것이 뻔했죠. 그래서 이러한 오해를 불식시키기 위해 저는 공관복음의 경우처럼 많은 대중 앞에서 하나님 나라를 선포하는 것이 아니라 교차대구로 서로 상응하는 두 장(3장과 18장)에서만, 그것도 개인적으로 대표성을 띤 유대인(니고데모)과 이방인(빌라도) 두 사람에게만 비밀리에 사용하고 다른 곳에서는 일체 함구했던 겁니다.

16

니고데모와 빌라도의
엇갈린 운명

까치: 사도께서 요한복음에서 니고데모와 빌라도를 대표적 인물로 선정하여 '하나님 나라'를 언급하셨다고 했는데, 그렇다면 이 두 인물이 '하나님 나라'에 대해 어떤 반응을 보였는지 본문에 입각해서 말씀해 주셨으면 합니다.

요한: 예, 그러지요. 니고데모라는 사람은 바리새인이요 유대인의 관원(지도자)이었지요(요 3:1). 나아가 그는 이스라엘 선생 곧 랍비였지요(3:10). 우리들은 '바리새인' 하면 '외식주의자'라는 부정적 이미지를 먼저 떠올리지만 당시에는 6천 명이 넘지 않는 소수 엘리트 집단에 속하는 사람들이었지요. 이들은 모세의 율법을 엄격히 지키며 살았던 도덕적, 윤리적으로 모범적인 사람들이었습니다. 나아가 바리새인에 들려면 외모적으로도 준수하고 장애가 없으며 가정적으로도 흠이 없는 건실한 사람이어야 했지요.

또한 니고데모는 유대인의 관원(지도자)이었는데, 이는 산헤드린 공회의 일원을 두고 하는 말입니다. 당시 산헤드린 공회는 대제사장을 포함하여 71명으로 구성되어 있었습니다. 그중의 한 사람이니까 그는 정치적으로도 유명한 성공한 사람이었지요. 짐작하건대 그는 경제적으로도 부유한 사람이었음에 틀림없습니다.

또한 니고데모는 이스라엘 사람들로부터 존경을 받는 선생(랍비)이었지요. 우리 사회는 정치가나 기업인에 비해 학자나 교수를 별로 귀하게 여기지 않으나 이스라엘에서 랍비 칭호는 정치인이나 기업인과는 비교가 안 되는, 사회적으로나 인격적으로나 최고 존경의 대상입니다. 한 마디로 니고데모라는 사람은 종교적, 정치적, 경제적, 사회적, 도덕적, 학문적, 인격적, 육체적으로 전혀 손색이 없고 부족함이 없는 사람이었지요. 즉 세상적으로 아무것도 부족함이 없는 최상류층 사람이었습니다.

사도 바울은 베냐민 출신의 히브리인이자 바리새인이요 로마 시민권을 가진 자였습니다. 게다가 그는 학문적으로도 당대 최고의 석학인 가말리엘 문하에서 배웠던 최상류층의 사람입니다. 하지만 니고데모에는 못 미칩니다. 니고데모의 화려한 이력에 비하면 주님의 이력은 초라하기 그지없지요.

그런데 어느 날 밤 그가 불쑥 주님을 찾아왔지요. 그 이유는 무엇일까요? 세상적으로 모든 것을 소유한 그도 남들이 알지 못하는 그 어떤 목마름이 있었던 것일까요? 3장 2절에 의하면 예수께서 유월절에 예루살렘에 계시는 동안 행하신 많은 표적을 보고 니고데모가 주님을 찾아온 것으로 되어 있어요. 그것이 전부일까요? 아니면 다른 꿍꿍이속이 있었던 것일까요? 그가 주님을 찾아온 진정한 동기나 목적은 무엇일까요?

유대교 지도자에 속하는 사람이 갈릴리 출신의 랍비 예수를 찾아왔다는 사실 자체가 파격이지요. 그래서 그는 남의 눈을 의식해서, 즉 자신의 신분이 노출되는 것이 두려워서 그 어두운 밤에 주님을 찾아왔을지도 모릅니다. 또는 밤 시간이 깊은 대화를 나눌 수 있는 좋은 시각이라 밤에 찾아왔을 수도 있지요. 하지만 그가 어두운 밤에 주님을 찾아온 정작 중요한 동기나 목적은 어디에 있을까요? 그 실마리는 니고데모의 말에 예수께서 '동문서답'(東問西答)과 같은 전혀 엉뚱한 말씀을 하시는 3절에서 찾아야 합니다.

"예수께서 대답하여 이르시되 진실로 진실로 네게 이르노니 사람이 거듭나지 아니하면 하나님의 나라를 볼 수 없느니라." 여기서 강조의 의미로 두 번 거듭해서 사용된 '진실로 진실로' 어휘는 원어로 '아멘 아멘'(Amen Amen)입니다. 이 어휘는 예수께서 특별히 중요한 말씀을 하고자 하실 때 주로 사용하셨습니다. 예수께서 갑자기 '하나님의 나라' 용어를 들고 나왔죠. 왜 예수께서 갑자기 문맥에 어울리지 않는 '하나님의 나라' 용어를 들고 나오셨을까요? 그 까닭은 이렇습니다.

그 당시 바리새인들은 로마 식민지 치하에서 다윗 왕국의 회복, 즉 '이스라엘의 왕국의 회복'에 깊은 관심을 가지고 있었죠. 이는 주님을 3년 동안이나 따라다닌 제자들도 마찬가지였습니다. "그들이 모였을 때에 예수께 여쭈어 이르되 주께서 이스라엘 나라를 회복하심이 이때니이까"(행 1:6). 그러니까 니고데모는 유대인들의 가장 깊은 관심사, 즉 '이스라엘의 회복(독립)'이라는 중요한 문제를 놓고 주님의 의중을 떠보고자 깊은 밤 혼자 몰래 예수를 찾아왔던 겁니다.

그래서 다시 '하나님 나라' 용어를 써가며 이렇게 말씀하셨죠. "진실로 진실로 네게 이르노니 사람이 물과 성령으로 (거듭)나지 아니하면 하나님의 나라에 들어갈 수 없느니라"(요 3:5). 이스라엘 선생이었지만 니고데모는 세상 나라에 대한 관심 때문에 하나님의 나라를 언급하는 주님의 말씀을 전혀 이해할 수 없었던 겁니다. 이는 거듭나지 않고서는 결코 받아들일 수 없는 나라입니다.

'하나님 나라'에 들어가려면 그가 가진 것들을 내려놓고 주님을 왕으로 모셔야 하는데, 니고데모는 너무나도 많은 것을 가지고 있는 사람입니다. 그것을 내려놓는다는 것은 낙타가 바늘귀로 들어가는 것처럼, 다시 모태에 들어갔다 나오는 것처럼 불가능한 일입니다. 성령이 그의 마음을 감동시켜 예수를 왕 삼는 것이 곧 천국(하나님 나라)에 들어가는 것이라는 것을 깨닫게 해주셔야 가능한 일입니다. 그래서 니고데모 또한 앞에서 언급한 부자 청년처럼 슬픈 기색을 하고 예수 앞을 떠날 수밖에 없었던 겁니다.

그런데 7장(50-52절)을 보면 또다시 니고데모 기사가 나옵니다. 여기서 니고데모는 예수에 대해 아주 긍정적인 입장을 보여줍니다. 그렇게 변한 것은 그가 초막절에 예수께서 행하신 성령에 관한 말씀(요 7:37-39)을 듣고는 마음에 감동을 받았기 때문입니다. 이리하여 니고데모는 주님의 숨은 제자가 됩니다. 19장 맨 끝에 보면 니고데모가 다시 나타납니다(요 19:38-42). 여기서 니고데모는 예수님의 장례를 왕의 장례로 치르는 아주 중요한 역할을 수행합니다. 이로써 니고데모는 하나님 나라에 들어가는 행운을 얻은 겁니다.

한편, 빌라도 이야기는 수난사화(18-19장)에서 등장하지요. 수난사화는 세 부분(18:1-27, 18:28-19:16, 19:17-42)으로 되어 있는데, 빌라도의 예수 심문(18:28-19:16)을 중심으로 정확히 양분되는 것을 볼 수 있죠. 이는 수난사화의 핵심이 '빌라도의 예수 심문'에 있음을 시사합니다. 공관복음(마 16절, 막 14절, 눅 24절)과 비교할 때 요한복음(29절)이 이를 가장 길게 기술하고 있는 것으로 보아서도 그 중요성을 알 수 있죠.

수난사화에서 가장 두드러지게 눈에 띄는 문학적 특징은 아이러니 기법입니다. 예수의 적대자들이 하는 조롱의 말이 아이러니하게도 예수의 참된 정체(예수의 왕권)를 드러내 주는 진리의 대변자들이 되고 있지요.

특히 주목해야 할 사실은 3장(니고데모 기사)과 18-19장(빌라도 기사)이 구원론의 입장에서 깊은 관련이 있다는 사실입니다. 하나님 나라를 안고 이 세상에 성육신하셔서 십자가에 달리신 예수를 믿는 자는 구원(영생)을 얻는다는 진리를 말씀하고 있죠. 이 두 부분은 진리 되신 예수 앞에서 세상 권력자로 대표되는 두 사람, 즉 니고데모(유대인)와 빌라도(이방인)가 어떻게 반응하고 결단했는지를 보여줍니다.

빌라도의 심문 기사는 관정 안팎을 오가는 빌라도의 동작에 따라 일곱 장면으로 나누어집니다. '중앙집중식 구조'(메노라 구조)와 '상향식 구조'(다윗의 별 구조)라는 정교한 구조를 보여줍니다. 이 일곱 장면을 상향식 구조(다윗의 별 구조)로 볼 때 일곱째 장면의 "보라 너희 왕이로다"(요 19:14)에서 절정에 이릅니다. 그런데 중앙집중식 구조(메노라 구조)로 볼 때 넷째 장면(19:1-3), 즉 예수의 대관식이 제일

현저하게 나타납니다.

A. 18:28-32(관정 밖의 빌라도) - 예수의 죽음을 요구하는 유대인들
B. 18:33-38a(관정 안의 빌라도) - 예수의 왕권에 대해 심문하는 빌라도
C. 18:38b-40(관정 밖의 빌라도) - 예수의 죄를 찾지 못했다는 빌라도
D. 19:1-3(관정 안의 빌라도) - 예수를 매질하며 모욕하는 군병들
C' 19:4-8(관정 밖의 빌라도) - 예수의 죄를 찾지 못했다는 빌라도
B'. 19:9-12(관정 안의 빌라도) - 예수의 권세에 대해 묻는 빌라도
A'. 19:13-16(관정 밖의 빌라도) - 예수의 죽음을 요구하는 유대인들

일곱 장면을 내용적으로 검토해 보면, 첫째 장면(A)과 일곱째 장면(A'), 둘째 장면(B)과 여섯째 장면(B'), 셋째 장면(C)과 다섯째 장면(C')이 서로 상응하고, 넷째 장면(D)은 한가운데 자리 잡고 있습니다(18-19장의 정중앙에 위치). 첫째 장면과 일곱째 장면은 예수에 대한 배척이 주제이며, 둘째 장면과 여섯째 장면은 예수의 왕국과 왕권이 주제이며, 셋째 장면과 다섯째 장면은 예수의 무죄 증명이 주제입니다. 그리고 넷째 장면은 군병들이 자신도 모르는 사이에 예수의 왕권, 즉 '예수는 유대인의 왕이다'라는 사실을 증언하고 있지요. 일곱 장면은 재판 과정 전체가 예수를 중심으로 그 주위에서 진행됩니다.

그러니까 일곱 장면은 왕권이 선명하게 드러나는 순간이 두 번 나오는 셈이죠. 이를 통해 수난사화의 핵심은 '예수의 왕권'임을 깨닫게 됩니다. 빌라도의 재판은 겉으로는 예수가 심문 받는 자이지만 실제로는 예수가 심판관으로서 빌라도가 심문을 받고 있지요.

이 기사를 통해 요한복음의 핵심 주제가 '예수 나라', 즉 '하나님 나라'에 있음을 극명하게 엿볼 수 있지요.

특히 '왕권'을 놓고 예수와 빌라도가 치열하게 논쟁을 벌이는 대목(요 18:33-38a)은 빌라도가 '하나님 나라'에 대해 어떤 태도를 가지고 있는지를 극명하게 보여주는 장면입니다. 빌라도는 예수께 "네가 유대인의 왕이냐?"(요 18:33)고 묻습니다. 이렇게 시작되는 이 단락은 예수의 왕국(왕권)의 문제를 다루고 있지요. 유대 지도자들은 예수를 정치적 반란죄, 즉 메시아를 사칭한 죄로 빌라도에게 고소했죠.

그러자 예수는 빌라도에게 되묻습니다. "이는 네가 스스로 하는 말이냐 다른 사람들이 나에 대하여 네게 한 말이냐"(요 18:34). 이 말은 왕권을 주장하는 것이 명백하나 '왕' 호칭이 줄 오해(요 6:15; 참조 요 1:49, 12:13)를 피하기 위해 에둘러 표현한 것이지요. 예수님의 정체에는 관심이 없고 오직 예수님이 정치적 반역자인가 아닌가에만 관심이 있었던 빌라도는 또 엉뚱한 질문을 합니다. "내가 유대인이냐 네 나라 사람과 대제사장들이 너를 내게 넘겼으니 네가 무엇을 하였느냐"(요 18:35).

이에 예수님은 이렇게 응수하십니다. "내 나라는 이 세상에 속한 것이 아니니라 만일 내 나라가 이 세상에 속한 것이었더라면 내 종들이 싸워 나로 유대인들에게 넘겨지지 않게 하였으리라 이제 내 나라는 여기에 속한 것이 아니니라"(요 18:36). 여기서 '내 나라'(βασιλεία ἡ ἐμή)는 '예수 나라'를 가리키는데, '예수 나라'란 예수가 왕권으로 가지고 통치하시는 왕국으로, 이는 '하나님 나라'와 같은 의미죠.

결국 내 나라(내 왕국)라는 말 속에는 예수 자신이 바로 왕이라는 암시가 들어 있지요. 계속해서 예수님은 만일 내 왕국이 이 세상에 속한 정치적이고 세속적인 왕국이었다면 내게 속한 종들이 싸워 그 왕국을 차지했을 것이라고 말씀하시면서, 내 왕국은 이 세상에 속한 그 같은 정치적이고 세속적인 왕국이 아니라고 말씀하십니다.

그러나 정치적이고 세속적인 권력으로서의 왕국에만 익숙해 있던 빌라도는 내 왕국은 이 세상에 속한 것이 아니라는 예수님의 말씀을 전혀 이해하지 못했죠. 그래서 또다시 이렇게 물었죠. "그러면 네가 왕이 아니냐"(요 18:37a절). 그러자 예수님은 주저하지 않고 말씀하십니다. "네 말과 같이 내가 왕이니라"(요 18:37b절). 이는 '내가 왕이라고 네가 말하고 있다'는 뜻입니다.

아이러니하게도 빌라도는 지금 자신도 알지 못한 채 예수께서 왕이심을 스스로 증거하고 있는 겁니다. "내가 이를 위하여 태어났으며 이를 위하여 세상에 왔나니"(요 18:37c절). 예수님의 정체를 드러내는 이 말은 예수님 선재(요 1:1-18, 3:13, 9:39)에 대한 심오한 진술입니다. "곧 진리에 대하여 증언하려 함이로라 무릇 진리에 속한 자는 내 음성을 듣느니라"(요 18:37d절).

예수님의 나라는 진리의 나라입니다. 중생의 진리를 알지 못했던 니고데모처럼 빌라도는 예수께서 하나님 나라의 진리, 중생과 구원(영생)의 진리를 증언하고자 이 세상에 오셨다는 말을 전혀 이해할 수 없었죠. 그리고 예수님의 진리에 속한 자가 아니었기에 그는 진리의 음성을 따를 수가 없었죠. 마침내 이 정치적 동물은 "진리가 무엇이냐"(요 18:38a절)라는 냉소적 말을 남기고는 그 자리를 떴지요. 땅(육)의 세계에 속한 자가 어찌 하늘(영)에 속한 세계를 알겠습니까?

　로마 총독 빌라도는 로마와 같은 세상 나라만 알았지, 예수께서 말씀하시는 '하나님 나라'에 대해서는 듣지도 보지도 알려고도 하지 않았죠. 따라서 예수께서 "내가 왕이니라"고 하신 말씀을 로마와 같은 '세상 나라의 왕'으로만 생각했지, 그것이 '하나님 나라의 왕'이라는 것을 전혀 이해할 수 없었죠. 또한 예수께서 말씀하신 진리가 '세상 나라의 진리'가 아닌 '하나님 나라의 진리'라는 것을 전혀 이해하지 못했죠. 그래서 "진리가 무엇이냐?"라는 뚱딴지같은 말을 하였던 겁니다. 바로 이 같은 하나님 나라 사상, 즉 하나님 나라의 왕(진리)을 말했기 때문에 이를 이해하지 못하거나 이를 원치 않는 사람들에 의해 주님은 고난을 당하고 십자가에 달려야만 했던 것이죠.

　하나님의 이름, 하나님의 뜻이 사람의 이름, 사람의 뜻과 대립되는 역설이듯이, 하나님 나라는 세상(유대와 로마) 나라와 대립되는 역설입니다. 현세주의에 빠진 기득권 세력들에게는 하나님 나라 사상은 유대(로마) 나라의 체제를 뿌리째 흔들어 놓는 위험천만한 혁명 사상이 아닐 수 없었죠. 그러니까 하나님 나라가 오는 것을 원치 않는 유대(로마) 나라에 속한 사람들은 하나님 나라를 말하는 예수를 체제반란자 또는 민중선동가로 없애 버리려 했던 것이죠.

　니고데모와 빌라도의 운명의 엇갈림을 압축해서 보여주는 대목이 요한복음에서 '복음의 핵심'을 담고 있는 3장 16-21절입니다. 하나님께서 이 세상을 사랑하사 독생자 예수 그리스도를 보내주셨지요. 그분은 하나님 나라를 안고 이 세상에 오신 겁니다. 이제 그분을 믿으면 구원과 영생을 얻고 천국에서 사는 것이 되는 것이지만, 그분을 배척하고 불신하면 심판과 멸망이 있을 뿐이고, 천국과 영생에서 멀어지는 것입니다.

본문에서 진리를 따르는 자는 빛으로 오는 자이고, 진리를 거절하는 자는 빛보다 어둠을 사랑하는 자로서 악을 행하는 자라는 것입니다. 전자에 속한 자는 주님을 믿는 자이고, 후자에 속한 자는 주님을 믿지 않고 거역하는 자입니다. 결국 니고데모는 전자에 속한 자로서 천국에 들어간 자요, 빌라도는 후자에 속한 자로서 천국에 들어갈 수 있는 천재일우의 기회를 놓치고 영원히 저주받는 자가 되었음을 사도신경("빌라도에게 고난을 받으사 십자가에 못 박혀 죽으시고")이 말해 주고 있지요.

17

세상 왕국과
하나님 왕국의 싸움

까치: 그러면 이러한 '하나님 나라' 사상은 언제부터 시작된 것인가요?

요한: 사실 성경 전체가 '하나님 나라' 사상을 말하고 있지요. 이 말은 신약성경의 '하나님 나라' 사상은 구약성경에 그 뿌리를 두고 있다는 말씀입니다. 창세기에 보면 최초의 인간인 아담의 계보를 가인과 셋이 잇습니다. 그런데 가인의 후손은 보이는 문명의 세계, 즉 불신앙(선민 밖)의 족보를 형성하고, 셋의 후손은 보이지 않는 신앙의 세계, 신앙(선민)의 족보를 형성합니다. 다른 말로 하면 가인의 후손은 세상 왕국을 이룩하고, 셋의 후손은 하나님 왕국을 이룩합니다. 이런 흐름은 가인-라멕 족보와 셋-에녹 족보의 특징에서 분명하게 나타납니다. 이를 도표로 그리면 다음과 같습니다.

	가인 – 라멕 족보	셋 – 에녹 족보
1	문명(문화)을 이룩. 고대근동문화를 대변	신앙을 유산으로 물려줌. 이스라엘 신앙을 대변
2	육에 속한 사람들 (옛 사람, 자연인)	영에 속한 사람들 (새 사람, 신앙인)
3	어둠의 자식들 (불신앙[불순종]의 자식들)	빛의 자녀들 (신앙[순종]의 자녀들)
4	세속의 길(죄인의 길, 죽음의 길)	거룩한 길(의인의 길, 생명의 길)
5	7대손 라멕 – 강포한 자(살인자)	7대손 에녹 – 경건한 사람(성자)

이 같은 흐름은 '요단 동편'(성지 밖) 땅에 머무르는 불신앙의 사람들, 즉 롯-이스마엘-에서와 '요단 서편'(성지 안) 땅에 머무르는 신앙의 사람들, 즉 아브라함-이삭-야곱과 극명하게 대조되어 나타나지요. 이 같은 흐름은 또다시 바로의 애굽과 모세의 출애굽을 통해 나타납니다.

하나님께서 출애굽한 이스라엘 백성에게 약속의 땅인 가나안 땅에 들어가서 신정국가를 이룩하고 성민인 하나님 왕국의 백성이 살아가는 데 필요한 헌법에 해당하는 십계명과 계약법전을 주셨지요(출 20-23장). 왕정시대 이전인 사사시대까지 이스라엘은 신정국가로서 하나님만이 왕이셨지요. 지상의 왕이 필요 없었지요(삿 17:6, 18:1, 21:25). 하나님이 직접 통치하신다는 사상 때문이었지요.

그런데 사무엘 시대에 접어들면서 주변 블레셋의 침입으로 어려움을 겪자 신정국가였던 이스라엘은 왕정국가인 주변 국가들과 똑같이 왕을 요청하였죠. 결국 사무엘은 사울을 최초의 왕으로 세움으로 왕정시대가 시작되었죠. 이는 이스라엘 역사에서 대단히 중요한 사건입니다. 이전에 신정시대 때는 오직 하나님 홀로 왕이셨는데, 왕정시대가 되면서 왕이 둘이 된 겁니다. '하늘의 왕 하나님'과 '땅의 왕 인간'이 그것입니다.

이때부터 인간 왕에게 하나님의 메시지를 전달할 사람이 필요했는데, 그들이 바로 '하나님의 대언자'로 일컬어지는 '예언자들'(선지자들)입니다. 하나님께서 베냐민 지파에 속하는 사울 왕을 폐하고 유다 지파에 속하는 다윗을 왕으로 세우십니다. 이는 다윗을 통해 진정한 신정정치의 이상을 구현하고자 하는 열망에서였죠.

다윗의 시편에 보면 여호와께서 왕이 되사 대대로 통치하시기를 기원하는 노래가 많지요. 대표적인 세 구절을 옮기면 이렇습니다. "여호와께서 그의 보좌를 하늘에 세우시고 그의 왕권으로 만유를 다스리시도다"(시 103:19). "왕이신 나의 하나님이여 내가 주를 높이고 영원히 주의 이름을 송축하리이다"(시 145:1), "시온아 여호와는 영원히 다스리시고 네 하나님은 대대로 통치하시리로다 할렐루야"(시 146:10). 다윗 왕과 솔로몬 왕은 수도 예루살렘에 성전을 짓고 신정정치의 이상을 구현하고자 노력했지요. 하지만 그들도 인간인지라 인간 왕의 한계를 극복하지 못하고 하나님의 뜻에 어긋나는 불신앙적 행동을 많이 자행하였죠.

결국 솔로몬 사후 이스라엘은 북왕국 이스라엘과 남왕국 유다로 갈라졌지요. 이런 상황에서 하나님이 보내신 참 선지자들은 하나님의 뜻대로 정치할 것을 왕들에게 요청했고, 메시아적 왕의 통치와 평화의 모습을 역설하였지요(사 7:14, 9:1-7, 11:1-9, 35:1-10; 미 4:1-5, 5:2; 슥 9:9-10; 렘 23:1-8). 그러나 두 민족은 서로 갈등하며 싸우다가 끝내는 차례로 앗수르와 바벨론에 망하고 말았지요(주전 722년과 587년).

남북왕국의 멸망은 이스라엘이 추구한 왕정이 실패했음을 의미하지요.

바벨론 포로기에 이스라엘은 자신의 정체성을 두고 많은 신앙적 반성을 해야 했지요. 바벨론 포로기 예언자인 제2이사야는 하나님 왕국의 통치를 고대하며 메시아의 도래를 노래했지요. 대표적인 몇 구절을 살펴보면 이렇습니다. "외치는 자의 소리여 이르되 너희는 광야에서 여호와의 길을 예비하라 사막에서 우리 하나님의 대로를 평탄하게 하라"(사 40:3). "좋은 소식을 전하며 평화를 공포하며 복된 좋은 소식을 가져오며 구원을 공포하며 시온을 향하여 이르기를 네 하나님이 통치하신다 하는 자의 산을 넘는 발이 어찌 그리 아름다운가"(사 52:7). 에스겔은 이상적인 왕의 통치로서의 참 목자 되신 새 다윗 왕의 통치를 고대했지요(겔 34장).

그런데 주님이 오시기까지 700년 이상 동안 이스라엘은 이방 민족들의 식민지로 외세의 통치를 받으면서 역사에 대한 기존의 생각이 흔들리기 시작했지요. '하나님은 역사의 주관자요, 역사는 하나님이 활동하시는 무대이다'라는 종전의 생각이 바뀌면서 역사에 대한 비관적 입장이 대두된 것이지요.

묵시문학은 역사적 현실에 대한 극단적인 실망과 좌절의 경험에서 현재의 역사와는 본질적으로 다른 하나님 나라를 대망하는 가운데 생겨났지요. 즉 묵시문학은 인간의 이성이나 신앙의 논리로는 납득할 수 없는 비극적인 역사적 현실, 악한 세력이 선을 누르고 억압하는 부조리한 상황, 역사에 대한 모든 희망이 단절된 듯한 절망적 상태, 이러한 바벨론 포로 이후의 역사적 삶의 자리에서 배태되고 배양되었던 것이죠.

이러한 상황에서 신앙의 확신을 가지고 신앙의 정절을 지킬 것을 강력하게 요청하면서, 성도들을 위로하고 격려한 문학이 바로 묵시문학이죠. 비록 지금은 악의 세력이 강성할지라도 결코 실망하거나 변절하지 말아야 하는데, 왜냐하면 궁극적 승리는 하나님께 있기 때문이라는 것이죠. 구약의 대표적 묵시문학서는 다니엘서인데, 헬라 왕 안티오쿠스 에피파네스(주전 175-163)에 의한 유대교 탄압과 말살 정책에 저항해서 나온 것이죠.

다니엘서에 보면 하나님 왕국의 통치 이상이 잘 나타나 있지요. 대표적인 몇 구절을 소개하면 이렇습니다. "이 여러 왕들의 시대에 하늘의 하나님이 한 나라를 세우시리니 이것은 영원히 망하지도 아니할 것이요 그 국권이 다른 백성에게로 돌아가지도 아니할 것이요 도리어 이 모든 나라를 쳐서 멸망시키고 영원히 설 것이라"(단 2:44). "내가 이제 조서를 내리노라 내 나라 관할 아래에 있는 사람들은 다 다니엘의 하나님 앞에서 떨며 두려워할지니 그는 살아 계시는 하나님이시요 영원히 변하지 않으실 이시며 그의 나라는 멸망하지 아니할 것이요 그의 권세는 무궁할 것이며"(단 6:26). "나라와 권세와 온 천하 나라들의 위세가 지극히 높으신 이의 거룩한 백성에게 붙인 바 되리니 그의 나라는 영원한 나라이라 모든 권세 있는 자들이 다 그를 섬기며 복종하리라"(단 7:27).

주후 1세기는 로마제국 아래 있던 시기였죠. 당연히 묵시문학적 상황 아래 놓인 시대였죠. 마태는 하나님 왕국을 안고 오신 메시아의 도래를 이렇게 묘사하고 있지요. "맹인이 보며 못 걷는 사람이 걸으며 나병환자가 깨끗함을 받으며 못 듣는 자가 들으며 죽은 자가 살아나며 가난한 자에게 복음이 전파된다"(마 11:5). 특히 60년대

네로 황제로부터 시작하여 90년대 도미티안 황제 때 기독교 박해가 절정을 이루었죠.

바로 그 시기에 나온 묵시문학 작품이 요한복음과 계시록입니다. 이 두 책은 주후 1세기 황제 숭배를 강요하는 박해와 순교 상황에서 '황제에게 충성할 것이냐, 예수께 충성할 것이냐' 하는 선택의 갈림길에서 황제 숭배를 거부하고 순교로써 예수 신앙을 지켜내 신앙의 승리자가 되도록 격려하기 위해서 쓰인 묵시문서입니다.

황금만능주의 시대인 오늘날 우리 삶의 기준(가치관)이 '황금이냐, 예수냐' 선택하라고 결단과 도전을 요청할 때 이 두 책은 다시 재해석하여 읽을 책들이죠. 즉 이 두 책은 계속되는 역사 속에서 언제든지 신앙의 위기상황에 직면할 때마다 재해석을 통해 신앙적 메시지를 던져 주는 계시의 책이죠.

묵시문학적 박해상황에서 요한복음은 '그리스도와 교회의 승리'를 다음과 같이 외치고 있죠. "세상에서는 너희가 환난을 당하나 담대하라 내가 세상을 이기었노라"(요 16:33). 그리고 계시록은 이렇게 말하고 있죠. "세상 나라가 우리 주와 그의 그리스도의 나라가 되어 그가 세세토록 왕 노릇 하시리로다"(계 11:15). 세상 왕국과 하나님 왕국과의 영원한 싸움, 이것이 인류 역사이지요.

까치: 그 엄청난 신구약성경 전체 내용을 이렇게 간략하게 설명해 주시다니, 실로 감동입니다. 하나님 나라의 복음과 관련하여 한 가지만 짚고 넘어가고자 합니다. 마태복음 13장에 보면 천국 비유가 많이 등장합니다. 거기에 보면 천국은 마치 '겨자씨'와 같고, '누룩'과 같다(마 13:31-33)라고 했는데, 이는 무슨 뜻인가요?

요한: 주님께서 산상수훈에서 제자들을 향해 "너희는 세상의 소금이다", "너희는 세상의 빛이다"(마 5:13-14)라고 말씀하신 것과 같은 이치입니다. 세상을 변화시키는 데 있어서 '소금'은 보이지 않게, '빛'은 보이게 일하는 것처럼, 천국이 점진적으로 확장되는 데 있어서 작고 미미하지만 '겨자씨'는 보이게, '누룩'은 보이지 않게 이루어지고 있음을 비유적(상징적)으로 표현하신 것이지요.

까치: 그렇군요. 끝으로 '하나님 나라의 복음'에 대해 마지막으로 하실 말씀이 있으신지요?

요한: 루터의 종교개혁은 '하나님의 의'(롬 1:17)에 대한 깨달음, 즉 인간의 노력이나 업적에 의한 '능동적 의'가 아니라 예수께서 십자가에서 다 이루신 '죄의 대속'(구원)을 인간이 수용하는 '수동적 의'라는 사실을 깨달음에서 시작되었지요. 마찬가지로 '천국'(신국) 개념에 대한 올바른 이해야말로 새로운 종교개혁의 핵심이라고 말씀드리고 싶습니다. 그만큼 이 문제는 중요합니다.

예수 선포의 핵심인 '천국'(신국)은 인간이 찾아가는 나라로서의 '능동적 개념'이 아니라 하나님이 인간을 사랑하셔서 찾아오시는 나라로서의 '수동적 개념'입니다. 그리고 이는 곧 '왕의 교체'를 의미합니다. 왕의 교체를 실천하기 위해서는 '나를 위한(for me) 예수'가 아니라 '예수를 위한(for Jesus) 나'라는 '패러다임의 변화'가 요청되지요.

까치: 너무나도 감동적인 하루였습니다.

요한: 내일은 '부활의 복음'에 대해 말씀을 나누었으면 합니다.

까치: '십자가의 복음'이 먼저가 아니고요?

요한: '부활의 복음'을 먼저 나누는 것이 좋겠습니다. 그 이유에

대해서는 내일 말씀드리죠.

까치: 그렇게 하시지요. 그럼 편안히 쉬십시오.

요한: 까치 선생도요. 내일 뵈어요. 샬롬.

하나님의 비밀 4

제4부
부활의 복음: 왕의 승리와 영광
- 합정동 외국인 묘지에서

18

오늘의 한국은
선교사들의 희생의 열매

까치: 지하철을 타신 소감은 어떠신지요?

요한: 서울 지하철이 세계 제일이라는 말이 그냥 하는 말이 아니네요. 정말 편리하고 좋네요.

까치: 우리가 지금 서 있는 이곳은 지하철 2호선 합정역 근처에 있는 외국인 묘지입니다. 이곳은 개신교 성지고요. 여기서 멀지 않은 곳에 절두산 순교박물관이 있지요. 그곳은 천주교 성지입니다.

요한: 한국에도 개신교, 천주교 성지가 있는 것을 보니 기독교 박해가 심했던 모양입니다.

까치: 19세기 조선 땅은 피에 굶주린 야만의 땅이었죠. 서학 곧 천주교를 믿는다는 이유로 조선에 온 프랑스 전교신부들과 수많은 천주교 신자들(약 5만 명)이 순교했습니다. 얼마나 많은 천주교인들이 죽었던지 한강 물이 핏빛으로 물들었다고 합니다. 그 후 개신교

선교사들이 구한말에 들어와 복음을 전했고, 그 과정에서 많은 선교사들과 신도들이 순교했지요. 오늘 한국이 이토록 세계 선교 역사상 유례없는 기독교회 부흥을 이루게 된 것은 결코 우연이 아니지요. 세계 역사상 유례없는 기독교 박해로 인한 수많은 순교자들의 희생에서 비롯된 것이지요.

요한: 말씀을 듣고 보니 그 같은 놀라운 역사가 있었군요. 기독교는 순교자들의 피 위에 세워졌다는 말이 생각나네요.

까치: 저는 이곳에 올 때마다 남의 일 같지 않고 제게 말하는 것 같아 더욱 감동적입니다. 감의도(E. Otto DeCamp, 1911-2001)라는 미국 선교사님이 계신데, 이분은 한국기독교 방송국을 창설하신 분이십니다. 이분이 중고등학교 시절 제게 공부할 수 있도록 학비를 마련해 주셨거든요. 그 은혜에 보답하는 뜻에서 제가 선교사의 길을 가게 된 것이죠.

요한: 말씀을 듣고 보니 교수이셨던 까치 선생께서 교수 자리를 내려놓고 왜 선교사가 되었는지를 이제야 알겠네요.

까치: 저기 안내판 곁에는 양화진에 묻혀 있는 분들을 위해 작가 정연희 씨가 쓴 시 한 편이 소개되고 있네요.

양화진(楊花津)
영혼의 고향 하늘나라로 가는
길목
백 년 전에 이 땅을 예수께서
지적하신
땅 끝으로 믿고

아비의 집을 떠난 젊은이들이
그 생애를 기꺼이 바치고
주 안에서 잠든 곳

가난과 질병과 무지와 억압 속에서
신음하던 이 땅 사람들을
그리스도 예수께로 인도하고
우리들의 가난, 우리들의 질병을
함께 지고 가다가
한 알의 밀알로 땅에 떨어져
죽은 이들이
그 육신을 묻은 언덕

강물은 세월의 매듭을 풀어
끝없이 흐르는데
이 땅의 역사와 개화의 진통은
뭇 형제들의 목숨을 이 언덕에 심었으니
그 사랑의 텃밭에서 열매 맺은
믿음은
이 땅을 하나님의 나라로 만든
사랑의 승리여라.

요한: 감동적이네요. 여기 외국인 묘지에는 얼마나 많은 선교사들이 잠들어 있는지요?

까치: 약 450여 명의 선교사들이 잠들어 있습니다. 그 가운데 오늘 사도님께 두 분의 선교사님을 소개하고자 합니다. 한 분은 언더우드 선교사(1859-1916)입니다. 저기 보이는 묘비가 언더우드 묘비입니다. 원래 언더우드 선교사는 미국에서 소천하여 고향 교회인 라파엘 교회 교회당 묘지에 잠들어 있었는데, 그의 유언에 따라 1999년 5월 20일 양화진으로 이장되었죠. 그리고 그의 부인은 이미 양화진에 묻혀 있었구요.

지금은 양화진 서쪽 한 모퉁이에 언더우드 가족들이 한자리에 모여 있지요. 미국 북장로교 파송을 받은 언더우드 선교사는 1885년 미국 감리교 선교회 파송을 받은 아펜젤러 선교사(1858-1902)와 함께 조선에 내한합니다. 언더우드 선교사가 조선에 올 때 조선의 모습이 어떠했는지를 그가 쓴 한 편의 시를 통해 잘 엿볼 수 있습니다.

뵈지 않는 조선(朝鮮)의 마음

朝鮮 宣敎師 언더우드

오, 주여! 지금은 아무것도 보이지 않습니다.
주님, 메마르고 가난한 땅,
나무 한 그루 시원하게 자라 오르지 못하고 있는 땅에
저희들을 옮겨와 앉히셨습니다.
그 넓고 넓은 태평양을 어떻게 건너왔는지
그 사실이 기적입니다.

주께서 붙잡아 뚝 떨어뜨려 놓으신 듯한 이곳,
지금은 아무것도 보이지 않습니다.
보이는 것은 고집스럽게 얼룩진 어둠뿐입니다.
어둠과 가난과 인습에 묶여 있는 조선사람뿐입니다.
그들은 왜 묶여 있는지도,
고통이라는 것도 모르고 있습니다.
고통을 고통인 줄 모르는 자들에게 고통을 벗겨 주겠다고 하면
의심부터 하고 화부터 냅니다.
조선 남자들의 속셈이 보이질 않습니다.
가마를 타고 다니는 여자들은 영영 볼 기회가 없으면
어찌하나 합니다.

조선이 마음이 보이질 않습니다.
그리고 저희가 해야 할 일이 보이지 않습니다.
그러나 주님, 순종하겠습니다.
겸손하게 순종할 때 주께서 일을 시작하시고,
그 하시는 일을 우리들의 영적인 눈이
볼 수 있는 날이 있을 줄 믿나이다.
"믿음은 바라는 것들의 실상이요,
보지 못하는 것들의 증거니…"라고 하신
말씀을 따라 조선의 믿음의 앞날을 볼 수 있게 될 것을 믿습니다.

지금은 우리가 황무지 위에 맨 손으로 서 있는 것 같사오나
지금은 우리가 서양귀신, 양귀자라고 손가락질받고 있사오나,

저희들이 우리 영혼과 하나인 것을 깨닫고,
하늘나라의 한 백성, 한 자녀임을 알고
눈물로 기뻐할 날이 있음을 믿나이다.
지금은 예배드릴 예배당도 없고 학교도 없고
그저 경계와 의심과 멸시와 천대함이 가득한 곳이지만
이곳이 머지않아 은총의 땅이 되리라는 것을 믿습니다.

주여! 오직 제 믿음을 붙잡아 주소서!

언더우드 선교사가 조선에 왔을 때 조선의 현실은 마치 오늘날 어느 아프리카 나라와 같은 모습이었지요. 그런 나라가 오늘 세계가 주목하는 나라가 되었습니다. 이런 나라가 된 것은 여러 선교사들의 수고에 기인하지만 그중 언더우드 선교사의 공헌이 가장 크다고 말할 수 있지요.

언더우드 선교사가 조선에 와서 행한 선교활동 중 가장 빛나는 것 세 가지를 든다면 성경을 번역한 일, 새문안교회를 세운 일, 그리고 무엇보다 연세대학교를 세운 일입니다. 언더우드 부부만이 아니라 언더우드 일가는 4대에 걸쳐 한국에 빛나는 선교족적을 남겼습니다. 언더우드 일가의 한국 선교는 세계 선교사상 청사(靑史)에 길이 빛날 금자탑을 쌓았지요. 그의 업적을 기리기 위해 연세대학교 교내에 그의 동상을 세웠습니다.

언더우드 선교사는 제게도 큰 도전을 준 분이지요. 제가 미션스쿨인 연세대학을 선택한 것도, 학부에서 철학을 전공하고 대학원에서 신학을 전공하게 된 것도 이미 말씀드린 감의도 선교사님의 도움에 보답하고자 하는 마음에서였지요. 학교 다닐 때 본관, 신학관 앞에 서 있는 언더우드 동상을 볼 때마다 나도 언젠가는 저분의 뒤를 따라 선교사가 되어야겠다는 생각을 했지요. 그리고 오늘 선교사의 길을 가고 있는 것이지요.

요한: 까치 선생을 보면 볼수록 주님께서 까치 선생을 일찍이 택하시고 그분이 원하시는 길로 인도하고 계시다는 생각을 떨칠 수가 없네요.

까치: 그렇게 말씀하시니 한편으로 기쁘기도 하고 또 한편으로는 저만 주님의 사랑을 많이 받는 것 같아 송구하네요. 또 한 분의 선교사를 소개하려고 합니다. 저기에 루비 켄드릭(Ruby Kendric, 1883-1908) 선교사의 묘비가 보이네요. 그 묘비를 보면 이런 글이 적혀 있어요. "만일 내게 천 개의 목숨이 주어진다면, 그 모두를 한국을 위해 바치리라." 조선에 대한 사랑을 감동적으로 표현했지요. 제가 이분에 대해 간략히 소개할까 합니다.

루비 켄드릭 선교사는 캔자스에 있는 부인성경전문학교에 입학하여 1905년 졸업하고 선교사로 지원했으나 연령 미달로 2년을 더 기다리다 1907년 9월 텍사스 주 엡윗청년회의 후원으로 미국 남감리교 해외여선교사회의 파송을 받아 한국선교사로 내한했지요. 그런데 안타깝게도 선교사역도 제대로 못한 채 9개월도 안 된 1908년 6월 19일 맹장염으로 소천하여 외국인 묘지에 안장되었죠.

여기에 새겨진 문구는 그분이 소천하기 직전 고향의 엡윗청년회에 보낸 편지 속에서 발견된 것이지요. 이 편지를 받고 난 다음 날 텍사스 엡윗청년회는 켄드릭이 하나님의 부름을 받았다는 전보를 받게 됩니다. 이를 계기로 많은 분들이 한국 선교사로 지원하게 되었죠. 이분이 한국을 얼마나 사랑했는지 이분이 부모님께 보낸 편지 하나를 읽어드리고자 합니다.

"이곳 조선 땅에 오기 전 집 뜰에 심었던 꽃들이 활짝 피었다는 소식을 들었을 때 하루 종일 집 생각만 했습니다. 이곳은 참 아름다운 곳입니다. 모두들 하나님을 닮은 사람들 같습니다. 선한 마음과 복음에 대한 열정으로 보아 아마 몇십 년이 지나면 이곳은 주님의 사랑이 넘치는 곳이 될 것 같습니다.

저는 복음을 듣기 위해 20킬로미터를 맨발로 걸어오는 어린아이들을 보았을 때 그들 안에 있는 하나님의 사랑 때문에 오히려 위로를 받습니다. 그러나 한편에서는 탄압이 점점 심해지고 있습니다. 그저께는 주님을 영접한 지 일주일도 안 된 서너 명이 끌려가 순교했고, 토마스 선교사와 제임스 선교사도 순교했습니다.

선교본부에서는 철수하라고 지시했지만 대부분의 선교사들은 그들이 전도한 조선인들과 아직도 숨어서 예배를 드리고 있습니다. 그들은 모두가 순교할 작정인가 봅니다. 오늘밤은 유난히도 고향으로 돌아가고 싶습니다. 외국인들을 죽이고 기독교를 증오한다는 소문 때문에 부두에서 저를 끝까지 말리셨던 어머니의 얼굴이 자꾸 제 눈앞에 어른거립니다.

아버지, 어머니! 어쩌면 이 편지가 마지막일 수도 있습니다. 제가 이곳에 오기 전 뒤뜰에 심었던 한 알의 씨앗으로 인해 이제 내년이면 온 동네가 꽃으로 가득하겠죠? 그리고 또 다른 씨앗을 만들어 내겠죠? 저는 이곳에 작은 씨앗이 되기를 결심했습니다. 제가 씨앗이 되어 이 땅에 묻히게 되었을 때 아마 하나님의 시간이 되면 조선 땅에는 많은 꽃들이 피고 그들도 여러 나라에서 씨앗이 될 것입니다. 저는 이 땅에 저의 심장을 묻겠습니다. 바로 이것은 조선에 대한 제 열정이 아니라 하나님께서 조선을 향한 열정이라는 것을 알게 되었습니다.

어머니 아버지 사랑합니다."

조선이 뭐길래 하나밖에 없는 그 귀한 목숨을 조선을 위해 초개같이 버릴 수 있는지, 인간적으로는 도저히 이해할 수 없는 일이죠. 그런데 그 이해할 수 없는 거기에 하나님의 놀라운 비밀이 숨어 있었던 것이죠. 아브라함처럼 영의 눈으로 멀리 조선의 미래를 내다보며 자신의 한 목숨을 조선을 위해 한 알의 밀처럼 버린 것이지요.

요한: 말씀을 듣고 보니 이곳 외국인 묘지는 '부활 신앙'의 산 증거를 보여주고 있네요.

까치: 그렇지요. '부활 신앙'을 한마디로 정의한다면 무엇이라고 말할 수 있을까요?

요한: '잠깐 죽고 영원히 산다'라는 말로 정의하고 싶네요. 여기에 묻혀 있는 분들은 안개처럼 잠시 있다가 사라질 육적 생명을 버리고 영원히 사는 영적 생명을 택했습니다. 그럴 수 있었던 것은 '부활 신앙' 속에 깃든 영생의 소망 때문이지요.

부활의 복음이
태동한 배경

까치: 사도께서 '십자가의 복음'에 앞서 '부활의 복음'을 먼저 말씀하고자 하신 어떤 의도가 있으신지요?

요한: 예, 세 가지 이유 때문이죠.

첫째는, 본디 초대교회에서 '복음' 용어가 예수 부활에 대해 사용된 용어였다는 점이지요.

둘째는, 실패한 메시아처럼 보인 십자가는 복음(福音)이 아니라 부음(訃音)이었다가 부활 사건 이후 복음으로 의미가 대역전된 것이죠. 따라서 시간적으로는 십자가가 먼저이지만, 신앙적으로는 부활이 먼저입니다. 뿐만 아니라 십자가에는 하나님의 가장 큰 비밀이 감추어져 있지요. 그래서 가장 나중에 다루어야 할 주제입니다. 저를 포함한 모든 제자들도 부활 이후에야 십자가의 의미를 알게 되었지요. 사도 바울도 예외가 아니었지요.

셋째는, 제자도와 관련해서 부활신앙이 확고해야 십자가를 질 수 있다는 점에서 부활이 먼저이지요.

까치: 그러면 '복음' 용어가 부활과 관련된 용어라는 사실부터 말씀해 주시죠.

요한: 우리가 사용하고 있는 '복음'(福音) 용어는 원어로 '유앙겔리온'(εὐαγγελίον)입니다. 이 말은 '기쁜, 좋은'('εὐ)과 '소식, 뉴스'('αγγελίον)의 합성어로 '기쁜 소식', '좋은 소식'을 뜻합니다. 영어로는 가스펠(Gospel)이라고 쓰는데, 이는 God와 'Spell'(story)의 합성어로 'God-story'(하나님 이야기)를 뜻하는 말입니다. 이 번역은 본래의 뜻을 많이 상실하였죠. 오히려 한문 번역인 '복음'(福音)이 더 잘 어울리지요.

헬라-로마 시대에 '복음'(εὐαγγελίον) 용어는 세 가지 경우에 사용되었지요. 첫째는, 한 나라의 보위를 이어갈 왕자가 탄생했을 때 기쁜 소식으로서의 '복음' 용어를 썼지요. 둘째는, 전쟁에서 승리했다는 승전보를 '복음'이라고 했지요. 셋째는, 운동경기에서 이겼을 때 '복음' 용어를 썼지요.

4년마다 열리는 세계제전인 올림픽 경기의 하이라이트(피날레)는 마라톤 경기입니다. 마라톤 경기의 유래는 이러합니다. 주전 490년 그리스 마라톤(Marathon) 근처에서 그리스와 페르시아 간의 전쟁이 매우 치열하게 전개되었지요. 마침내 그리스가 최후의 승리를 거두게 됩니다. 이 '승리의 기쁜 소식'(승전보)을 페이디피데스라는 한 병사가 아테네까지 달려가 왕에게 알리게 됩니다.

그런데 이 병사가 승전보를 빨리 전하기 위해 쉬지 않고 줄기차게 달려와서는 "우리가 이겼습니다"라고 말하고는 그 자리에서 쓰러져 죽습니다. 목숨을 걸고 승전보를 전한 이 병사의 거룩한 넋을 기리기 위한 데서 마라톤 대회가 유래하게 된 것이지요. 마라톤에서 아테네까지의 그 거리가 42.195km입니다. 그래서 마라톤 경기의 거리가 42.195km가 된 겁니다.

초대교회는 헬라-로마 시대에 사용된 '복음' 용어를 차용해 와서 주님께서 십자가에 달리셨다가 사망 권세를 이기고 부활하신 '승리의 기쁜 소식'에 사용하였지요. 곧 본디 복음이란 '부활의 복음'을 일컫는 데 사용한 것이지요.

까치: 그러면 초대교회에서 '부활의 복음'이 갖는 의미는 무엇일까요?

요한: 늘 말씀드리지만 그리스도 예수의 복음은 본디 그 시대 상황 속에서 배태된 진리이지 무시간적 진리를 말하는 것이 아니죠. 부활의 복음은 초대교회(기독교)가 정치적으로 로마제국에, 종교적으로 유대교에 박해를 당하는 상황에서 이들 세 세력 간에 운명을 건 '벼랑 끝 승부' 속에서 배태된 것이죠.

사상 유례가 없는 '예수 부활' 소식은 사탄의 최대 무기인 사망 권세를 이겼다는 점에서 가장 기쁜 소식 곧 '복음'(유앙겔리온)이었죠. 그리고 이 승리의 기쁜 소식 곧 '부활의 복음'은 로마제국과 유대교에 대한 기독교의 승리를 말해 주는 것이기도 했죠. 따라서 '부활의 복음'은 기독교의 승리를 위한 비밀병기였고, 예수 부활은 '하나님의 최고의 승부수'였지요.

사도행전은 주후 1세기의 세계를 송두리째 뒤엎어 그리스도로 향하게 만든 것은 십자가 자체가 아니라 그리스도의 부활로 말미암은 것이었음을 증거하고 있지요. 두 사도(베드로와 바울)의 '케리그마'(선포 또는 설교)에서 강조된 것은 그리스도가 죽은 자 가운데서 부활했다는 사실이었죠. 1세기의 이교도들은 예수께서 로마인의 십자가에서 죽었다는 선언에 대해서는 별로 감동을 받지 못했죠. 그 까닭은 예수 이외에도 십자가에서 죽은 사람들이 부지기수였기 때문이죠. 그러나 하나님이 예수를 죽은 자 가운데서 다시 살리셨다는 선언에 대해서는 중립의 자세를 지키고 있을 수 없었죠(행 13:40-41, 46-47, 51, 28:25-28).

신약성경 전체에는 부활신앙이 강물처럼 흐르고 있지요. 부활신앙으로 인해 신앙과 순종을 계속 유지할 수 있었고, 죄와 죽음에 대한 최후 승리를 확신할 수 있었죠. 이같이 부활신앙을 가진 사람이 없었더라면, 우리들에게 전해진 복음서들은 한 줄도 쓰일 수 없었을 겁니다. 비기독교 세계를 향한 교회의 선포에서 가장 강조된 것은 예수의 지상사역도 아니고, 심지어 예수의 죽음에 나타난 속죄의 의미도 아닌 '예수 부활'이었죠.

그래서 가톨릭의 정양모 신부께서는 기독교인의 생사관(生死觀)은 '부활신앙'에 있다고 하시면서 이렇게 말했다고 하죠. "예수 부활신앙은 실로 납득하기 어렵지만 이 신앙을 빼면 그리스도교는 쓰러진다. 사실 그리스도교는 역사의 예수께서 창교(創敎)하지 않았다. 더군다나 그분이 서기 30년 4월 7일 금요일 오후에 예루살렘 북서부 성 밖 골고타 형장에서 처형되었을 때 그리스도교는 태어날 수 없었다. 예수의 제자들이 처형된 스승의 발현을 체험하면서 그 부활을 확신하고, 드디어 30년 5월 말경 오순절을 맞아 예루살렘에 모여 그리스도교를 창시했다. 그러므로 그리스도교는 무엇보다 예수 부활신앙의 종교이다…부활신앙이야말로 타력신앙의 전형이다. 정말 부활을 믿는 그리스도인이라면 위대한 사도 바울로처럼 구원의 환성을 지를 것이다"(고전 15:54-55).

또한 제가 부활의 복음을 강하게 외칠 수밖에 없었던 까닭은 제가 처한 자리가 생명(생존)이 위협당하는 묵시문학적 수난상황 때문이었죠. 신앙의 의인이 핍박과 순교를 당하는 상황에서 그 상황을 능히 이길 수 있는 길은 이미 고난을 이기고 승리하신 부활의 주님에 대한 능력을 믿고 의지하는 길밖에 없었기 때문입니다. 부활의 소식, 즉 "주 예수께서 부활하셨습니다"라는 말은 주님께는 왕의 승리와 영광을 드러낸 사건이었고, 성도들에게는 그 무엇과도 바꿀 수 없는 엄청난 감격과 이 세상을 능히 이기는 강력한 힘으로 작용했던 것이지요.

따라서 주후 1세기 묵시문학적 위기상황에서 '부활사상'은 세상 나라들을 거룩하게 전복시키고, 다가올 새 시대로서의 하나님 나라(천국)의 승리를 말하는 혁명적 교리였지요. 주기도문의 핵심이 "하나님의 나라가 임하시고 하나님의 뜻이 하늘에서와 마찬가지로 땅에서도 이루어지이다"였던 것도 그 때문이죠.

초기 예수교 운동은 유대인의 민족주의적 운동이나 사사로운 종교적 체험이 아니라 나사렛 예수께서 죽은 자로부터 몸으로 부활하셨다는 부활신앙 운동에서 비롯된 것이죠. 왕적인 메시아, 세상의 참된 주로서의 예수 신앙(행 2:36; 롬 1:3-5)은 부활신앙 위에 세워진 것이죠. 부활은 예수께서 하나님의 아들이라는 것, 이스라엘의 종말론적 소망이 성취되었다는 것을 의미합니다. 부활에 대한 이러한 해석은 당시의 유대교 및 로마제국과의 충돌을 피할 수 없게 했던 것이죠.

예수께서 승천하신 이후 유대교와 예수교는 큰 충돌 없이 병존해 왔죠. 그런데 주후 70년 유대교 신앙의 중심이었던 예루살렘 성전이 파괴되고, 소종파(sect)로 보였던 예수교 집단이 날로 커져가면서 양측 사이에는 긴장과 갈등이 형성되기 시작했죠. 예수교의 번창에 불안을 느낀 유대교는 두 가지 조치를 강구하게 되었죠.

하나는 유대교의 정체성 확립입니다. 이를 위해 유대교 정경을 확정지을 필요성을 느꼈고, 그 결과로 나온 것이 주후 90년 얌니아에서 유대교의 정경을 확정지은 일이죠. 이를 통해 유대교는 자체적으로 예수교와의 차별화 전략을 시도했던 것이죠. 또 하나는 기독교인들을 유대 회당으로부터 출교 조치를 취한 것이죠. 이를 통해 유대교인들이 기독교인 되는 것을 막고 유대교를 예수교로부터 지켜내려고 했던 것이죠. 기독교인들이 당면한 이 같은 위기상황에서 예수교회는 저마다 위기를 타개하기 위한 전략을 마련하지 않을 수 없었죠.

또한 종교적(유대교)으로는 '모세의 영광', 정치적(로마제국)으로는 '로마의 영광'(Pax Romana)이 판을 치는 시대 속에서 '그리스도의 영광'(Pax Christi), '하나님의 영광'을 드러내야 할 필요성이 절실해졌죠. 로마 가이사 황제숭배 거부에 따른 박해와 유대 회당으로부터 출교(요 9:22, 12:42, 16:2)를 당하는 묵시문학적 위기상황에서 생존을 위한 대책이 절실히 필요했지요. 이러한 시대적 배경에서 '유대교와 로마제국에 대한 기독교 변증서'가 바로 요한복음입니다. 여기서 제가 결정적으로 꺼내든 무기가 바로 '부활의 복음'입니다.

'예수 부활'은 땅의 영광인 모세의 영광과 로마의 영광을 뒤엎고 (요 5:41-44, 12:43) 하늘의 영광인 그리스도(하나님)의 영광을 드러내었죠(요 7:18, 11:4). '부활의 복음'은 삶 자체가 위태롭고 생존이 위협받는 묵시문학적 위기상황에서 잠시 잘사는 것이 아니라 '영원히 사는 삶'(영생)을 가져다주는 기쁜 소식이었죠(요 11:25-26, 12:50). 또한 '부활의 복음'이야말로 근심과 두려움에 떨고 있는 제자들(요한공동체)에게 세상이 주지 못하는 평안을 주는 동시에(요 14:27), 세상에서는 환난을 당하나 이 세상을 이기는 담대함을 가져다주는 힘이 되었던 것이죠(요 16:33).

이렇듯 예수 부활 사건은 유대교 및 로마제국과의 차별성이 가장 극명하게 드러나는 결정적인 사건이자, 로마 식민지 아래에서 초대교회가 직면한 시대적 문제를 해결하고, 나아가 예수교의 정체성을 확립할 수 있는 가장 확실한 토대였지요. 요한복음은 당시의 상황에서 '예수 부활에 대한 깊은 묵상을 통해 나온 결과물'입니다. 요한복음에 나타난 '로고스 기독론'이나 '십자가 신학'도 '부활 신학'의 빛에서 해석된 것이지요. 따라서 그동안 요한복음에서 '로고스 기독론'이나 '십자가 신학'을 우선적으로 강조한 주장들은 재고되어야 하지요.

정리하면, 초대교회는 로마제국과 유대교의 박해로 인한 '수난의 교회'였지요. 바로 이때 필요했던 것은 '승리의 기쁜 소식(부활의 복음)'이었지, '십자가 신학'이나 '고난의 기독론'이 아니었죠. 그런 것들은 기껏해야 주님을 모범적인 순교자로 전해 줄 뿐이죠. 사탄적인 로마제국과 유대교 세력에 대항해야 했던 '수난의 교회'에는 '더 강한 분'의 '승리(부활)의 복음'이 필요했고, 그것만이 참으로 '기쁜 소식'이 될 수 있었던 것이죠.

하나님의 '최고의 승부수'인 예수부활 사건이 갖는 의미를 일곱 가지로 요약하면 이렇습니다. 1) 부활은 '3대 원수'(사탄, 세상, 사망)에 대한 승리를 말합니다. 2) 부활은 죽어도 다시 산다는 영생을 보여준 사건입니다. 3) 부활은 이 세상 나라만이 아닌 하나님 나라 곧 천국이 있음을 증명한 사건입니다. 4) 부활은 예수께서 사람만이 아닌 하나님의 아들이심을 증명한 사건입니다. 5) 부활은 예수께서 만왕의 왕, 만주의 주로 등극하신 사건입니다. 6) 부활은 실패한 메시아로서의 십자가 처형의 부음(訃音)이 인간 구원의 방법으로 사용되어 복음(福音)으로 대역전된 사건입니다. 7) 부활은 "나는 부활이요 생명이다"라고 하신 주님의 말씀이 성취된 사건입니다.

복음의 두 축:
십자가와 부활의 관계성

까치: 사도님의 말씀을 들으니 초대교회 상황에서 예수 부활이 얼마나 중요한 복음인가를 새삼 느꼈습니다. 저는 복음의 두 축이 '십자가와 부활'이라면, 이 두 축이 균형 있게 말해져야 한다고 봅니다. 그럼에도 불구하고 지금까지 기독교회는 유독 십자가만 강조되어 왔는데, 그 까닭은 무엇일까요?

요한: 복음의 두 축이 '십자가와 부활'이라는 까치 선생의 말씀은 상당히 깊이 음미되어야 할 대목입니다. 부활(생명)은 십자가(죽음)와 긴밀하게 연관되어 있지요. 죽음(십자가) 없이는 부활(생명)은 결코 없죠. 십자가는 '구약의 완성'이며, 부활은 '신약의 시작'이라고 말할 수 있죠. 십자가와 부활은 복음의 양면입니다. 죽음을 통해 부활이 있고, 부활이 있기 때문에 십자가가 복음이 되는 것이죠.

그런데 전통적으로 서방교회는 '십자가'를 강조하였고, 동방교회는 '부활'을 강조하였지요. 그에 따라 서방교회에 속하는 가톨릭과 개신교는 자연히 '십자가'를 강조하게 되었죠. 그 배경에는 서방교회가 기본적으로 갖고 있는 신학적 기초, 즉 바울신학적 배경이 깔려 있지요. 그런데 과연 바울 사도께서 '부활'보다 '십자가'를 강조했는지에 대해서는 재고해 보아야 할 필요가 있지요.

바울 사도께서 이같이 말했죠. "내가 너희 중에서 예수 그리스도와 그가 십자가에 못 박히신 것 외에는 아무것도 알지 아니하기로 작정하였음이라"(고전 2:2). "그러나 내게는 우리 주 예수 그리스도의 십자가 외에 결코 자랑할 것이 없으니 그리스도로 말미암아 세상이 나를 대하여 십자가에 못 박히고 내가 또한 세상을 대하여 그러하니라"(갈 6:14). 이는 분명히 십자가를 강조하는 표현들이죠.

그런데 이같이 십자가를 강조한 이면에는 그의 부활신앙이 깔려 있음을 엿보게 됩니다. 그리고 부활을 강조한 대목도 얼마든지 찾아볼 수 있죠. 다메섹 도상에서 부활하신 주님을 만난 사도 바울은 일생을 부활의 증인으로 살다 갔습니다. 부활장이라고 불리는 고린도전서 15장은 바울 사도께서 주님의 부활을 노래한 '승리의 찬가'입니다. "사망아 너의 승리가 어디 있느냐 사망아 네가 쏘는 것이 어디 있느냐/ 사망이 쏘는 것은 죄요 죄의 권능은 율법이라/ 우리 주 예수 그리스도로 말미암아 우리에게 승리를 주시는 하나님께 감사하노니"(고전 15:55-57).

또한 "그러나 내가 나 된 것은 하나님의 은혜로 된 것이니 내게 주신 그의 은혜가 헛되지 아니하여 내가 모든 사도보다 더 많이 수고하였으나 내가 한 것이 아니요 오직 나와 함께하신 하나님의 은혜로라"(고전 15:10)라는 놀라운 고백을 하고 있죠. 이 구절은 바울 사도께서 게바(베드로)를 비롯한 열두 제자와 5백여 형제에게 나타나시고 맨 나중에 만삭 되지 못하여 난 자 같은 자기에게도 부활 체험을 하게 하신 그 하나님의 은혜를 찬양하고 있는 것이죠.

까치: 그런데 불트만과 같은 실존주의자들은 바울 사도와 루터가 외친 "믿음으로 의롭게 된다"는 칭의를 강조하고, 십자가 신학만을 합리적으로 정당시한 반면, 예수의 부활이 역사적 사건일 수 없고 부활의 역사성의 불필요성을 논하면서 부활 사건을 평가절하하고 있습니다. 이에 대해서는 어떻게 생각하시는지요?

요한: 바울 사도 자신의 고백을 직접 들어보죠. "그리스도께서 만일 다시 살아나지 못하셨으면 우리가 전파하는 것도 헛것이요 또 너희 믿음도 헛것이며/ 또 우리가 하나님의 거짓 증인으로 발견되리니 우리가 하나님이 그리스도를 다시 살리셨다고 증언하였음이라 만일 죽은 자가 다시 살아나는 일이 없으면 하나님이 그리스도를 다시 살리지 아니하셨으리라/ 만일 죽은 자가 다시 살아나는 일이 없으면 그리스도도 다시 살아나신 일이 없었을 터이요/ 그리스도께서 다시 살아나신 일이 없으면 너희의 믿음도 헛되고 너희가 여전히 죄 가운데 있을 것이요/ 또한 그리스도 안에서 잠자는 자도 망하였으리니/ 만일 그리스도 안에서 우리가 바라는 것이 다만 이 세상의 삶뿐이면 모든 사람 가운데 우리가 더욱 불쌍한 자이리라"(고전 15:14-19).

지금 바울 사도는 부활이 사실이 아니라면 우리의 믿음도 헛되고, 우리는 거짓을 사실로 믿는, 그래서 세상에서 가장 불쌍한 자라고 고백하고 있습니다. 바울 사도께서 부활을 경험했다는 목격자들의 명단을 일일이 지적하고, 자신도 그 가운데 한 사람이라고 한 것은 죽은 자들 가운데서 살아나신 예수의 부활이 분명히 하나의 역사적 사건이있기 때문이지, 역사적 사건과 무관한 단지 부활신앙에 근거한 것이 아님을 분명히 하고 있는 것이죠.

톰 라이트라는 학자는 바울 사도께서 십자가를 부활과 관련해서 언급할 때에도 역시 그의 주요 강조점은 분명히 부활에 있었다(롬 8:34; 고후 13:4)고 하면서 《하나님의 아들의 부활》이라는 그의 저서에서 다음과 같은 견해를 피력한 바 있지요.

"로마서에서 바울이 '복음'이라고 말할 때, 그는 '이신칭의'(以信稱義)를 의미하는 것이 아니다. 칭의는 복음의 직접적인 결과이기는 하지만, 바울이 염두에 두었던 '복음'은 다윗 자손에 속한 이스라엘의 메시아인 예수가 세상의 부활하신 주라고 선포하는 것이다. 바울의 요지는 이것이다. 부활은 다윗의 자손인 나사렛 예수를 진정한 메시아, 바로 그러한 의미에서의 '하나님의 아들'이라고 선포하였다는 것이다. 이것은 가이사가 신의 아들이자 세상의 주였던 세계 속에서 엄청난 정치적 의미를 지니고 있었다. 부활은 예수를 세상의 참된 통치자로 만든 표지가 되었고, 가이사는 세상의 이 참된 통치자의 희화화에 불과한 존재였다."

그런데 바울 사도께서 '십자가와 부활'의 관계를 어떻게 보았든지 간에 서방교회 전통을 가진 마르틴 루터는 바울 서신, 특히 로마서를 통해 복음을 재발견하였고, 자신의 신학을 '십자가 신학'(Theologia crucis)이라고 명명하였죠. 그 후 지난 500년 동안 개신교 신학은 '십자가 신학'이 주류를 형성하였죠. 19세기 독일 신학자인 마틴 켈러(Martin Kahler)라는 학자가 최초의 복음서인 마가복음을 가리켜 '확대된 서론이 첨가된 수난설화'라고 한 이래 복음서 연구는 수난설화, 즉 '십자가의 신학', '고난의 기독론'(the suffering christology), 또는 '수난의 신학'(passion theology)을 더욱 강조하는 방향으로 흘러왔죠.

켈러의 주장이 복음서 연구에 너무나도 지대한 영향을 미쳤고, 그 이후 저명한 학자들에 의해 추종되면서 감히 그들의 주장에 도전하여 다른 견해를 내세우는 것이 어렵고 어리석은 것처럼 보였죠. 그 대표적인 학자가 불트만입니다. 그는 이렇게 말합니다. "예수의 부활은 십자가의 죽음이 이미 예수의 올리움과 영화롭게 됨이라면 특별한 의미의 사건일 수 없다. 부활이 죽음의 승리를-그것을 죽음이 가령, 십자가형을 통해 쟁취했다면-헛된 것으로 만들 수는 없다. 십자가가 이미 세상과 그 지배자에 대한 승리였기 때문이다."

그런데 최근에 와서 켈러의 주장은 복음서에 대한 올바른 이해나 해석에 있어서 근본적으로 잘못되었다는 주장들이 나오고 있지요. 켈러의 주장은 마태, 누가, 요한에도 맞지 않을 뿐만 아니라 마가에도 맞지 않다는 겁니다. 그 이유는 수난과 십자가를 너무 지나치게 강조한 나머지 이적 설화의 중요성이나 복음서의 결론 부분에 제시되어 있는 부활 선언에 대한 이야기를 공정하게 다루지 못했다는 것이죠.

서방교회는 전통적으로 예수의 십자가나 그의 속죄적 죽음에 치중하는 신학을 해왔죠. 켈러의 복음서 이해는 이 같은 서방교회 전통의 현대적 표현이라고 설명할 수 있지요. 또한 최근에는 로이드 존스(M. L. Jones) 목사께서 갈라디아서 6장 14절을 중심으로 하나님의 구원방법으로서의 '십자가 신학'을 전개하고 있는 모습을 볼 수 있지요. 이와는 달리 동방교회는 십자가를 부활로부터 분리시키지 않을 뿐만 아니라 부활의 빛에서 십자가를 이해하려고 하였죠. 아래에서 다시 밝히겠지만 저 또한 이런 방식으로 십자가와 부활을 이해합니다.

부활사건은 기독론을 위해서뿐만이 아니라 교회를 위해서도 가장 중요한 뿌리를 형성해 주고 있지요. 십자가는 실패한 메시아를 우리에게 보여줍니다. 실패한 메시아가 어떻게 우리의 구주가 될 수 있었는가? 부활이 없었다면 예수는 실패한 메시아로 남게 되었을 겁니다. 실패한 메시아가 우리의 구주가 된 것은 부활사건 때문이지요. 바울 사도께서 전했던 복음도 주로 예수 부활에 대한 것이었죠(고전 15:4-8, 12, 14-15).

특히 우리가 고대 문서를 이해하고자 할 때 마땅히 그 문서의 결론(막 16:1-8)을 알아야만 하는데, 이것은 마가복음만이 아니라 모든 복음서에 해당합니다. 부활이 없는 복음서는 단순히 마지막 종장이 없는 복음서일 뿐만 아니라 그런 복음서는 전혀 복음서가 아니지요. "복음(εὐαγγελίον)의 시작"(막 1:1)이라는 말로 그의 복음서를 연 마가복음은 '부활지향적 구조'로 되어 있으며, 부활이 마가복음 연구를 위한 진정한 출발점이 될 수 있지요. 마가가 여기서 사용한 '복음'(유앙겔리온) 용어는 이미 언급했듯이 부활과 관계된 용어이지요.

바울 서신 앞에 있는 사도행전(행 2:31-32, 5:30-32, 17:18, 31-32)도 그렇고, 요한복음도 '부활-십자가' 순서로 전개되고 있지요. 여기서 제가 '부활 신학'을 강조하는 것은 그동안 십자가 신학에 치우친 것에 대해 이 양자 사이에 균형을 잡고자 함에 있지, 십자가보다 부활이 더 중요하다는 것을 말하고자 함이 아니에요. 요한복음에 나타난 부활의 복음은 스승 예수께서 십자가 처형이라는 처절한 슬픔을 맛본 제가 3일 후 부활의 주님을 만난 기쁨에서 터져 나온 감격의 노래입니다. "물밀 듯 내 맘에 기쁨이 넘침은 주 예수 내 맘에 오심."

그런데 안타깝게도 최근에 요한복음에 대한 새로운 시각을 말하는 스몰리(S. S. Smalley)라는 학자도 그의 저서 《요한신학》에서 '부활신학'이라는 항목은 없고, '요한의 십자가 신학'이라는 항목을 두고 있는 것을 볼 수 있지요. 이에 반해 최근의 여러 학자들이 부활을 강조하는 모습을 볼 수 있어 다행입니다. 몰트만(J. Moltmann)과 판넨베르크(W. Pannenberg)는 종말론에 기초하여 '부활을 케리그마의 머릿돌로 하는 종말론적 선취로서의 부활 신학'을 말하고 있지요.

또한 케제만(E. Kasemann)은 이렇게 말합니다. "그리스도인의 메시지는 부활신앙에 기초해 있다…초대교회는 분명히 지상의 예수를 부활신앙의 관점에서 보지 않고서는 달리 이해될 수 없다." 또한 콘첼만(H. Conzelmann)은 이렇게 말합니다. "신약성경에는 예수의 부활을 전제(a priori)로 하지 아니한 신앙은 없다…예수의 부활은 유일한 구원사건으로 인정되고 있다." 종교개혁의 슬로건이 "근원으로 되돌아가자!"에 있다면 종교개혁 500주년을 맞이한 오늘날 바울 사도보다 그리스도 예수가 근원이라는 의미에서 '부활의 신학'에 대한 재고가 요청됩니다.

지금까지의 말씀을 정리하면, 초대교회의 설교(선포)의 핵심인 '십자가와 부활'은 복음의 양면입니다. 부활(생명)은 십자가(죽음)와 긴밀하게 연관되어 있지요. 인간의 근원적인 두 문제인 '죄와 죽음의 문제'에 대해 십자가는 '죄의 문제'를, 부활은 '죽음의 문제'를 해결해 주었죠. 그런데 원래 십자가의 의미는 '기쁜 소식'(복음, 福音)이 아니라 '슬픈 소식'(부음, 訃音)이었죠. 실패한 메시아(신 21:23)의 상징, 즉 고난, 수치, 저주, 실패, 무능, 미련의 상징이 십자가였죠. 그런데 이 같은 십자가의 의미가 역전되어 기쁜 소식(복음), 즉 영광, 자랑, 구원, 승리, 능력, 지혜의 상징이 된 것은 부활사건 때문입니다(고전 1:18-25, 2:1-9).

따라서 복음의 두 축인 십자가와 부활 가운데서 케리그마의 '머릿돌'(건물을 지을 때 맨 먼저 놓는 돌로서 기준과 방향이 되는 돌)은 '십자가'가 아니라 '부활'입니다. 그러니까 케리그마의 순서가 '십자가와 부활'이 아니라 '부활과 십자가'입니다. 부활이 1차적(primary)이고, 십자가는 2차적(secondary)입니다. 시간적 순서로 보면 십자가 사건이 먼저이고 그 후에 부활 사건이 뒤따르지만, 신앙적 순서로 보면 부활 사건을 체험한 후에 그 부활의 빛에서 십자가 사건의 의미를 재해석한 것이지요.

이를 잘 보여주는 대목이 엠마오로 내려가는 두 제자의 슬픈 낙향 기사입니다(눅 24:13-35). 그들은 나사렛 예수께서 "이스라엘을 속량할 자"라고 바랐는데, 대제사장들과 관리들에게 사형판결을 받고 십자가에 못 박혀 무기력하게 죽자 실의와 낙심 속에 빠져 인생의 실패자처럼 슬프게 걷고 있었죠. 이때 곁에서 그들을 따라가던 부활하신 주님께서 "그리스도가 이런 고난을 받고 자기의 영광에 들어가야 할 것이 아니냐" 하시며 구약성경에 기록된 자신에 관한 모든 것(십자가 고난과 죽음의 비밀)을 자세히 설명하시자 그제야 그들의 눈이 열려 예수님을 알아보게 되었다는 얘기죠. 이 얘기는 '십자가의 비밀'은 부활 이후에 밝혀지게 되었다는 겁니다. 따라서 선

(先) 부활, 후(後) 십자가 구도가 성립되는 것이죠.

그런데 '십자가'는 유대교와 기독교(신구약성서)의 연속성(continuity)을 보여주는 반면, 부활은 유대교와 기독교의 불연속성(discontinuity), 즉 기독교가 유대교와 결정적으로 차별화되는 것을 보여줍니다. 따라서 유대교와 기독교(신구약성서)의 연속성의 측면에서 '십자가 신학'이 더욱 친근하게 느껴질지 모릅니다.

하지만 예수 그리스도의 복음은 구약(유대교)과는 근본적으로 구별되는 '새 복음'이라는 점에서 '부활 신학'(theologia resurrectionis)이 더 우선합니다. '선(先) 부활의 복음 – 후(後) 십자가의 복음'의 순서라는 말이지요. 주님은 "나는 부활이요 생명이니"(요 11:25)라고 말씀하셨지, "나는 십자가요 죽음이니"라고 말씀하지 않으셨죠. 주님의 진리(복음)는 '십자가의 진리(복음)'에 앞서 '부활의 진리(복음)'입니다. 부활이 1차적이고 십자가는 2차적이라는 말이지요.

까치: 그러면 이러한 부활신학도 구약적, 유대적 배경을 가지고 있나요?

요한: 구약성경에서 바벨론 포로 이전까지는 사실상 부활신학을 찾아보기가 어렵습니다. 아브라함이 이삭을 번제로 바쳤다가 다시 받는 이야기(창 22장)에서 부활신학의 흔적을 엿볼 수는 있지만 말입니다. 이스라엘 역사에서 부활신학은 바벨론 포로 이후 묵시문학적 상황에서 서서히 대두되었다고 볼 수 있지요.

바벨론 포로기의 예언자였던 에스겔의 상황은 묵시문학적 상황 아래 있었지요. 그것을 잘 보여주는 실례가 '마른 뼈 소생 환상'(겔 37:1-14) 기사입니다. "우리의 뼈들이 말랐고 우리의 소망이 없어졌으니 우리는 다 멸절되었다"(겔 37:11)는 말씀을 통해서 알 수 있듯이 바벨론 포로사건은 이스라엘 민족을 완전히 절망으로 몰아넣은 사건이지요. 그런 상황에서 선지자 에스겔은 하나님의 영이 죽음의 골짜기에 불어 마른 뼈들이 다시 살아나듯이, 절망에 빠진 이스라엘 백성이 하나님의 도우심으로 다시 소생하여 포로로부터 귀환하는 민족 부활의 소망을 예언했지요.

또한 구약의 묵시서라고 일컬어지는 다니엘서는 헬라시대에 있었던 유대인 박해라는 묵시문학적 상황을 전제합니다. 다니엘의 세 친구인 사드락과 메삭과 아벳느고가 느부갓네살의 금 신상에 절하지 아니하였다는 죄목으로 맹렬히 타는 풀무 불에 던져지고(단 3장), 다니엘이 사자 굴에 던져지는 이야기(단 6장)에서 우리는 하나님의 도우심으로 죽음으로부터 극적으로 부활하는 내용을 읽을 수 있지요.

또한 같은 시대에 나온 외경 마카비서를 보면 묵시문학적 상황에서 신앙을 지키기 위해 투쟁한 모습을 엿볼 수 있지요. 당시에 북을 치듯이 죽도록 때리는 잔인하고 혹독한 형벌이 있는데, 이 형벌은 죄수를 형틀 위에 눕힌 후에 사지(四肢)가 팽팽하도록 말뚝에 잡아 맨 뒤 사지의 연결부분을 창으로 찔러 피를 내고 나서 배와 가슴을 북치듯이 쳐서 죽이는 비인간적인 극형입니다. 유대교 지도자인 엘르아살이 이 형을 받아 순교했고, 그의 어머니와 형이 같은 형을 받아 죽었다고 합니다(마카비 2서 6-7장).

이를 두고 히브리서 기자는 "더 좋은 부활을 얻고자 하여 심한 고문을 받되 구차히 풀려나기를 원하지 아니하였으며"(히 11:35)라고 그들의 영웅적인 모습을 그리고 있지요. 이러한 구약의 묵시문학적 상황 아래에서 배태된 부활신앙적 모습들이 신약시대에까지 이어져 내려와 부활신학을 만개케 한 것이지요.

까치: 그런데 오늘날 한국교회는 주일 예배 시에 십자가에 대해서는 많이 말하지만 부활에 대해서는 거의 듣기가 어려울 정도입니다. 어느 분이 이런 말을 했습니다. 사순절 기간 40일 동안 십자가를 말하다가 부활절 하루 부활을 한 번 말한다고요. 십자가와 부활이 40대 1이랍니다. 한국교회는 '부활의 복음'이 전무하다 해도 과언이 아닙니다. 실은 매 주일이 주님이 부활하신 날이고, 주님의 부활을 기념하는 날인데도 말입니다. 왜 이런 현상이 벌어지는 것일까요?

요한: 방금 언급했지만 서구교회의 전통을 이어받아 바울 사도의 십자가 신학을 강조한 데서 1차적으로 비롯되었다고 봅니다. 특히 한국인들의 심성 속에는 복 받기를 좋아하는 무속적 경향이 강한데, 그런 측면에서 보면 '십자가에 나타난 하나님 대속적 사랑'이 더욱 친근하게 다가올 수 있지요.

까치: 그런데 '십자가'라는 말은 많이 하지만 역설적이게도 고난의 십자가를 지는 것은 극히 싫어합니다.

요한: 그렇지요. 십자가에는 하나님의 사랑이라는 은혜의 측면만이 아니라 제자도와 관련하여 주님이 지고 가신 십자가라는 고난의 측면도 있지요. 예수를 믿는 이유가 '복 받기 위해서'라면 십자가 지기를 싫어하는 것은 당연하지요. 그것은 비단 한국교인만이 아니라 인간이면 누구나 다 고난보다는 축복을 원하는 것이 인지상정이지요. 우리의 신앙이 개인적인 축복과 안녕과 번영이라는 기복신앙을 추구하고자 할 때 십자가는 가장 큰 걸림돌이지요. 그래서 '하나님의 자녀'는 좋지만 '주님의 제자'는 싫은 것이지요.

주님께서 제자들에게 "누구든지 나를 따라오려거든 자기를 부인하고 자기 십자가를 지고 나를 따를 것이니라"(마 16:24)라는 제자도를 말씀하셨지요. 그러나 3년씩이나 주님을 따라다녔고, 베드로 사도 같은 경우는 호언장담까지 했지만 그를 비롯한 모든 제자들이 십자가 앞에서 다 넘어지고 도망갔지요. 그것은 인간이면 누구나 본능적으로 십자가 지기를 싫어하기에 당연한 것이지요.

주님의 제자들도 십자가 앞에서 다 도망갔는데, 그 누가 십자가 지기를 좋아할 수 있겠습니까? 부활신앙, 즉 영생에 대한 확고한 신앙 없이 십자가를 진다는 것은 거의 불가능합니다. 따라서 부활신앙을 확고히 가질 때만이 십자가를 질 수 있다는 점에서 부활신앙이 먼저 필요한 것이기도 하지요.

주님께서 십자가를 말씀하실 때마다 "제삼일에 살아나야 할 것"(마 16:21)을 같이 말씀하시고, "세상에서는 너희가 환난을 당하나 담대하라 내가 세상을 이기었노라"(요 16:33) 하시며 십자가의 길을 당당히 걸어갈 수 있었던 것도 부활을 확신하셨기 때문이지요. 주님께서 십자가의 고통과 부끄러움을 참을 수 있었던 것은 그 앞에 있는 부활과 영생의 기쁨을 간직하고 계셨기 때문이지요(히 12:2).

부활은 죽음의 권세를 이기고 뿜어져 나오는 강력한 에너지입니다. 이 강력한 에너지는 이 세상 모든 권세들을 무력화시키는 최고의 강력한 힘이지요. 이 부활의 힘이 제자들로 하여금 근본적인 변화, 즉 그동안 자신이 왕 삼았던 것을 내려놓고 주님을 왕 삼는 '왕의 교체'를 이루게 했고, 세상이 감당할 수 없는(히 11:38) 지독하게 강한 사람들로 만들었던 것이죠.

따라서 예수 부활 사건은 십자가 앞에서 실족한 제자들로 하여금 죽음조차도 두려워하지 않고 순교의 길로 당당하게 나아갈 수 있게 한 원동력이었지요. 따라서 '죽어도 다시 산다'는 부활신앙 곧 영생에 대한 확신을 갖지 못하고서 십자가를 진다는 것은 결코 쉬운 일이 아니지요. 부활신앙에 대한 바울 사도님의 고백을 들어보세요.

"형제들아 내가 그리스도 예수 우리 주 안에서 가진 바 너희에 대한 나의 자랑을 두고 단언하노니 나는 날마다 죽노라/ 내가 사람의 방법으로 에베소에서 맹수와 더불어 싸웠다면 내게 무슨 유익이 있으리요 죽은 자가 다시 살아나지 못한다면 내일 죽을 터이니 먹고 마시자 하리라"(고전 15:31-32). 날마다 죽으려면 날마다 다시 사는 부활이 있어야 가능하죠.

바울 사도께서 날마다 죽음의 위험을 무릅쓸 수 있었던 것은 부활신앙 때문이죠. 즉 날마다 천명(天命)을 받들어 복음 증언이라는 성전(聖戰)에 참여하면서 "나는 날마다 죽노라", 즉 '나는 날마다 순교할 각오로 산다'고 고백합니다. 이런 고백을 고린도 교회 형제들에게 자랑스럽게 단언할 수 있었던 것은 바로 죽은 자가 다시 살아난다는 부활신앙 때문이지요.

오늘날 기독교인들이 이토록 나약한 신앙인이 된 근본적 원인은 부활신앙이 확실하지 않기 때문이지요. 부활신앙은 세상을 이긴 승리를 말합니다. 이미 세상을 이긴 자만이 당당히 십자가를 지고 갈 수 있지요. 부활의 영성이 강력히 요청되는 것은 이 때문이지요. 부활신앙이 결여되면 세상에 코 꿰여 늘 불안과 두려움에 사로잡히고, 세상적인 것에 초연하지 못하고 집착하며, 나아가 세상 불의에 타협하는 변질과 타락의 길로 갈 수밖에 없지요.

21

요한복음에 나타난
'부활의 복음'

까치: 이제 구체적으로 요한복음에 나타난 부활의 복음에 대해 사도님으로부터 말씀을 듣고자 합니다. 우선 공관복음은 모두 부활을 한 장(마 28장; 막 16장; 눅 24장)으로 다루고 있는데, 요한복음은 두 장(20, 21장)을 할애하여 부활을 다루고 있습니다. 이것도 요한복음이 부활을 강조하는 복음서임을 보여주는 것인가요?

요한: 그렇습니다. 제가 요한복음의 목적을 부활장인 20장과 21장 사이, 즉 20장 30-31절에 두었는데요, 그것은 요한복음을 부활의 빛에서 해석해 달라는 암시(sign)이지요. 그런데 그보다 더 중요한 것은 요한복음 전체를 '부활'의 관점에서 구조화시켰다는 점이죠. 요한복음을 하나의 논문으로 볼 경우 1장은 서론, 2-20장은 본론, 21장은 결론에 해당합니다. 여기서 본론의 첫 장(2장)과 정가운데 장(11장)과 끝 장(20장)이 부활과 관련되어 있다는 점에서 요한복

음은 기본적으로 '부활의 복음'으로 엮어진 책입니다. 그리고 부활장 안에 네 부분(3장, 10장, 12장, 18-19장)의 십자가장이 들어간 형국으로 요한복음을 그렸지요. 부활의 세 부분(3)과 십자가의 네 부분(4)을 합하면 완전한 복음(7)이 됩니다.

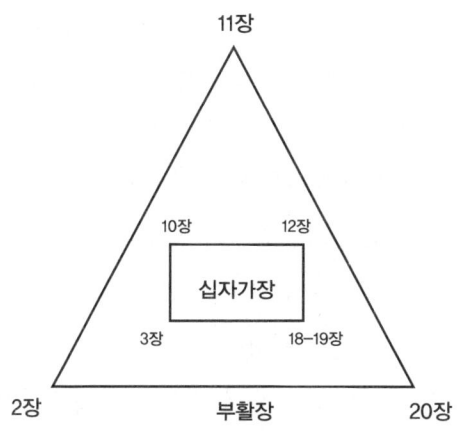

부활장(3)+십자가장(4)=7(완전한 복음)

요한복음은 전체를 '부활-십자가' 또는 '십자가-부활-십자가' 구조로 정리할 수 있지요. 부활(2장)-십자가(3장), 십자가(10장)-부활(11장)-십자가(12장), 십자가(18-19장)-부활(20:1-21:14)-십자가(21:15-25) 구조로 되어 있지요.

까치: 다른 장들은 다 알겠는데요. 2장이 왜 부활장이고, 3장이 왜 십자가장인지 잘 모르겠는데요?

요한: 일단 2장은 20장과 교차대구를 이루기에 부활장이고, 3장은 19-18장과 교차대구를 이루기에 십자가장입니다. 부연 설명하

면, 2장은 '가나의 표적사건'(1-12절)과 '성전정화사건'(13-22절)을 언급하고 있는데, 예수의 부활이라는 관점에서 읽고 해석해야 그 의미를 제대로 파악할 수 있지요.

유대인들은 처음을 중요시 여기는 관습이 있는데, 마찬가지로 본론의 첫 장 첫 절(2:1)은 대단히 중요합니다. 2장의 첫 대목인 "사흘째 되던 날"이란 20장의 첫 대목인 "안식 후 첫날"과 상응합니다. 여기서 '사흘'이란 십자가에 달리셨다가 살아나신 예수 부활의 신비를 암시(sign) 합니다. 초대교회에서 '제삼일'은 예수께서 십자가에 달려 죽으셨다가 부활하신 날을 가리키는 관용적 표현이었죠(마 16:21, 17:23, 20:19; 눅 9:22, 18:33, 24:7, 46; 행 10:40; 고전 15:4). 이는 물이 포도주가 되었듯이 그리스도 안에 있으면 무엇이든지 새로운 피조물이 되는 것(고후 5:17)과 같은 새 창조의 역사가 결정적으로 예수께서 죽으셨다가 다시 살아나신 부활 사건을 통하여 이루어진다는 사실을 암시합니다.

'사흘째 되던 날'은 1장의 다섯 날(19-28절, 29-34절, 35-38절, 39-42절, 43-51절)과 합하면 제8일이 됩니다. 예수께서 예루살렘에 입성하시던 날(일요일)부터 안식 후 첫날(요 20:1)인 부활 주일까지가 제8일입니다. 8일째 되는 날 예수께서 부활하심으로 기독교라는 새 시대가 열렸죠. 이렇듯 제8일은 새로운 한 주간이 시작되는 날로서 새로운 국면의 도래를 의미합니다.

또한 제8일은 부활하신 예수께서 도마에게 나타나신 날이기도 합니다(요 20:26). 제8일은 출생한 아이에게 할례를 행하는 중요한 날(눅 2:21)로서 부활하신 예수께서 도마에게 제8일에 다시 나타나셨다는 것은 믿음의 할례를 받고 새 사람으로 출발하라는 의미가 있지요. 따라서 이 문구는 예수의 오심으로 인해 유대교의 옛 시대를 닫고 기독교의 새 시대를 여는 새로운 날이 도래했음을 상징적으로 보여주는 중요한 의미를 띱니다.

구약성경은 하나님의 구원을 잔치(시 23:5)로, 특히 메시아 시대의 구원을 시온에서 베푼 아주 큰 잔치로 비유했죠(사 25:6, 55:1-2). 또한 신약성경은 하나님 나라의 구원을 잔치(마 11:19; 막 2:15-17; 눅 14:15-24, 15:11-32) 또는 혼인잔치(마 8:11, 22:1-14; 눅 22:16-18; 요 3:29; 계 19:7-9)로 자주 비유하고 있지요. 그런 의미에서 가나의 혼인잔치는 천국잔치입니다. 따라서 가나의 혼인잔치는 '부활과 천국'이라는 메시지를 보여줍니다.

부활이 있다는 것은 천국이 있다는 것이요, 천국이 있음으로 부활이 있는 겁니다. 따라서 부활과 천국은 동전의 양면처럼 결합되어 있지요. 가나의 혼인잔치 표적은 부활과 천국의 기쁨을 말해 주고 있지요. 기독교가 타종교와 결정적 차이가 나는 것이 '부활과 천국'이 있다는 데 있지요.

일곱 표적의 본보기인 첫 표적은 하나님이 창조의 첫날에 빛을 창조하셨듯이, 예수의 첫 표적은 부활의 빛에서 해석해야 한다는 것을 보여줍니다. 구체적으로 말한다면 유대인의 결혼식이 저녁(밤)에서 시작하여 아침(새벽)으로 가듯이, 어두운 저녁(밤)의 종교인 유대교를 밝은 새 아침(새벽)의 종교인 기독교로의 대체를 보여주고자 한 데 이 표적의 중요성이 있지요.

한편, 2장의 성전사건은 요한복음 읽기의 해석학적 열쇠, 즉 독자들에게 부활의 빛에서 해석하도록 이끕니다. 성전정화사건은 나사로의 소생사건(부활 예표)을 말하는 11장(부활장)과도 상응합니다.

산헤드린 공회에서 나온 11장 48절의 '우리 땅'(our place, '성전'을 의미)은 2장 13-22절의 예수의 성전정화행위와 연관되어 있죠. 즉 예수의 성전정화사건은 나사로의 소생처럼 확실하게 유대 당국자들로 하여금 예수를 죽일 음모(요 11:52)를 가져왔던 사건이죠. 제가 성전사건을 공생애 초기에 위치시킨 까닭은 새 시대를 가져올 하나님의 아들 예수 그리스도의 중요성에 대한 전체 이야기들의 전범(典範)이기 때문입니다.

성전정화사건은 메시아가 왔고 새 시대가 시작되었다는 한 표적입니다. 제가 성전예배를 영과 진리(요 4:23-24)에 의한 영감된 새 형식으로 대체하고, '한 장소'(a place)가 아닌 '한 사람'(a person)(요 9:38, 20:28)에 집중한 까닭은 회당에서 출교를 당하는 묵시문학적 박해 상황에서 진정한 예배(교회)는 장소(건물)로서가 아니라 부활하신 주님(몸성전)께 있음을 말하고자 했기 때문입니다. 그런 의미에서 2장 전체는 부활장입니다.

3장과 18-19장은 공히 '하나님 나라' 어휘(요 3:3, 5, 18:36)를 사용하고 있다는 점에서 상응합니다. 18-19장이 십자가장이라면 상응하는 3장도 십자가장입니다. 그 까닭은 이러합니다. 3장은 하나님께서 이 세상을 지극히 사랑하셔서 독생자를 이 세상에 보내셨지요. 그 독생자인 예수께서 우리를 구원하시기 위해 십자가를 지셨다는 것을 14절에 나오는 "모세가 광야에서 뱀을 든 것같이 인자도 들려야 하리니"라는 말씀을 통해 엿볼 수 있죠. 요한복음에서 '들려야 한다'는 말은 십자가의 죽음과 부활, 그리고 승천을 말하는 다의적인 표현인데, 이 구절에서는 특히 '십자가'를 강조하는 것으로 사용되고 있지요. 제가 일관되게 '들어올리다'라는 말을 인자의 죽음에 적용했지요(요 8:28, 12:32-33).

이스라엘 백성을 애굽에서 인도하여 낸 지도자 모세는 광야에서 여호와를 원망하다가 범죄한 이스라엘 백성을 구하고자 놋뱀을 만들어 장대 위에 달고 그것을 쳐다보는 자들을 살게 했죠(민 21:4-9). 이 사건은 후일 인류를 구원하기 위해 친히 자기 몸을 내어준 예수 그리스도의 십자가 사건의 좋은 그림자(prototype)입니다. 이 구절에서 일시적 생명을 주는 것으로 끝나는 '모세의 놋뱀'과 영원한 생명을 주는 '새 모세 예수의 십자가'를 대조 비교시켰죠. 이는 유대교에 대한 기독교의 우위 및 대체를 말함으로써 모세(율법)의 제자인 니고데모로 하여금 예수(복음)의 제자가 되게 하려는 의도에서였지요.

까치: 2장의 첫 표적인 가나의 혼인잔치 표적과 11장의 일곱 번째 표적인 나사로의 소생 표적이 '부활'과 관련된 표적이라면 나머지 표적과의 관계는 어떻게 되나요?

요한: 네, 아주 중요한 질문입니다. 우선 저는 공관복음에서 사용하는 '이적'(뒤나미스, δύναμις) 어휘(마 12회, 막 10회, 눅 15회)를 전혀 사용하지 않고, '표적'(세메이온, σημεῖον) 어휘(17회)만을 사용했지요. 제가 사용한 '표적'(세메이온) 어휘는 '메시아적 능력(miracle)'을 나타내는 사건 그 자체가 아니라 그 사건 배후의 그 무엇을 나타내는 암시(sign), 즉 묵시문학적 암호상징(상징코드)입니다. 비유해서 말하면, 손가락 자체가 아닌 손가락이 가리키는 그 무엇을 말하죠. 표적이란 물리적, 현상적인 의미를 넘어선 '상징적 의미체'입니다.

가령 물로 포도주를 만든 표적은 단순히 예수의 메시아적 능력을 말하는 것을 넘어 기독교가 유대교보다 훨씬 낫다는 상징적 의미가 그 배후에 깔려 있지요. 예수의 비유들이 그 양식상 하나님과 이스라엘에 관한 이야기들로 이루어진 유대적 배경 속에 확고하게 위치하고 있듯이, 표적사건은 '상징적 실천행위를 통한 비유'라고 말할 수 있지요.

제가 수많은 기적 이야기를 말하고 있는 공관복음과는 달리 완전함을 뜻하는 상징수 일곱 표적만을 선별하고 그것을 전략적으로 배치했는데, 거기에는 '부활의 복음'이라는 메시지가 숨겨져 있지요. 일곱 표적을 열거하면 이렇습니다. 첫 표적: 물로 포도주를 만드심(요 2:1-11), 두 번째 표적: 왕의 신하의 아들을 고치심(요 4:46-54), 세 번째 표적: 38년 된 병자를 치유하심(요 5:1-9), 네 번째 표적: 오병이어로 오천 명을 먹이심(요 6:1-15), 다섯 번째 표적: 물 위를 걸으심(요 6:16-21), 여섯 번째 표적: 태생 소경을 치유하심(요 9:1-41), 일곱 번째 표적: 죽은 나사로를 살리심(요 11:1-44)이 그것입니다.

일곱 표적 사건에서 주목해야 할 것은 왜 일곱 표적을 이 같은 순서로 배열했는가 하는 점이죠. 그 배열순서는 창세기의 7일 창조구조의 배열순서와 상응합니다. 이는 요한복음이 '부활의 복음'으로 구조화되어 있다는 것을 극명하게 보여주는 증거이지요. 우선, 창세기(1:1-2:3)에 나타난 7일간의 창조순서를 보면 제7일인 안식일을 중심으로 여섯 날이 그 주변을 형성하며, 첫째 날-넷째 날, 둘째 날-다섯째 날, 셋째 날-여섯째 날이 대칭을 이루는 구조(다윗의 별)로 되어 있습니다.

첫째 날은 빛 창조, 대응하는 넷째 날은 빛의 발광체 창조, 둘째 날은 물과 궁창의 분리, 대응하는 다섯째 날은 물에는 물고기, 궁창에는 새를 창조, 셋째 날은 땅과 식물 창조, 대응하는 여섯째 날은 땅에 동물과 인간 창조, 그리고 일곱째 날은 창조 사역을 마치고 안식하셨는데, 이날이 다른 여섯 날과 구별되는 것은 이날에만 "거룩하게"(창 2:3)라는 말을 사용하고 있습니다. 구약에서 '거룩'이라는 개념은 '구별'을 의미하는 말로 사용됩니다.

따라서 제사장(P) 기자는 7일간의 창조구조를 말하면서 특별히 제7일 안식일은 다른 날들과 구별된 날로 삼았죠. 이 같은 7일 창조구조에 나타난 모습은 유대인들의 마인드 속에 깊이 새겨져 있는 다윗의 별의 모습을 띱니다. 7일 창조구조를 다윗의 별로 그릴 때의 장점은 중심과 주변을 선명하게 구별해 볼 수 있다는 점이죠.

다음으로, 요한복음에 나타난 일곱 표적을 살펴봅시다. 일곱 표적도 7일 창조구조와 똑같이 일곱 번째 표적인 나사로 소생 표적을 중심으로 여섯 표적이 그 주변을 형성합니다. 첫째 표적-넷째 표적, 둘째 표적-다섯째 표적, 셋째 표적-여섯째 표적이 대칭을 이루는 구조(다윗의 별)로 되어 있습니다.

첫째 표적은 물로 포도주를 만든 표적인데, 넷째 표적은 오병이어 표적입니다. 이 두 표적은 둘 다 자연과 관련된 표적들입니다. 둘째 표적은 왕의 신하의 아들 치유 표적이고, 다섯째 표적은 물 위를 걸으신 표적입니다. 언뜻 보기에 이 두 표적은 아무 관계가 없는 듯이 보이나 두 표적 모두 죽음이 경각에 달린 혼돈의 상황에서 구원을 얻는 표적을 말하고 있습니다. 성경에서 물 또는 바다는 혼돈과 죽음을 상징합니다. 셋째 표적은 38년 된 병자 치유 표적이고, 여섯째 표적은 태생 소경 치유 표적입니다. 이 두 표적은 모두 인간의 질병과 관련된 치유 표적들입니다.

그리고 마지막 일곱째 표적은 죽었던 나사로를 살리는 표적입니다. 이는 나중에 인류 역사상 초유의 사건인 예수의 부활을 상징적으로 보여주는 표적이라는 의미에서 '표적 중의 표적'이며, 앞의 여섯 표적과 구별됩니다. "나는 부활이요 생명이니"(요 11:25)라는 예수의 말씀은 부활신학을 가장 극명하게 드러내 주는 말씀이지요. 여기서 주목해야 할 것은 나사로의 소생 사건을 요한복음 전체의 정가운데 장인 11장에 위치시켰다는 사실입니다(7일간의 창조순서와 일곱 표적의 구조에 대한 도표는 박호용, 《왕의 교체》, 58쪽 참조).

여기서 7일간의 창조의 핵심인 안식일(安息日)에 대해 살펴보죠. 안식일은 유대 절기 가운데 가장 중요한 절기입니다. 그래서 이런 말이 나왔죠. "유대인이 안식일을 지킨 것이 아니라 안식일이 유대인을 지켜 주었다." 주전 400년경의 초기 유대교 시절부터 예수 당시의 후기 유대교에 이르기까지 유대교는 '율법(말씀)과 안식일(제도)'이라는 두 기둥에 의해 유지되어 온 종교라고 말할 정도로 안식일 제도는 유대교의 정수였죠. 제가 셋째 표적과 여섯 번째 표적을 안식일에 있었던 표적(요 5:9, 9:14)으로 상정한 것은 안식일을 온전케 하신 예수님을 말하려는 의도에서였지요. 즉 예수님은 '안식일의 주인'(막 2:28)이심을 암시하려고 한 것이죠.

일곱 표적에 안식일이 두 번 강조되고 있는데, 이는 유대교 안식일의 중요성을 시사하는 것이며, 또한 그와 상응하게 부활(부활장인 2장과 11장에 나오는 첫 표적과 일곱째 표적)도 두 번 강조하고 있는데, 이는 기독교의 부활 주일을 강조하려는 의도에서였지요. 제가 일곱 표적을 7일 창조구조와 상응하는 방식으로 배열한 것은 '다윗의 별'이 보여주듯 '유대교의 안식일'이 예수의 부활로 말미암아 '기독교의 주일'로 대체되었다는 것을 암시하려는 의도에서였지요. 주일은 '주의 날'로서 주님이 부활하신 날입니다. 그러니까 매 주일은 주님의 부활을 기념하는 날이고, 주님의 부활을 기념하는 주일은 기독교의 출발이 되는 날입니다.

까치: 일곱 표적이 '부활'과 관련되었다는 말씀은 참으로 새롭네요. 그러면 죽었다가 살아난 '부활' 어휘 속에는 '생명' 어휘가 함축되어 있다고 할 때 사도께서 공관복음에서 많이 사용하지 않는 '생명'(영생) 어휘(마 7회, 막 4회, 눅 5회, 요 36회)를 많이 사용하신 것도 그 때문인가요?

요한: 그렇습니다. '생명'(영생)은 '부활'과 관련된 용어이지요. 그리고 부활은 천국과 관련되어 있고요. 제가 특히 '부활과 생명' 어휘를 강조한 것은 묵시문학적 박해상황 때문입니다. 그래서 이러한 상황을 전제하지 않고는 왜 '생명'(영생)을 강조하는지 그 뜻을 잘 모를 뿐더러 그것이 담고 있는 깊은 의미에 공감할 수 없죠. 당시 상황은 많은 이들이 로마 황제숭배를 거부하다가 형장으로 끌려가 사자 밥이 되거나 화형과 참수형을 당하는 순교 상황 속에 처해 있었지요. 이같이 생존(생명)이 위협당하는 순교 상황에서 신앙의 전사들은 '이 생은 잠시이고, 부활이요 생명이신 주님을 믿는 자는 천국에서 영생한다'라는 부활신앙을 가지고 찬송하면서 순교 형장으로 당당히 걸어갔던 것이지요.

생각해 보면 이 얼마나 소름끼치는 통곡의 무대입니까! 아니, 이 얼마나 가슴 뛰는 감동의 무대입니까! 예수와 함께 죽으면 예수와 함께 부활하여 천국에서 영생하는 것을, 구차하게 인생 몇 년 더 사는 것과 어찌 비교할 수 있겠습니까!

까치: 아, 감동입니다. 사도께서 사용하신 '영원한 생명'(영생)에 그런 깊은 뜻이 있다는 것을 미처 몰랐네요. 그런데 공관복음에 보면 부활 현장에 여러 여인들이 함께 간 것으로 되어 있는데(마 28:1; 막 16:1; 눅 24:1), 요한복음에는 오직 막달라 마리아 한 여인만 간 것으로 그려져 있습니다. 그 이유는 무엇인지요?

요한: 아주 중요한 질문을 하셨네요. 제가 요한복음을 쓰면서 두 가지 원칙을 정했는데, 그 까닭은 지면의 제한 때문입니다. 하나는 공관복음에 나오는 기사 가운데 꼭 필요한 경우를 제외하고는 '중복하지 않는다는 원칙'입니다. 그래서 92%가 고유기사이고, 나머지 8%만이 공통기사인데, 그마저도 새로운 관점으로 기술했죠. 가령 오병이어 기사라든가, 성전사건 기사는 공통기사이지만 공관복음과 비교해 보면 내용도, 의미도 다릅니다.

또 하나는 '대표성의 원리'입니다. 이미 언급했듯이 니고데모는 유대인의 대표, 빌라도는 이방인의 대표가 그것입니다. 부활 현장에 막달라 마리아 혼자 간 것으로 기술했는데, 이는 막달라 마리아를 '부활의 증인'의 대표로 그리고자 한 것이죠. 예수님의 모친 마리아는 순종의 모델, 나사로의 누이 마리아는 헌신의 모델, 마르다는 신앙고백의 모델, 사마리아 여인은 이방 선교의 모델, 간음하다 붙잡힌 여인은 죄인의 모델, 그리고 세례 요한은 선구자의 모델, 가룟 유다는 불신앙과 배신자의 모델, 도마는 신앙과 충성과 의리의 모델, 베드로는 순교의 모델, 안드레와 빌립은 중개인의 모델, 가야바는 종교권력의 모델, 그리고 선한 목자는 비유의 모델, 5대 절기(유월절, 오순절, 초막절, 수전절, 안식일)는 절기의 모델, 7대 표적은 표적의 모델 등등이 그것이죠.

여기서 주목할 것은 제가 부활장인 2장(예수의 모친 마리아), 11장(나사로의 누이 마리아), 20장(막달라 마리아)에 '마리아'라 이름하는 세 여인을 각각 등장시켰지요. 이는 여자들을 천히 여기던 그 시대에 여자를 차별 없이 사랑하시고 존귀하게 보신 주님의 뜻을 반영하고자 한 것이지요.

22

도마, 그를
어떻게 볼 것인가?

까치: 사도께서 말씀하신 '대표성의 모델' 중에서 다른 것들은 다 이해가 되는데, 일반적으로 '의심 많은 제자'로 알고 있는 '도마'가 정반대로 '신앙과 충성과 의리의 모델'이라는 것은 도무지 납득이 가지 않네요.

요한: 이 문제에 대해서는 오해가 없도록 참 많은 얘기를 해야 할 것 같네요. 사람들이 제 의도와 다르게 도마 사도를 이해했다면, 이 자리를 빌려 도마 사도의 억울함을 신원해야 한다는 거룩한 부담감을 가지고 진지하게 대화에 임할까 합니다.

우선 제가 가룟 유다는 '불신앙과 배신자의 모델'로서 사탄의 숫자인 6회(요 6:71, 12:4 13:2, 18:2, 3, 5) 나오는 것으로 그렸지요. 이에 반해 '디두모라 하는 도마'는 완전수인 7회(요 11:16, 14:5, 20:24, 26, 27, 28, 21:2) 나오는 것으로 그렸는데, 이는 그를 온전한 '신앙과 충성의 모델'로 그렸다는 것을 아셨으면 합니다. 이제 본격적으로 얘기해 보죠.

공관복음에는 도마가 열두 제자의 명단에 이름만 언급될 뿐 그에 대한 기사는 전혀 나오지 않죠(마 10:3; 막 3:18; 눅 6:15). 또한 예수님의 제자 가운데 하나인 도마가 의심 많은 사람이라는 역사적 증거는 아무 데도 없습니다. 전승에 따르면, 도마는 인도에 기독교회를 세웠으며 거기서 무릎 꿇고 기도하던 중 죽었다고 합니다. 그런 도마가 지난 2천 년 동안 '의심 많은 제자'라는 의심을 받아 온 것은 요한복음에 나오는 도마 기사의 한 장면(요 20:24-29)을 근거로 한 것이죠. 그렇다면 요한복음 전체를 통해 도마를 면밀히 다시 검토할 필요가 있지요.

기존의 대부분의 학자들은 공관복음과는 달리 요한복음에서 왜 도마가 중요한 장면에 자주 나타나는지에 대해 거의 묻지 않고, 다만 도마의 표면적 발언에만 과도하게 관심을 기울였지요. 그런데 우리가 어떤 사람의 말이나 글을 제대로 이해하기 위해서는 그 사람의 글쓰기의 특징을 잘 알아야 합니다. 저의 글쓰기의 특징 중의 하나가 이중의미로 나타나는 '오해 모티프'와 '아이러니 기법'입니다.

많은 학자들이 이중의미를 지닌 '아이러니 기법'이라는 연구 결과를 많이 발표했지요. '오해 모티프'란 예수와 제자들, 또는 예수와 적대자들 사이에서 발생한 오해와 이해차이를 말합니다. 즉 예수는 자신을 계시하는 말씀을 하지만 그 상대자는 그 의미를 깨닫지 못하거나 자주 오해하는 것으로 나타나는 것을 말합니다(요 2:19-22, 3:3-10, 4:10-15, 4:31-34, 6:48-52, 7:32-36, 8:21-22, 8:32-33, 8:51-59, 10:7-21, 10:25-39, 11:23-24, 21:21-23).

한편, '아이러니'(irony)는 풍자(諷刺), 반어(反語) 또는 역설(逆說) 등으로 번역되는데, 예수의 반대자들이 예수께 자기들의 생각이 옳다고 강하게 주장하는 말들을 독자들이 읽어가며 무엇이 정당한 것인가를 더 깊은 차원에서 확신하게 하는 어법을 말합니다(요 4:12, 7:42, 11:50, 18:38, 19:2-3). 이 가운데 세 본문만 살펴보죠.

첫째, 4장 12절입니다. 사마리아 여인이 예수께 "당신이 야곱보다 더 크니이까"라고 질문합니다. 그 여인은 그렇지 않다고 믿어 빈정대는 말투로 한 것인데, 독자들은 예수님이 야곱보다 지극히 크신 분이라는 것을 압니다.

둘째, 11장 50절입니다. "한 사람이 백성을 위하여 죽어서 온 민족이 망하지 않게 되는 것이 너희에게 유익한 줄을 생각하지 아니하는도다"라고 가야바가 산헤드린에서 언명합니다. 가야바의 의도는 예수님을 과격 혁명가로 처형해야 로마제국의 의혹을 피할 수 있고, 그것이 나라를 살리는 해결책임을 말하고 있는 것이죠. 그러나 그 발언은 가야바가 자기도 모르는 사이에 예수님의 죽음이 대속적인 죽음이며, 그가 유대인만이 아니라 온 인류를 구원하시는 구주인 것을 예언하고 있다는 사실을 독자들은 압니다.

셋째, 19장 2-3절입니다. 병사들이 예수님을 "유대인의 왕이여 평안할지어다"라고 조롱합니다. 이 말은 병사들이 예수님을 조롱하고자 풍자적으로 한 말인데, 독자들은 역으로 그가 진정한 왕임을 압니다.

그런데 안타까운 것은 이러한 아이러니 기법을 다른 인물에게는 적용하면서도 도마에게는 적용하지 않고 있다는 것이죠. 그리하여 그동안 도마를 단지 '의심 많은 불신의 인물' 또는 '회의적 사실주의자' 정도로 쉽게 단정해 버렸지요. 도마의 불신을 말하는 본문으로 사용되고 있는 20장 24-29절의 핵심 문제는 예수의 부활을 보고 믿은 제자들과는 달리 부활 승천 이후 60년이 지난 지금 부활 승천하여 눈에 보이지 않는 예수가 없는 상황에서 어떻게 보지 않고 예수를 믿게 할 것이냐 하는 문제입니다. 이를 위해 제가 사용한 전략이 저의 가까운 친구인 '도마의 현장부재 전략'이었죠.

우선 드리고 싶은 말씀은 도마는 철저히 부활과 관련된 장(11, 14, 20, 21장)에서만 등장한다는 사실입니다. 요한복음 11장은 제1부의 절정으로 부활을 상징하는 나사로의 소생 사건(일곱 번째 표적)을 다루고 있습니다. 이 중요한 장에 도마가 처음 등장합니다. 16절에서 도마는 이렇게 발언합니다. "우리도 주와 함께 죽으러 가자." 다른 제자들은 유대 땅으로 가시려는 예수님의 행보를 가로막는 사람들로 묘사되고 있는 데 반해, 도마는 예수와 함께 죽으러 가자고 다른 제자들에게 도전적인 발언을 하고 있지요.

도마의 이 같은 발언은 11장 전체 문맥에서 주목할 필요가 있습니다. 왜냐하면 도마의 발언은 요한공동체의 구호라는 성격, 즉 유대교와 로마제국으로부터 박해를 당하고 있는 묵시문학적 상황에서 요한공동체 독자들을 향한 신앙적 독려이기 때문입니다. 즉 도마의 이 같은 발언은 생각 없이 내뱉은 돈키호테 식의 엉뚱한 발언이 아니라 부활신앙을 분명히 갖지 않고는 할 수 없는 발언이라는 점에서 도마에 대해 다시 재고할 필요가 있지요.

한편, 부활과 관련된 14장을 보면 도마가 또다시 등장합니다. 주님의 떠나심과 다시 오심(1-14절)을 언급하는 문맥에서 도마는 "주여 주께서 어디로 가시는지 우리가 알지 못하거늘 그 길을 어찌 알겠사옵나이까"라고 발언합니다. 이 발언 또한 엉뚱한 발언으로 치부할 수도 있습니다. 그러나 그다음 구절에서 주님은 이같이 말씀하십니다. "예수께서 이르시되 내가 곧 길이요 진리요 생명이니 나로 말미암지 않고는 아버지께로 올 자가 없느니라." 저는 이 말씀이 요한복음의 '3대 압권의 말씀'(요 8:32, 11:25, 14:6) 중의 하나로 기술했지요. 이 대목에서 제가 말하고자 한 것은 도마의 질문(5절)은 오해에 근거한 엉뚱한 질문이 아니라 주님의 입에서 6절과 같은 최고의 압권의 말씀을 유도해 내려는 전략적 의도에서 그를 불러내었던 겁니다. 그러니까 도마의 발언은 '아이러니'(역설)라는 저의 독특한 반어법에서 나온 것이죠.

이어서 도마를 의심 많은 제자로 단정한 20장 24-29절의 말씀을 상고해 보도록 하죠. 우선 주님의 부활이란 인류사상 초유의 사건이라 쉽게 믿어지는 일이 아니었죠. 더구나 동료들조차 부활하신 주님을 보았다고 했지만 아무도 확실히 믿지 못하고 있었죠. 그런 상황에서 현장에 부재했던 도마가 그런 경험을 자신도 함께 공유하기를 원한 것은 너무나도 당연한 일이죠. 본문에 나타난 도마는 지금 부활을 아무도 확실히 믿지 못하는 상황에서 열두 제자를 대표해서 선정된 인물입니다.

주님께서 "여드레를 지나서"(요 20:26) 전과 같은 방법으로 나타나셨습니다. 그날은 '여덟 번째' 날인 그다음 주 일요일이었죠. 훗날 이날은 예수께서 죽음에서 부활하신 날, 즉 '주의 날'로 기억됩니다. 초대교회는 매 주의 첫째 날인 이날을 예배를 위해 모이는 주일날로 삼았죠. 다시 말씀드리지만 요한복음에서 도마의 말과 행동은 요한의 독특한 어법인 이중의미 또는 아이러니 기법을 고려

해야 제대로 파악할 수 있지요.

도마의 말과 행동은 액면 그대로의 의미보다는 주님으로부터 위대한 말과 행동을 이끌어내기 위한 길잡이 역할을 한다는 것이죠. 곧 부활하신 주님으로부터 '믿음 없는 자'(ἄπιστος)가 되지 말고 '믿는 자'(πιστός)가 되라(27절)는 요한복음의 핵심 메시지에 도달하는 역할을 도마가 맡고 있는 겁니다.

이 구절에서 신실함, 충성의 의미인 '피스토스'(πιστός)를 2회 반복해서 사용하고 있지요. 이는 배교를 강요당하는 묵시문학적 박해상황에서 믿음은 있지만 변개치 않는 신실한 믿음, 즉 부활신앙으로 끝까지 충성할 것(계 2:10)을 요청하는 뜻이 있지요. 이 같은 주님의 말씀에 도마는 어떠한 행동도 없이 곧바로 이렇게 고백합니다. "나의 주님이시요 나의 하나님이시니이다"(요 20:28). 원문에는 완전한 문장이 아니라 '호 퀴리오스 무 카이 호 테오스 무'(Ὁ κύριός μου καὶ ὁ θεός μου)로 되어 있지요. 이는 부활의 주님을 만난 감탄의 외침을 표현한 신앙고백이지요.

그래서 "나의 주님, 나의 하나님!"으로 번역하는 것이 가장 문맥에 맞다고 봅니다. 도마가 회의주의자나 의심 많은 사람이었다면 어떻게 부활하신 주님을 만져 보지도 않고 주님의 말씀 한마디에 곧바로 이 세상에서 가장 위대한 신앙고백을 할 수 있겠습니까! 요한복음의 피날레를 장식한 도마의 이 발언은 인류 역사상 가장 위대한 신앙고백입니다. 이보다 더 위대한 신앙고백은 찾아볼 수 없지요.

"너는 나를 본 고로 믿느냐 보지 못하고 믿는 자들은 복되도다"(요 20:29). 요한복음 20장의 부활 기사는 보지 않고 믿는 자에게 주어지는 복으로 끝납니다. 주후 30년경에는 주님께서 행하신 표적을 보고 예수를 믿는 자가 많았죠. 60년이 지난 주후 90년경 지금은 이 같은 주님의 표적을 볼 수 없고, 이제는 부활 승천하신 보이지 않는 주님을 단지 믿음으로 받아들일 수밖에 없는 것이 현실이되었죠.

그러기에 보지 않고 믿는 자가 복이 있다고 한 것이지요. 도마는 부활체험을 하고 부활신앙을 가졌지만, 이제 부활 승천하셔서 직접 주님을 볼 수 없는 후대의 신앙인들은 제자들의 증언이나 기록된 말씀만으로 부활신앙을 가질 수밖에 없는 그런 상황에서 '보고 믿는 신앙'(표적신앙)을 넘어서 '보지 않고 믿는 신앙'(부활신앙)을 갖는 이들은 더욱 복되다는 그런 말씀입니다.

21장 2절에서 도마를 베드로 다음 자리에 놓은 것도 그가 얼마나 중요한 인물인가를 보여주고자 한 것이지요. 도마는 '의심 많은 제자'가 아니라 '의심 많은 제자들'의 대표로서, 그리고 예수님을 보지 않고 믿어야 할 후대의 신앙인들의 대표로서, 부활하신 주님을 의심하지 말고 도마처럼 "나의 주님, 나의 하나님"으로 고백하는 자들이 되라는 메시지를 주고자 한 것이지요.

따라서 도마는 요한공동체의 대변인(메신저)이자 '최고의 신앙 모델'로 선정된 인물입니다. 그래서 "우리도 주와 함께 죽으러 가자"는 도마의 발언은 요한공동체의 구호적 성격, 즉 "부활의 감격을 안고 십자가 고난의 길로!"라는 의미를 담고 있지요.

까치: 도마에 대한 사도님의 새로운 해석을 들으니 예전에 보았던 드라마의 한 장면이 떠오릅니다. 2009년 가을에 방영된 〈공주의 남자〉라는 TV 드라마가 있었는데, 그 드라마에 이런 대사가 나

옵니다. "정이란 대체 무엇이냐? 세상을 향해 나는 묻습니다. '우리로 하여금 아무런 망설임 없이 삶과 죽음을 서로 허락하는 것', 그것이 바로 정이라고." 무엇이 사랑이고 충성인가요? 아무런 망설임 없이 삶과 죽음을 서로 허락하는 것이 아닌가요. 주군 예수를 향한 일편단심의 사랑과 충성을 도마는 이렇게 고백했죠. "우리도 주와 함께 죽으러 가자." 주군 예수와 운명을 함께하겠다는 제자 도마의 의리가 참으로 아름답고 멋집니다!

요한: 도마를 그렇게 표현한 까치 선생이 멋지시네요.

까치: 그렇게 보아주시니 감사하기도 하고 민망하기도 합니다. 이제 '부활의 복음'을 마칠 시간이 다가왔네요. 더 하실 말씀이 계신가요?

요한: '사람은 무엇으로 사는가?'라는 질문을 받는다면 저는 이렇게 대답하겠습니다. '사람은 감동을 먹고 사는 존재다.' 사람은 감동을 받을 때 새 사람으로 변하고, 감동이 위대한 역사 창조의 원동력이 된다고 말하고 싶습니다. 제가 요한복음을 쓸 수 있었던 것도 주님을 만난 감동으로부터 비롯된 것이지요. 감동을 말할 때 예술 작품이나 스포츠가 먼저 연상이 됩니다.

그런데 신구약성경은 이 세상의 그 무엇과도 비교가 안 되는 '감동의 산물'이죠. 구약성경은 수백 년 동안의 예속에서 해방된 '출애굽의 감동'으로부터 시작된 책이고, 신약성경은 역사상 유례가 없는 죽음을 이긴 '부활의 감동'으로부터 시작된 책입니다.

부활의 감동! 그것을 저는 비가 갠 후 일곱 색깔 빛으로 서쪽 하늘에 걸려 있는 무지개로 비유하고 싶습니다. 땅에서 가장 아름다운 빛이 '다이아몬드 빛'라면, 하늘에서 가장 아름다운 것은 '무지갯빛'일 겁니다. 그 무지갯빛은 일곱 색깔, 즉 '빨주노초파남보'로 나타난다고 해서 '일곱 색깔 무지갯빛'이라는 말을 하지요. 대홍수로 인류를 심판하신 하나님은 인류를 사랑한다는 표시로 가장 아름다운 무지개를 영원한 언약의 징표로 주셨지요.

그런데 일곱 색깔 무지개 광채는 폭풍우와 먹장구름 없이는 생기지 않습니다. 폭풍우와 먹장구름 없이 쌍무지개를 보겠다고 언덕에 오르는 사람이 있다면 그는 어리석은 바보이든지 정신 나간 사람일 겁니다. 마찬가지로 폭풍우와 같은 고난이 밀어닥치고, 먹장구름과 같은 시커먼 죽음의 절망 없이 부활은 결코 오지 않습니다.

우리네 인생에서 폭풍우처럼 생각지 못한 환난과 시련이 닥쳐올 때가 있죠. 먹장구름처럼 앞이 캄캄하고 어찌할 바를 모르는 당황스런 일이 있을 때도 있죠. 그때는 서쪽 하늘을 바라봅시다. 폭풍우와 먹장구름 뒤에 숨어 있는 총천연색의 찬란한 무지개, 찬란한 은빛 광채를 믿음과 소망의 눈으로 보는 사람, 그가 그리스도인입니다.

그런 얘기가 있죠. 제2차 세계대전 중 독일 퀼른 지하 동굴에 이런 글귀가 쓰여 있는 것이 발견되었다고 합니다. "태양이 구름에 가려 빛나지 않을지라도 나는 태양이 있음을 믿습니다. 사랑이라곤 조금도 느껴지지 않을지라도 나는 사랑을 믿습니다. 하나님께서 침묵 속에 계시더라도 나는 하나님을 믿습니다." 히틀러 나치 정권이 수백만의 유대인을 학살하는 천인공노할 만행이 빚어지는 상황 속에서 쓰인 이 글은 많은 이들에게 감동을 주었죠. 어떠한 절망적 상황 속에서도 희망의 끈을 놓아서는 안 된다는 교훈을 웅변적으로 말해 줍니다.

부활의 빛 또한 일곱 색깔 무지갯빛을 띱니다. 첫째, 부활은 어둠을 이긴 '밝음의 빛(빨강색)'입니다. 둘째, 부활은 슬픔을 이긴 '기쁨의 빛(주황색)'입니다. 셋째, 부활은 죽음을 이긴 '생명의 빛(노랑색)'입니다. 넷째, 부활은 절망을 이긴 '소망의 빛(초록색)'입니다. 다섯째, 부활은 패배를 이긴 '승리의 빛(파랑색)'입니다. 여섯째, 부활은 무능을 이긴 '능력의 빛(남색)'입니다. 일곱째, 부활은 수치를 이긴 '영광의 빛(보라색)'입니다. 이것이 '부활의 진리'입니다.

기독교는 '부활의 진리'로 말하는 종교입니다. '부활의 진리'는 불의와 거짓은 반드시 드러나고 의와 진실은 반드시 밝혀진다는 진리입니다. 옮겨놓을 수 없을 정도로 크고 무거운 돌로 무덤을 막아 놓는다고 해서 의와 진실까지 가두어 놓을 수는 없습니다. 로마 군병들이 철통같이 무덤을 지킨다고 해서 거짓과 불의까지 지킬 수는 없습니다. 새봄에 굳은 땅에서 돋아나는 새싹처럼 터져 나오는 진리와 생명의 힘을 그 누가 막을 수 있겠습니까! 밝아오는 새벽을 그 누구도 막을 수 없습니다.

저를 비롯한 주님의 제자들이 모두 십자가를 지고 순교로 그들의 생을 마칠 수 있었던 것은 부활하신 주님을 만나고 그 후 성령강림을 체험한 이후입니다. 즉 부활체험과 성령체험 없이 십자가를 진다는 것은 용이한 일이 아니죠. 그래서 목회자들과 기독교회는 매 주일이 주님이 부활하신 날이기에 부활신앙을 강조해야 하고, 본시 기독교회의 태동이 부활체험과 성령체험에서 비롯되었다는 사실을 강조할 필요성이 있습니다.

제가 속했던 요한공동체, 즉 요한의 교회는 '부활의 비밀을 간직한 공동체(교회)'였죠. 요한공동체는 '부활의 복음'이 함축하고 있는 그 비밀을 가지고 자신들이 당면한 시대적 문제를 해결했을 뿐만 아니라 오고 오는 세대에 기독교회가 지향해야 할 불변의 진리를 전했죠. 부활의 나래를 활짝 펼치기 원하는 모든 이에게 나는 진정으로 기원합니다. "그대에게 부활이 있으라!"

까치: 감사합니다. 오늘은 여기까지 하죠. 수고 많으셨습니다.

요한: 까치 선생도요. 내일 뵙지요. 샬롬.

하나님의 비밀 5

제5부

십자가의 복음: 왕의 고난과 등극

- 파주 오두산 통일전망대에서

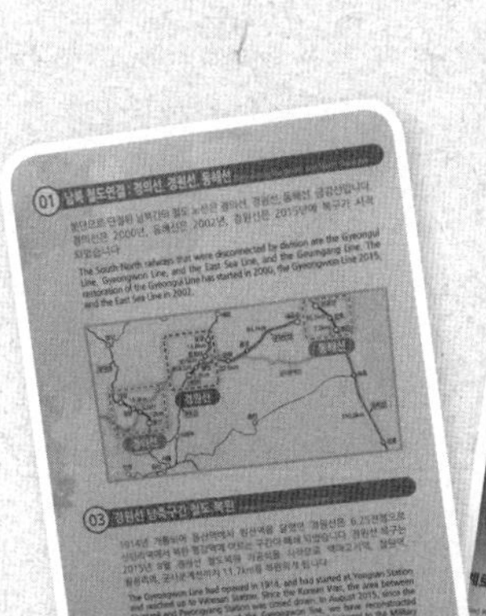

23

통일에 대한 염원

까치: 이곳이 오두산 통일전망대라는 곳입니다. 이곳까지 오시느라 고생 많으셨습니다.

요한: 고생은요? 까치 선생과 이렇게 자동차로 자유로를 신나게 달리며 한국의 산천을 둘러보니 참 좋네요. 그런데 화곡동 까치 선생 댁에서 자동차로 한 시간 거리에 북한과 국경을 맞대고 있다는 사실이 그저 놀랍네요?

까치: 그렇습니다. 이렇게 가까이 있는 저 북한 땅을 70년이 다 되도록 오고 갈 수 없다고 하니 통탄할 노릇이지요.

요한: 까치 선생의 부모님 고향이 북한이라고 들었는데….

까치: 예, 그래서 이곳에 오면 더욱 부모님이 그리워지고, 지금은 두 분 다 세상을 떠나 안 계시지만 부모님 사시던 고향에 가보고 싶은 마음이 간절해지지요. 속히 통일이 와야 할 텐데….

요한: 그 말씀을 들으니 마음이 아프네요. 이곳은 마치 관광지처럼 많은 사람들로 붐비네요.

까치: 그래요. 세계 유일의 분단국이라는 점에서 한국 사람뿐 아니라 외국인들도 많은 관심을 가지고 이곳을 찾지요.

요한: 그런데 저 앞에 있는 동상은 어느 분을 기리는 동상입니까?

까치: 고당(古堂) 조만식 선생(1883-1950)이라는 분의 동상입니다. 고당 선생은 지난 세기 한민족의 역사와 깊은 연관을 갖고 있는 분이시라 소상히 설명을 드리고자 합니다. 선생은 서구 열강들이 한반도를 침탈하고자 열을 올리던 구한말인 1883년에 지금의 북한 땅인 평양에서 태어났지요. 숭실중학교 재학 시절 민족주의자 도산(島山) 안창호 선생(1878-1938)으로부터 깊은 감명을 받고 자랐지요.

중학 졸업 후인 1908년 6월 일본으로 유학을 떠나 그곳에서 마하트마 간디(1869-1948)의 무저항주의와 민족주의 사상을 배워 이를 평생 실천하기로 결심합니다. 친구 한정교에 의해 22세 때 기독교인이 되었지요. 이는 그의 생애에서 결정적인 전환점이 된 사건이지요. 1913년 메이지 대학 법학부를 졸업하고 남강(南岡) 이승훈 선생(1864-1930)의 초빙으로 정주 오산학교 교사로 취임하여 1915년에 교장이 됩니다. 그러나 1919년 3·1 만세운동이 일어나자 중국 상해로 망명하려다가 체포되어 평양에서 1년간 옥고를 치릅니다.

그 후 선생은 1921년부터 평양 YMCA 총무로 취임하여 1932년까지 봉직합니다. 이 기간이 선생의 생애 중 가장 활발하게 사회운동을 전개하던 시절입니다. 1921년부터 2년 동안 숭실전문학교 강사로 봉직했고, 1922년 산정현교회의 장로가 됩니다. 그해 오윤선 장로 등과 함께 '조선물산장려회'를 조직합니다. 이 조직은 3·1 만세 운동 이후 민족운동의 새로운 방향을 제기해 준 대표적인 사회운동이지요. 금주, 금연 운동을 포함한 절제운동, 국산품장려운동으로 구체적인 실천강령을 확립하여 민족자본육성에 크게 기여하지요. 이때 선생이 작사 작곡한 '물산장려가'는 전국에 불렸고, 스스로 말총모자와 편리화 및 개량 한복을 입으며 국산품 애용을 호소하여 민족자본에 크게 기여했는데, 이때부터 선생은 '조선의 간디'로 불립니다.

1932년부터는 민족 언론지 육성에 주력하여 〈조선일보〉 발전에 기여했으며, 1936년에는 마산으로 내려가 오산학교 제자인 주기철 목사님(1897-1944)을 산정현교회로 청빙하기도 했지요. 1937년 이후 선생의 사회활동은 일제에 의해 제동이 걸려 많은 제약을 받다가 1944년 주기철 목사님이 신사참배를 끝까지 거부하다 순교하자 1945년 봄 고향으로 내려가 있다가 그곳에서 해방을 맞이합니다.

해방 이후 선생의 생애는 또 한 번의 전환점을 맞이합니다. 평양으로 나오신 선생은 조선건국준비위원회(약칭 '건준')에 참여하며 민족 정부수립을 위한 작업에 착수합니다. 그러나 곧이어 평양에 진주한 소련군의 방해공작으로 인해 많은 어려움을 겪게 됩니다. 민족주의자들이 주동이 된 '조선민주당'을 창당했으나 1945년 12월 28일 모스크바 삼상회의가 한국의 신탁통치를 가결하자 이에 반대하는 민주주의 진영과 이를 찬성하는 공산주의 진영이 나뉘는 결과를 가져옵니다. 이때 소련군의 사주를 받은 김일성이 신탁통치를 지지할 것을 요구했으나 끝까지 거부하자 선생을 친일파, 반민족주의자로 매도하였고, 이로 인해 결국 조선민주당은 해체되는 비운을 맞습니다.

  1946년 1월 5일 회담 이후 평양 고려호텔에 감금된 선생은 그를 구출하려는 청년들과 그를 방문한 미군청의 브라운에게 "나는 북한 일천만 동포와 운명을 같이하기로 결심하였소"라는 말로 월남을 거부한 채 외로운 투쟁을 계속합니다. 그 후 선생은 북한 치하에서 갖은 고초를 당하시다가 1950년 한국동란 중 후퇴하는 공산군에 의해 피살되었다고 합니다만 선생의 별세에 대해서는 그 누구도 자세히 알지 못합니다.

  고당 선생의 생애는 한마디로 애국애족이었고, 조국의 해방과 통일을 위해 십자가를 지신 한 생애였지요. 제가 고당 선생에 대해 이렇게 길게 설명하는 것은 역사를 잊은 민족은 미래가 없고 다시 소생할 수 없다는 생각에서입니다.

  요한: 고당 선생에 대한 까치 선생의 말씀을 들으니 감동과 더불어 설움이 교차되는 느낌이 드네요.

  까치: 사도님! 망원경으로 저 북녘 땅을 보십시오. 며칠 새 내린 흰 눈으로 북녘의 산하는 설경의 장관을 연출하고 있지요. 하지만 저 북한 인민들은 이 세상에서 가장 비참한 지옥의 삶을 살아가고 있지요.

  요한: 그 말씀을 들으니 가슴이 아프네요. 저기 희미하게 사람들이 움직이는 것이 보이네요. 그런데 저기도 사람 사는 세상인데 왜 저렇게 회색빛인지요?

  까치: 그렇습니다. 저 모습이 오늘의 북한의 현주소입니다. 철의 장막 속에 갇혀 모든 자유를 빼앗기고 신음하는 내 겨레, 내 동포가 심히 불쌍합니다. 저 북녘의 현실은 말로 표현할 수 없을 만큼 참

혹합니다. 한때는 평양을 '한국의 예루살렘'이라고도 했지요. 그런데 공산주의자들로 인해 기독교는 말살을 당했죠. 지금도 숨어서 예배를 드리는 지하 성도가 있기는 하지만 발각되면 그것으로 인생은 끝장입니다.

김일성 주체사상 속에서 인민들은 숨도 제대로 못 쉬고 죽은 듯이 살아가고 있지요. 땅은 하늘의 저주를 받아 황폐해졌고, 수백만의 인민들이 기아선상에서 헤매다가 죽어갔지요. 더 이상 견딜 수 없어 중국으로 탈북하는 사람들이 부지기수입니다. 탈북하다 잡히면 총살을 당하거나 강제수용소에 끌려가 죽도록 고생을 하다가 죽습니다. 말 그대로 생지옥이 따로 없지요.

요한: 탈북자들이 많다는 얘긴 들었지만 그 심각성을 잘 몰랐습니다. 까치 선생의 말씀을 들으니 한국의 분단 현실이 생생하게 느껴지네요.

까치: 일제로부터 해방된 감격도 잠시뿐 곧이어 전 세계가 자본주의와 공산주의로 양분되어 이데올로기 전쟁을 벌였는데, 바로 한반도가 그 희생양이 된 것이지요. 1950년 한국전쟁은 민족상잔의 비극이었죠. 같은 민족이 서로 원수가 되어 총부리를 맞대고 죽고 죽이는 살상을 자행했습니다. 이 전쟁으로 수백만의 사람들이 죽거나 부상을 입었고, 1천만의 이산가족이 생겨났지요. 삼팔선은 휴전선으로 바뀌었을 뿐 여전히 남북은 분단의 멍에를 짊어진 채 살아가고 있지요.

오늘 우리 남한사회에서 벌어지고 있는 끝없는 대립과 갈등의 근저에는 분단 현실이라는 주요 모순이 깊이 자리하고 있지요. 제가 심히 염려하는 것은 그 옛날 이스라엘 민족이 남북으로 분열되어 증오와 반목의 역사를 이어오다가 끝내는 두 왕국 모두 망한 역사가 있는데, 우리 민족이 그 전철을 밟지는 않을까 하는 것이죠.

요한: 오늘 한반도의 분단 현실을 제 조국 이스라엘 역사와 비교하여 말씀하시니 제 마음이 찡하네요.

까치: 에스겔 37장(15-23절)을 보면 선지자 에스겔이 남왕국 유다와 북왕국 이스라엘의 통일을 두 막대기를 연합하여 하나가 되게 하는 상징적 행동을 통해 말씀하고 있는 것을 볼 수 있는데요. 그 말씀이 우리 한민족에게 하시는 말씀처럼 들립니다.

요한: 선지자 에스겔의 말씀이 한민족에게 이루어지길 소망합니다.

까치: 감사합니다. 지난번 사도께서 주후 1세기 메시아가 팔레스타인 땅에 오신 것은 그 땅이 가장 억압과 질곡이 심한 땅이기 때문이라고 하셨지요. 그러시면서 지금 메시아가 오신다면 아마 북한 땅에 오실 것이라고 하신 말씀은 조금도 과장이 아니지요. 인민들은 그 땅에서 도저히 살 수 없어 조국을 버리고 떠나는 탈북자들이 넘쳐나는데, 김정은 정권은 오늘도 핵실험을 하면서 전쟁에 광분하고 있지요. 이런 현실을 어떻게 이해해야 할지 모르겠네요. 우리 민족이 저지른 죄악이 커서 이러한 수난을 당하는 것인지, 아니면 주변 열강들에 의해 우리 민족이 대신 수난을 당하고 있는 건지….

요한: 이런 말씀을 드려 죄송합니다만 이해할 수 없는 이 현실에도 하나님의 깊은 뜻이 있겠지요. 다만 이 민족이 더욱 각성해야 하고, 특히 한국교회가 이러한 현실 앞에 회개하며 바로 서는 전화위복의 계기가 되었으면 하네요.

까치: 얼마 전 제가 어떤 책을 통해 알게 된 내용이 있습니다. 탈북자들이 성경을 배우고 전도와 설교훈련을 받고는 "북한 선교는 우리가 책임을 진다"라고 하면서, 순교를 각오하며 북한 땅으로 숨어들어가 선교한다는 얘기입니다. 그 얘기를 읽으면서 복이나 더 받으려고 하고, 좀 더 편하게 신앙생활을 하려고 하는 우리 남한 성도들의 신앙이 얼마나 사치스럽고 초라한지 부끄러워 견딜 수가 없었습니다. 오늘 제가 사도님을 이곳 통일전망대로 모신 것은 민족통일에 대한 염원을 안고 각오를 새롭게 하기 위함에서지요.

요한: 그 말씀을 들으니 제가 더욱 사명감을 갖게 되네요.

까치: 오늘 사도님과 '십자가의 복음'에 대해 말씀을 나누고자 합니다. 말씀을 나누는 중에 허리가 잘린 한반도의 분단 현실을 통해 이 민족이 '세계사적 고난을 짊어진 십자가의 민족'임을 각성하는 계기가 되었으면 합니다.

요한: 그 바람이 꼭 이루어지기를 소원합니다.

24

보는 것의 중요성

까치: 오늘 '십자가의 복음'에 대해 말씀을 나누면서, 먼저 사도님께 한 가지 확인하고 싶은 것이 있어 질문을 드립니다. 한국 격언에 '백문불여일견'(百聞不如一見)이라는 말이 있지요. '백 번 듣는 것이 한 번 보는 것보다 못하다'는 말이지요. 주님이 십자가를 지실 때 주님을 배신하여 다 도망가고, 죽는 것이 두려워 숨기에 바빴던 제자들이 주님을 위해 감옥에 가고 죽는 것조차 조금도 두려워하지 않은 것은 십자가를 보았고, 부활을 보았고, 보혜사 성령이 임하시는 것을 보았기 때문으로 생각합니다. 이에 대한 사도님의 생각은 어떠신지요?

요한: 예, 맞습니다. 바울 사도께서 "우리가 믿음으로 행하고 보는 것으로 행하지 아니함이로라"(고후 5:7)고 말씀하셨고, 또한 "믿음은 들음에서 나며 들음은 그리스도의 말씀으로 말미암았느니라"

(롬 10:17)고 말씀하셨죠. 우리의 믿음이 들음에서 나는 것이 맞습니다. 그런데 그 믿음이 확실한 믿음이 되려면 보는 체험이 있어야 합니다. 보지 않고는 확실한 지식이나 믿음에 도달할 수 없죠.

로버트 카파(R. Capa, 1913-1954)라는 종군기자는 이런 말을 했지요. "당신이 찍은 사진이 충분히 만족스럽지 못하다면 그것은 충분히 가까이 가지 않았기 때문이다." 외람된 얘기지만 요한복음이 바울 서신이나 공관복음과 차별화된다면 그것은 제가 예수님의 최측근 제자로서 가까이에서 예수님으로부터 보고 들은 체험에서 비롯된 것이죠.

까치: 그러면 사도님은 예수님을 통해서 무엇을 보았는지요?

요한: 저는 예수님에게서 '하나님'을 보았습니다. 제가 요한복음을 쓰고 진정으로 들려주고 싶었던 메시지의 핵심이 바로 이것입니다. 저는 '신앙이란 예수님을 보고서 하나님을 믿는 것이다'(요 14:9)라고 말씀드리고 싶습니다. 그래서 저는 믿는 것과 관련된 '보다' 또는 '보라'라는 어휘를 그렇게 강조하는 것이죠. 제가 요한복음에서 '믿다' 어휘를 동사로만 98회 사용하고 있는데, 공관복음과 비교하면 큰 차이가 있죠(마 11회, 막 14회, 눅 9회).

그런데 그 믿음의 대상이 14장 1절을 제외하면 모두 예수님으로 되어 있지요. 더욱 중요한 것은 '보다' 어휘를 114구절에서, '알다' 어휘를 141구절에서 쓰고 있다는 점이지요. 이는 무엇을 말하는고 하니 '믿는 것'은 곧 '보는 것'이요, '보는 것'은 곧 '아는 것'이라는 얘기지요. '보다'와 '알다'는 거의 동의어로 사용하였지요.

빌립 사도께서 "주여 아버지를 우리에게 보여주옵소서 그리하면 족하겠나이다"(요 14:8)라고 말했을 때 주님께서 이렇게 대답하셨죠. "빌립아 내가 이렇게 오래 너희와 함께 있으되 네가 나를 알지 못하느냐 나를 본 자는 아버지를 보았거늘 어찌하여 아버지를 보이라 하느냐/ 내가 아버지 안에 거하고 아버지께서 내 안에 계심을 믿으라 그렇지 못하겠거든 행하는 그 일로 말미암아 나를 믿으라"(요 14:9, 11). 참으로 놀랍고 충격적인 선언입니다.

예수 이전까지는 하나님께서 하신 '말씀을 듣는 것'으로 하나님을 믿었죠. 그런데 이제는 '예수님을 보는 것'으로 하나님을 믿으라는 겁니다. 왜냐하면 예수님은 하나님 안에 계신 분이고, 하나님은 예수님 안에 계시는 분이기에 예수님은 곧 '보이는 하나님'이시기 때문이라는 겁니다. 그럼에도 못 믿겠다면 주님께서 지금까지 행하신 수많은 표적, 특히 앞으로 보여주실 최대의 표적인 십자가와 부활의 표적을 보고 예수께서 곧 하나님이심을 믿으라고 충격적인 폭탄선언을 하고 계신 겁니다.

바울 사도께서 다메섹 도상에서 부활하신 주님을 체험하기 전까지는 기독교 신앙에 입문하지 못했지요. 부활을 체험한 후에 회심과 개종에 이르게 되었고, 십자가의 의미를 깨닫게 된 것이죠. 그런데 죄송한 얘기지만 바울 사도께서는 예수님의 직접 제자가 아니었기 때문에 그분이 살아생전에 하신 모든 말씀과 행동들을 직접 목격하지 못했지요. 그래서 주님의 생애를 그린 사복음서와 같은 책을 쓰기에는 한계가 있었던 것이죠. 그만큼 본다는 것이 중요하죠.

주님께서 저를 포함한 열두 제자들을 빌립보 가이사랴 지방으로 데리고 가서는 "인자가 많은 고난을 받고 장로들과 대제사장들과 서기관들에게 버린 바 되어 죽임을 당하고 사흘 만에 살아나야 할 것"(막 8:31)을 그때 비로소 가르치셨지만 제자들은 도대체 그 말씀을 무슨 뜻으로 하시는지 몰랐지요. 메시아로 오신 이가 로마제국을 몰아내고 다윗 왕처럼 권좌에 앉아 통치하는 것이 아니라 유대 종교지도자들에게 잡혀 죽는다는 것은 웬 말이며, 사흘 만에 다시 살아나신다는 것은 또 웬 말인지를 도무지 이해할 수 없었죠. 그런 말은 들어본 적도 없고 본 적도 없기 때문이지요.

또한 "내가 살아난 후에 너희보다 먼저 갈릴리로 가리라"(막 14:28) 하신 말씀도 그 당시에는 무슨 뜻인지 전혀 알 수가 없었지요. 게다가 "내가 너희에게 실상을 말하노니 내가 떠나가는 것이 너희에게 유익이라 내가 떠나가지 아니하면 보혜사가 너희에게로 오시지 아니할 것이요 가면 내가 그를 너희에게 보내리니"(요 16:7)라는 말씀도 마찬가지였지요.

그런데 말씀하신 대로 주님께서 아무 힘없는 자처럼 무기력하게 유대 종교지도자들에게 체포되어 십자가에서 피를 철철 흘리시며 죽어가셨죠. 그 모습은 우리가 생각한 메시아상과는 너무나도 다르기에 모든 제자들은 말할 수 없는 절망에 빠졌지요. 모든 제자들이 '내 청춘을 돌려달라'고 외치고 싶었고, '이제 내 인생은 종쳤다'고 생각했지요. 그래서 다 절망 가운데 주님을 부인하고 배신하고 뿔뿔이 흩어지고 두려워 숨어 버렸지요.

그런데 말씀하신 대로 거짓말처럼 사흘 만에 다시 살아나셔서 우리 앞에 나타나신 겁니다. 그러더니 얼마 후에는 갈릴리 바닷가에도 나타나셨지요. 그러고는 또다시 말씀하신 대로 우리 보는 앞에서 승천하신 겁니다. 도무지 종잡을 수가 없었지요. 그런데 '보혜사 성령을 보내겠다'고 약속하신 말씀대로 승천하시고 10일이 지난 오순절에 정말 우리가 모인 다락방에 성령이 태풍처럼 강력하게 임하는 현장을 목격했지요.

우리는 3년 동안 주님을 따라다니며 그분이 하시는 말씀을 들었을 뿐 아니라 그분이 하신 말씀대로 이루어진 현장을 친히 목격한 것이지요. 이제 더 이상의 말이 필요 없었지요. 사도행전 4장 20절을 보면 "우리는 보고 들은 것을 말하지 아니할 수 없다"는 말씀이 있습니다. 그 말씀대로 우리가 '십자가-부활-성령 강림의 증인'이 되었던 것은 이 모든 사실을 확실히 보았고 들었기 때문이지요.

까치: 죽음도 불사하는 불멸의 신앙이 듣는 것을 넘어 직접 보았기 때문이라는 사도님의 말씀이 절절하게 느껴지네요. 꽤 오래된 영화인데, 〈패션 오브 크라이스트〉(Passion of Christ)라는 영화가 있습니다. 그리스도의 수난을 너무나도 사실적으로 리얼하게 처리한 장면에 큰 감동을 받았는데요. 이 영화 속에 보면 한 젊은이가 고난당하시는 주님을 따라가며 한순간도 놓치지 않으려는 듯이 뚫어지게 쳐다보는 장면이 나옵니다. 저는 그 젊은이가 요한 사도라고 생각했습니다. 맞나요?

요한: 예, 맞습니다.

까치: 수난의 전 과정을 마치 뇌 속에 완전히 담아 두려는 듯이 그렇게 뚫어지게 쳐다본 이유는 무엇인가요?

요한: 그 장면이 까치 선생께 꽤나 인상적이었던 모양입니다. 지금 생각하면 부끄럽기 그지없는 모습이지요. 실은 회의와 의심 가득한 눈으로 그 모든 과정을 지켜보았던 것이지요. 채찍에 맞아 피를 철철 흘리며 개처럼 끌려가는 저분이 과연 내가 3년씩이나 따라다니며 그토록 사모하고 고대하던 메시아가 맞는지 깊은 회의가

들었던 것이죠. 저만이 아니라 함께 주님과 3년씩이나 동고동락했던 다른 제자들도 저와 별 다를 바가 없었죠. 저희들이 직업을 버리고 부모 처자식들과 헤어지면서까지 그분을 따르기로 한 것은 로마제국으로부터 이스라엘을 해방시켜 줄 다윗 왕과 같은 강력하고 힘 있는 메시아를 고대했기 때문이죠.

그런데 저희들 기대와는 정반대로 주님께서 무기력하게 체포되고 모진 고문을 당하면서 끌려가 십자가 형틀에 처참하게 죽는 모습을 보면서 '이건 아닌데' 하는 생각이 든 것은 당연하지요. 그래서 실망하여 주님을 버리고 다 도망간 것이죠. 가룟 유다의 경우는 도무지 이해할 수 없는 그동안의 주님의 언행을 보면서 실망한 나머지 아예 주님을 팔아넘기기까지 한 것이죠.

그런데 주님으로부터 특별한 사랑을 받은 저로서는 그런 가운데서도 도대체 왜 주님께서 이 같은 길을 선택하셨는지에 대해 실로 궁금하기 짝이 없었죠. 그래서 그분이 가시는 그 길을 끝까지 따라가며 마치 사진을 찍듯 그 전 과정을 머릿속에 입력했던 것이죠. 솔직히 그때는 정말 주님이 야속하기도 하고, 주님이 당하시는 그 일이 내게도 미칠까봐 잔뜩 두려움에 사로잡히기도 했지요.

그때는 '영적인 눈'(靈眼)이 열리지 않아 주님의 그 같은 행동을 전혀 이해할 수 없었지요. 주님께서 예루살렘을 향해 가신 것은 '사역을 위해서'가 아니라 십자가에 달려 '죽기 위해서'였지요. 그런데 저희들은 그토록 고대하던 다윗의 나라가 이제 곧 오겠구나 하는 부푼 기대를 안고 예루살렘으로 향했지요. 그야말로 동상이몽(同床異夢)이었던 것이죠. 주님은 지금 예루살렘으로 죽으러 가시는데, 저의 형제는 그 길목에서 제 어머니께 "주의 나라에서 하나는 우편에, 하나는 좌편에 앉게 해주십시오"라고 주님께 부탁을 올려 달라고 했으니(마 20:20-21), 아! 몰라도 이렇게 모를 수가…. 지금 생각하면 부끄러워 얼굴을 들 수가 없네요.

까치: 이미 구약성경 이사야의 예언에 보면 '여호와의 고난받는 종의 노래'(사 52:13-53:12)라고 해서 메시아가 대속의 양처럼 고난을 당하고 죽을 것이라고 분명히 기록되어 있는데, 왜 고난받고 죽어가는 예수님에게서 그것을 보지 못했을까요?

요한: '사람은 자기가 보고 싶은 것만 본다'는 말이 있잖아요. 저희들도 마찬가지였죠. 이미 구약성경에 그렇게도 명백하게 수난의 메시아를 밝히 말씀하고 있었음에도 불구하고, 성경이 말하는 메시아가 아니라 우리가 원하는 메시아를 기다리고 있었던 것이죠. "존귀하나 깨닫지 못하는 사람은 멸망하는 짐승 같도다"(시 49:20)라는 말씀처럼 멀쩡한 눈을 갖고도 예수님을 메시아(그리스도)로 보지 못하는 어리석음에 빠진 것이지요.

25

십자가의 역설: 대반전 드라마

까치: '십자가의 복음'을 말할 때 먼저 바울 사도가 생각납니다. 바울 사도의 십자가 이해에 대한 사도님의 생각은 어떠신가요?

요한: 우선 바울 사도는 처음에는 '십자가'에 대해 매우 부정적인 생각을 갖고 있었죠. 구약성경을 보면 "나무에 달린 자는 하나님께 저주를 받았음이니라"(신 21:23)라는 말씀이 있죠. 그 말씀에 의거하여 바리새파 유대교인이었던 바울 사도께서는 처음에 예수님을 하나님께 저주를 받아 십자가에 달려 죽은 극악무도한 죄인으로 생각했죠.

그런데 그리스도인들이라는 자들이 그런 예수를 메시아라고 떠들고 다니는 것을 볼 때 도저히 납득할 수 없었죠. 그들이야말로 이단에 깊이 빠진 미친놈들이라고 보았던 것이죠. 그래서 유대교를 지켜야 한다는 사명감을 갖고 그리스도인들을 박멸하고자 나섰던 것이죠.

그런데 다메섹 도상에서 부활하신 예수께서 그에게 나타나 "사울아 사울아 네가 어찌하여 나를 박해하느냐? 나는 네가 박해하는 예수라"라는 말씀을 들은 뒤(행 9:4-5) 하늘로부터 오는 강렬한 빛에 그만 소경이 되었죠. 그러다가 주의 제자인 아나니아로부터 안수를 받은 후 그 즉시 그의 눈에서 비늘 같은 것이 벗겨졌죠(행 9:18). 눈이 열리자 이전에 가졌던 십자가에 대한 생각은 180도 달라졌고, 십자가에 달려 죽은 예수께서 구약성경에서 예언한 메시아임을 새롭게 깨닫게 되었죠. 저는 바울 사도께서 오랜 세월 복음을 전하며 십자가를 깊이 묵상하는 가운데 점점 십자가에 대해 깊은 의미에 도달했다고 생각됩니다. 이를 두 단계로 나누어 살펴보도록 하죠.

첫 단계는 초기 서신에 해당하는 갈라디아서에 나타난 십자가 이해입니다. 여기서 바울 사도께서는 '다른 복음'과 '그리스도의 복음'을 대조시키면서 "우리가 너희에게 전한 복음 외에 다른 복음을 전하면 저주를 받을지어다"(갈 1:8)라며 독설을 퍼붓고 있지요. 여기서 다른 복음이란 '십자가의 복음'이 아닌 '유대교의 율법을 행함으로 의롭게(구원을 얻게) 된다'고 주장하는 그릇된 가르침을 말합니다. 몇 구절을 예로 들어보죠. "내가 하나님의 은혜를 폐하지 아니하노니 만일 의롭게 되는 것이 율법으로 말미암으면 그리스도께서 헛되이 죽으셨느니라"(갈 2:21)는 말씀에서 우리는 만일 율법으로 '의롭게'(구원을 얻게) 된다면 '그리스도의 죽음'(십자가)은 '헛된 죽음'(무효)이 되기에 그런 주장은 결코 받아들일 수 없다는 겁니다.

"어리석도다 갈라디아 사람들아 예수 그리스도께서 십자가에 못 박히신 것이 너희 눈 앞에 밝히 보이거늘 누가 너희를 꾀더냐"

(갈 3:1). 십자가의 복음이 아닌 다른 복음에 빠진 갈라디아 교인들을 어리석은 교인이라고 말하면서 계속해서 이같이 말합니다. "그리스도께서 우리를 위하여 저주를 받은 바 되사 율법의 저주에서 우리를 속량하셨으니 기록된 바 나무에 달린 자마다 저주 아래에 있는 자라 하였음이라"(갈 3:13). 즉 십자가는 율법의 저주 아래 있는 인간을 속량하기 위한 하나님의 은혜의 행위라는 것을 말씀하고 있지요.

또한 갈라디아서를 끝맺는 부분(갈 6:11-18)에서는 '할례와 그리스도의 십자가'를 대비시켜 억지로 할례를 받게 하는 다른 복음을 주장하는 자들의 꼬임에 넘어가지 말고, 그리스도의 십자가로 말미암은 박해를 당당히 받을 것을 역설하고 있음을 보게 됩니다. 그러면서 이 같은 결의에 찬 말씀을 토로합니다. "그러나 내게는 우리 주 예수 그리스도의 십자가 외에 결코 자랑할 것이 없으니 그리스도로 말미암아 세상이 나를 대하여 십자가에 못 박히고 내가 또한 세상에 대하여 그러하니라"(갈 6:14).

까치: 다른 복음을 주장하는 자들도 그리스도인들인데, 왜 그들은 그리스도를 믿으면서도 십자가로 만족하지 못하고, 기를 쓰며 이방 그리스도인들에게 할례와 같은 율법을 지킬 것을 계속 강요했던 걸까요?

요한: 그것은 이방인보다 먼저 율법을 받은 선민이라는 것을 내세워 자신들의 기득권을 지키고자 하는 못된 심보에서 비롯된 것이죠.

까치: 같은 유대인으로서 사도께서 그렇게 말씀하시니 묘한 느낌을 받네요. 그럼 십자가 이해에 대한 두 번째 단계를 말씀해 주

세요.

요한: 우리는 바울 사도의 십자가에 대한 보다 깊은 이해를 제2차 전도여행 중에 고린도 교회에 보낸 첫째 편지에서 엿볼 수 있지요. 이 편지의 첫 두 장에서 바울 사도는 십자가에 대한 말씀을 하고 있는데, 이해를 돕기 위해 그 같은 말씀이 나오게 된 배경을 살펴보는 것이 중요합니다. 사도행전 18장 1절을 보면 이런 말씀이 나옵니다. "그 후에 바울이 아덴을 떠나 고린도에 이르러." 그러니까 바울 사도께서 고린도에 오기 전 아테네에 머물며 복음을 전했다는 겁니다. 바울 사도로서는 헬라철학의 중심지인 아테네에 들어가 자신이 가진 온갖 지식을 총동원해서 그들에게 복음을 전했습니다.

그런데 그 전도의 성패 여부에 관계없이 고린도에 와서 아테네에서 행한 자신의 전도방식에 대해 반성하는 중에 깊은 깨달음이 오게 되었던 겁니다. 그래서 이제는 복음을 전할 때에 말의 지혜로 하지 아니하겠다고 굳게 결심합니다. 그 까닭은 '그리스도의 십자가를 헛되지 않게 하려고 함'(고전 1:17)이라고 분명히 밝히고 있지요. 더 나아가 이렇게 표현합니다. "내가 너희 중에서 예수 그리스도와 그가 십자가에 못 박힌 것 외에는 아무것도 알지 아니하기로 작정하였음이라"(고전 2:2).

헬라철학의 본산지인 아테네를 지나 헬라의 도시 고린도에 온 바울 사도께서는 십자가는 이 세상의 모든 논리와 지혜를 반전(대역전)시키는 하나님의 가장 심오한 비밀임을 깨닫게 됩니다. 그러면서 그리스도의 십자가를 '하나님의 능력'과 '하나님의 지혜'로 풀어갑니다. 로마서 1장 16절에 고백하고 있듯이 '십자가'의 참된 의미를 알기 전까지는 십자가는 부끄러운 것 곧 저주와 실패와 고통과 수치와 멸망, 그리고 무능과 미련의 상징이었죠.

그러나 십자가의 참된 의미를 깨닫고 난 이후에는 대반전이 일어났죠. 이제 십자가는 축복과 승리와 기쁨과 영광과 구원, 특히 능력과 지혜의 상징으로 대역전됩니다. 따라서 '십자가의 도(말씀, 복음)'가 멸망 받을 자들에게는 무능과 미련의 상징일지 모르나 모든 믿는 자에게는 구원을 주시는 '하나님의 능력'일 뿐 아니라 그 속에는 세상 지혜를 초월하는 '하나님의 지혜'가 숨어 있는 '최고의 역설(逆說)'이라는 겁니다(고전 1:18-21).

고린도전서 1장 22절 이하에 보면, 유대인들은 표적을 구하고 헬라인들은 지혜를 찾는다고 했습니다. 로마제국처럼 능력(힘)을 최고의 덕목으로 삼는 유대인들은 표적, 즉 메시아적 능력을 구하였고, 지혜를 최고의 덕목으로 삼는 헬라인들은 인간적(세상적)인 지혜를 찾았죠. 그런데 그리스도인들은 '십자가에 못 박힌 그리스도'를 최대의 덕목으로 삼아 이를 복음으로 전합니다. 이것은 멸망하는 자들 곧 유대인이 볼 때는 초라하기 그지없는 무능한 것이요, 헬라인이 볼 때는 어리석기 그지없는 미련한 것으로 보일지도 모릅니다.

그러나 구원을 받은, 곧 하나님의 부르심을 받은 그리스도인들에게 '십자가에 못 박힌 그리스도'는 만민, 곧 유대인이나 헬라인에게 하나님의 능력이요 하나님의 지혜인데, 그 까닭은 십자가는 인간의 능력을 초월하는 하나님의 능력이고, 인간의 지혜를 초월하는 하나님의 지혜이기 때문이라는 겁니다.

그러기에 하나님의 어리석음으로 보이는 십자가는 사람의 지혜보다 지혜롭고, 하나님의 약하심으로 보이는 십자가는 사람의 강

함보다 강하다는 겁니다. 그러면서 하나님께서 세상의 미련한 것과 약한 것과 천한 것들을 택하사 그리스도인 삼으신 것은 지혜 있는 자와 강한 자와 많은 것을 가진 자들을 부끄럽게 하고, 그 누구도 하나님 앞에서 자랑하지 못하도록 하기 위함이라고 역설합니다(고전 1:26-31). 바울 사도께서 지혜를 최고 덕목으로 삼는 고린도 교회의 헬라인들을 향해 십자가에 감춰진 하나님의 지혜의 비밀을 토로합니다. 십자가의 비밀을 가장 잘 묘사한 대목을 그대로 옮겨 봅니다.

"그러나 우리가 온전한 자들 중에서는 지혜를 말하노니 이는 이 세상의 지혜가 아니요 또 이 세상에서 없어질 통치자들의 지혜도 아니요/ 오직 은밀한 가운데 있는 하나님의 지혜를 말하는 것으로서 곧 감추었던 것인데 하나님이 우리의 영광을 위하여 만세 전에 미리 정하신 것이라/ 이 지혜는 이 세대의 통치자들이 한 사람도 알지 못하였나니 만일 알았더라면 영광의 주를 십자가에 못 박지 아니하였으리라/ 기록된 바 하나님이 자기를 사랑하는 자들을 위하여 예비하신 모든 것은 눈으로 보지 못하고 귀로 듣지 못하고 마음으로 생각하지도 못하였다 함과 같으니라/ 오직 하나님이 성령으로 이것을 우리에게 보이셨으니 성령은 모든 것 곧 하나님의 깊은 것까지도 통달하시느니라"(고전 2:6-10).

이 말씀을 쉽게 풀이하면 이렇습니다. 영원히 멸망 받을 자들 곧 하나님이 보내신 메시아(그리스도)를 믿지 않고 거부하는 자들에게 하나님이 인간구원 방법으로 '십자가 처형'이라는 최악의 방법을 사용한 것은 심히 어리석은 바보 같은 짓으로 보일지 모릅니다. 그러나 인간 구원의 방식으로 십자가 처형 방식을 선택한 것은 하나님께서 만세 전부터 인간을 구원하기 위한 방식으로 철저히 은밀하게 비밀로 감추어 두었던 하나님의 최고 지혜에 속하는 것이라는 겁니다.

십자가는 이 세상의 지혜, 특히 가장 지혜롭다고 하는 통치자들의 지혜로도 알지 못하는 철저히 감춰진 하나님의 비밀이었죠. 만일 세상 통치자들이 이 감춰진 하나님의 비밀을 알았다면 영광의 주 되시는 예수님을 죽이되 십자가에 달아 죽이는 그러한 어리석은 처형 방식을 사용하지도 않았을 겁니다. 예수님이 영광의 주 되심을 몰랐고, 자기 아들을 십자가에 내어주시는 하나님의 인간구원 방식을 몰랐기 때문에 그런 짓을 자행했다는 겁니다.

'십자가의 복음'은 그 당시로서는 이 세상 그 누구도 모르는 하나님의 완벽한 비밀이었죠. 예수님의 생애는 '하나님 나라의 복음을 선포하라'는 하나님의 뜻에 100% 자발적 순종을 보여주신 생애였고, 그 마지막은 십자가의 절대순종을 통해 하나님 나라를 완벽하게 설치한 생애였지요. 아버지 하나님은 '십자가에 감춰진 하나님의 인간구원 비밀'을 아무도 모르게 은밀하게 아들 예수님을 통해 구현하신 겁니다.

그런데 저를 비롯한 모든 제자들이 이 사실을 몰랐죠. 알았다면 그렇게 행동하지 않았을 겁니다. 가룟 유다도 몰랐고, 베드로 사도도 몰랐고, 대제사장 가야바도 몰랐고, 서기관이나 바리새인들도 몰랐고, 로마총독 빌라도도 몰랐고, 심지어 사탄조차도 몰랐죠. 하나님은 악을 단번에 패배시킬 방법으로 악의 세력들이 '최악의 짓'(십자가 처형)을 행하게 내버려 둠으로써 악을 패배시키는 역설적 방식을 선택하신 겁니다. 그러고는 예수 부활로써 십자가에 감춰진 하나님의 지혜를 확증해 보이신 겁니다.

따라서 사탄은 예수님을 십자가에 못 박았을 때 자신이 영원히 승리했다고 자축했으나 그것은 삼일천하로 끝났죠. 예수께서 3일 만에 부활하심으로 사탄은 영원히 패배했고, 가장 잔인하게 죽이기 위해 택한 십자가 처형방식은 가장 지혜로운 방식이 아니라 가장 어리석은 사탄의 최대 실수였음이 밝히 드러나게 된 것이죠.

그러니까 십자가는 모든 '세상 지혜'(통치자들의 권세)를 '무력화'(무장 해제)시켜 구경거리 삼으신(골 2:15) 하나님의 최고 지혜를 보여준 '최후의 비밀'(암호상징)이었던 것이죠. 그런데 이러한 십자가에 은밀히 감춘 하나님의 비밀의 깊은 뜻을 이제야 알게 된 것은 하늘로부터 오는 영 곧 하나님의 깊은 곳까지 알고 계신 성령께서 계시로 깨닫게 해주셨다는 겁니다. 이것이 바울 사도의 고백입니다.

26

'십자가 처형'의 실상

까치: 바울 사도님의 '십자가의 복음'에 담긴 깊은 뜻을 알아듣기 쉽게 설명해 주셔서 감사합니다. 그런데 십자가 처형방식이 가장 잔인하게 인간을 죽이는 방식이라고 하셨는데, 어떤 방식인지 소상히 말씀해 주셨으면 합니다.

요한: 그러지요. 십자가를 사형방식으로 최초로 고안해 낸 것은 페니키아인입니다. 그들은 사람을 죽이는 다양한 방법을 사용하다가 죄수를 천천히, 그리고 참혹하게 죽이는 방법으로 십자가에 달아 죽이는 방식을 고안해 냅니다. 이 방식은 대중들이 보는 앞에서 충분히 수치를 당하게 해서 일반 백성들을 경고하는 그런 효과를 노렸던 것이지요. 이런 방식을 로마인들이 배워 노예들과 반역자들에게 이 처형법을 사용했지요. 그래서 유대인인 예수님은 십자가 처형을 당했고, 로마 시민권을 가진 바울 사도는 십자가 처형 대

신 참수형을 당했던 것이지요.

팔레스타인 땅에서는 강도, 폭동, 반란을 선동한 자들을 처벌하는 데 십자가형이 사용되었지요. 특히 반란선동죄인 경우 십자가 처형은 유대인들이 로마에 예속되어 있음을 일반 대중들에게 상기시켜 주는 지대한 역할을 했죠. 주님께서 십자가 처형을 당한 것은 신성모독죄라는 '종교적 죄목'으로 인한 형벌이 아니라 민중선동죄라는 '정치적 죄목'으로 인한 것이었죠.

한편, 십자가를 지고 가는 방법에는 두 가지가 있습니다. 하나는 사형수가 처음부터 자기가 달릴 십자가를 지고 사형장까지 가게 하는 방법입니다. 또 하나는 사형장에 이미 세로 기둥이 세워져 있고 사형수는 십자가의 가름대를 밧줄로 두 팔에 동여매어 등에 지고 사형장까지 걸어가는 방법입니다. 주님의 경우는 바로 후자의 방법이었죠.

선두에는 앞잡이 사나이가 걸어가면서 사형수의 이름과 죄상을 구경꾼들에게 알리고, 그 뒤에 로마 병사들이 사형수를 지키며 행렬의 질서를 유지하며 갑니다. 그 뒤로 예수님과 두 강도가 맨발에 피투성이가 되어 십자가 가름대를 짊어지고 가고 그 뒤로 밧줄, 사다리, 못, 망치, 명패 등을 든 사람이 따라갑니다.

십자가 나무의 가름대 길이는 180센티미터 정도이고, 두께는 10-12센티미터이며, 무게는 약 40킬로그램이나 됩니다. 십자가의 세로 기둥은 가름대보다 3분의 1이나 더 길어 약 2.4미터, 전체 십자가의 무게는 100킬로그램이나 됩니다. 예수님은 40킬로그램 되는 십자가 가름대를 지고 '슬픔의 길'이라는 '비아 돌로로사'(Via Dolorosa)의 꼬불꼬불한 언덕길로 골고다까지 올라가셨지요. 그 거리는 약 1200보, 600미터 가량 됩니다. 골고다 언덕은 450센티미터 정도의 바위산이었다고 합니다.

예수께서 십자가를 지고 '비아 돌로로사'의 길을 가시다가 너무 힘들어서 멈춰서신 곳이 열네 장소가 있다고 해서 성지순례 하는 분들이 그 길을 따라 그때의 현장을 되새겨 봅니다. 그런데 예수님은 십자가를 지고 가시기 이전에 로마 군인들에 의해 초죽음이 될 정도로 태형을 당하셨지요. 그 태형이 얼마나 무시무시한 형벌인가 하면 40대 맞으면 죽기 때문에 한 대 감한 39대를 때린다고 합니다.

예수님을 태형하는 로마 군인의 손에 들린 채찍에는 가죽끈 사이사이에 납덩이가 박혀 있고, 채찍 끝에는 뾰족한 뼈가 붙어 있다고 합니다. 그 채찍을 허공에 돌렸다가 등과 가슴에 내리치면 살점이 찢기고 피하출혈이 생깁니다. 이렇게 무서운 태형을 당하고 나면 등, 허리, 어깨, 허벅지 등은 헌옷 찢어지듯 찢기고 전신에는 벌집처럼 상처가 납니다. 이런 태형을 맞는 죄수는 그 엄청난 고통에 미쳐 버리거나 매 맞는 도중에 의식을 잃기도 합니다.

예수님은 이런 무서운 태형을 맞고 초주검이 된 상태에서 십자가 가름대를 지고 '비아 돌로로사'의 길을 비틀거리며 갑니다. 며칠을 금식하며 철야심문당하고 채찍에 맞아 기력이 쇠한 때라 그 무거운 십자가 가름대를 지고 갈 수 없는 지경에 이르렀죠. 그러자 로마 군병이 옆에 따라가며 그 광경을 지켜보던 구레네 시몬이라는 건장한 청년 하나를 붙잡아 대신 십자가 가름대를 지고 가게 했지요(마 27:32).

예루살렘 성문 밖 나지막한 돌산인 골고다라는 십자가 처형장에

도착하면 백부장의 지휘 아래 십자가 처형이 시작됩니다. 그 방법은 두 가지입니다. 하나는 로마 군인이 십자가 형틀을 땅에 누이고 예수님을 끌어다가 십자가 형틀에 눕히고는 팔을 양쪽으로 잡아당겨 무릎으로 누릅니다. 사형 집행인은 5인치 못 두 개를 입에 물고는 손에 든 쇠망치로 오른쪽 손목을 더듬어 뼈가 없는 곳을 손가락으로 짚고서는 입에 문 못 한 개를 손목에다 대고 내리칩니다.

손목에 못이 박히면서 피가 솟구칩니다. 이때 죄수들은 그 충격으로 잠시 기절을 한다고 합니다. 같은 방법으로 왼쪽 손목에도 못을 박은 후 세로 기둥으로 끌고 가서 밑에서 밀어 올려 십자가형 중간 부분에 맞게 올립니다. 그러고는 가름대를 못과 밧줄로 고정시키고는 명패를 머리 위에 붙이고, 그다음에는 군인 두 사람이 예수님의 두 발목을 서로 포개지게 한 후 위에서부터 한 번에 못을 박는데 이때 또다시 그 고통으로 기절을 합니다.

또 하나는 십자가 가름대에 죄수를 못 박고는, 십자가 세로 기둥을 먼저 땅에 박아 놓는 것이 아니라 그 바로 앞 바위 위에 깊게 구멍을 파 놓고는, 그 세로 기둥에 죄수가 달린 가름대를 못 박습니다. 그러고는 십자가 끝에 줄을 매달아 바위 위에 파놓은 구멍으로 십자가를 세웁니다. 이때 십자가가 서면서 파놓은 구멍으로 '쿵' 하고 떨어지는데, 이때 못 박힌 곳이 더 찢어지면서 그때 받은 충격으로 또다시 기절을 한다고 합니다. 그래서 십자가에 달리는 사형수들은 보통 세 번 기절을 한다고 합니다.

십자가에 달리게 되면 그동안 쏟은 피로 인해 심한 갈증을 느끼게 됩니다. 이때 긴 갈대 끝으로 포도주를 적셔 목을 축이도록 해 주는 자선을 베푸는 풍습이 있습니다. 그런데 십자가에 달리게 되면 3-4일 동안 숨이 끊어지지 않는 사람도 있고, 길게는 일주일 혹은 보름까지도 간다고 합니다. 그것이 가능한 것은 십자가 기둥 중간쯤에 '세디쿨라'(Sedicula)라는 받침토막이 있는데, 그 위에 걸터앉아 있기 때문이지요. 예수님의 경우는 이 받침토막이 있었는지 명백하지 않으나 우리 시각으로 오전 9시에 십자가에 달려 오후 3시에 돌아가셨으니까 6시간 만에 숨을 거두신 겁니다.

대부분의 경우 십자가에 못 박히게 되면 점차적으로 질식해서 죽어간다고 합니다. 채찍에 맞아 초죽음이 된 상태에서 십자가에 설치되어 있는 받침토막과 기둥에 고정된 양발에도 불구하고 자신을 곧바로 유지할 수가 없어 그 때문에 호흡이 점점 어려워지고 결국 질식해서 죽게 됩니다. 아무튼 예수님이 당하신 십자가 처형은 가장 고통스러운 죽음이었죠. 뿐만 아니라 노예나 강도 혹은 민중 선동가들이 당하는 가장 모욕적이고 수치스러운 죽음이었죠.

까치: 주님의 십자가는 생각만 해도 소름 끼치는 끔찍스러운 것인데, 요즘은 귀에 걸고 목에 걸고 다니는 액세서리로 변해 버렸으니 '격세지감(隔世之感)'을 느낍니다. 이런 농담이 있어요. 어느 목사님이 설교 중에 "우리도 주님처럼 십자가를 집시다"라고 하자 한 여학생이 설교를 마치고 나오시는 목사님을 향해 "목사님, 저도 가끔 십자가를 집니다. 제 십자가 목걸이가 제 등 뒤로 넘어갈 때가 있걸랑요" 하더랍니다.

요한: 좀 썰렁하지만 웃음이 나네요.

까치: 십자가 얘기를 계속하죠. 그런데 최대의 역설인 십자가의 신비도 구약적 배경에서 나온 것인가요?

요한: 당연하지요. 신약성경에 나타난 모든 신학적 진술들은 구

약성경에 그 기초를 두고 있다고 볼 수 있지요. 십자가는 제2이사야(사 40-55장)에 나타난 '고난받는 여호와의 종'에 기초를 두고 있다고 할 수 있지요. 주전 587년 유다 나라가 바벨론에 멸망한 사건은 이스라엘 민족에게는 엄청난 충격이 아닐 수 없었죠. 그들이 믿는 하나님 여호와는 천지만물을 창조하시고 역사를 주관하시는 전지전능하신 하나님이신데, 어찌하여 당신의 백성을 바벨론 포로민이 되게 하셨는가? 신들의 전쟁에서 바벨론 사람들이 믿는 마르둑 신에게 여호와 하나님이 패한 것이라면 그분이 어찌 전능하신 하나님이시며, 선민 이스라엘을 사랑한다고 말할 수 있겠는가? 깊은 신앙적 회의가 밀려왔던 것이죠.

그런 가운데 바벨론에 포로로 잡혀간 사람들은 바벨론의 찬란한 문명세계를 보고 적이 당황하지 않을 수 없었죠. 우리가 믿은 여호와라는 신은 예루살렘에 갇힌 시골뜨기 하나님이 아닌가 하고 말입니다. 선지자 에스겔도 바벨론 1차 침공 때인 597년에 바벨론에 포로로 끌려갔었죠. 그런데 선지자 에스겔이 머물던 바벨론 땅 그발 강가에 하나님이 친히 찾아오신 겁니다. 참으로 놀라운 일이 아닐 수 없었죠. 이로써 하나님은 팔레스타인 땅에 갇힌 지역신이나 부족신이 아니라 온 세상을 주관하시는 하나님이심을 몸소 보여주신 겁니다.

또한 하나님은 제2이사야에게 바벨론 포로시대의 의미를 깨닫게 해주셨죠. 예루살렘의 신인 여호와가 느부갓네살의 신인 마르둑과의 힘겨루기 경쟁에서 졌기에 예루살렘이 망한 것이 아니라는 겁니다. 여호와께서 느부갓네살마저도 자신의 일꾼으로 부리시기에, 그로 하여금 예루살렘 주민들의 오만함을 징계하도록 허락하신 데서 예루살렘의 패망이 임했다는 겁니다. 마찬가지로 하나님은 이제 이스라엘을 고역으로부터 해방시키는 일꾼(심부름꾼)으로 페르시아 왕인 고레스를 사용하시겠다는 겁니다. 그러니까 바벨론이나 페르시아 같은 대제국도 모두 하나님의 주권 아래에 있다는 겁니다.

이제 역사적 대파국이라는 깊은 상흔(傷痕)을 통해 이스라엘은 자신의 정체성을 새롭게 자각합니다. 전에는 하나님의 소유 된 백성, 거룩한 백성, 제사장 나라라는 삼중적 정체성(출 19:4-6)을 가지고 있었죠. 이를 통해 여호와 하나님→선민 이스라엘→세계로 이어지는 정신사조, 즉 열방(세계)에 대한 복의 통로로서의 정체성을 가지고 있었죠. 이제는 여호와 하나님→세계→이스라엘로 정신사조가 바뀌게 됩니다.

포로의 시작과 더불어 이스라엘은 더 이상 세계를 호령하는 강대국이 아니라는 인식이 들었죠. 이제 이스라엘은 '이방의 빛'(사 42:6, 49:6)으로서 이 세계를 섬기는 '고난의 종'이 되어야 한다는 겁니다. 온 땅, 온 나라, 온 우주를 '샬롬의 세계'가 되게 하는 것은 '여호와의 종'으로 하여금 세계의 고난을 대신 감당하도록 하는 것, 그것이 제사장의 나라로서 이스라엘을 이스라엘 되게 하는 것이라는 새로운 자각이 싹텄던 것이죠.

여기서 한 가지 주목할 사실은 '종' 어휘 속에는 자기의 주장은 없고 오직 그를 종 삼은 주인의 뜻만이 있다는 것이지요. 주님은 자신을 이 세상에 '종'으로 보내신 아버지 하나님의 뜻에 철저히 순종했지요. 그 순종은 십자가를 지는 것으로 나타났지요. "아버지께서 주신 잔을 내가 마시지 아니하겠느냐"(요 18:11)라는 말씀이나 겟

세마네 동산에서 "아버지여 만일 아버지의 뜻이거든 이 잔을 내게서 옮기시옵소서 그러나 내 원대로 마옵시고 아버지의 원대로 되기를 원하나이다"(눅 22:42)라는 기도가 고난받는 종으로서의 순종의 모델을 잘 대변해 주고 있지요.

그러기에 신약성경 기자들은 이방의 빛이 되기 위해 '고난받는 여호와의 종'을 몸소 십자가를 지신 주님으로 보았고, 주님의 십자가 사건을 '메시아에 대한 예언의 성취'로 보았던 겁니다. 더욱이 바울 사도께서 이러한 모습을 '그리스도 찬가'(빌 2:5-11)를 통해 잘 표현해 주었지요. 거기에 보면 주께서 자신을 '종'(둘로스, δοῦλος)처럼 낮추고 비우는 종으로서의 순종을 보이자 '주'(퀴리오스, κύριος)로 높여져 만민이 그 앞에서 무릎을 꿇게 되었다는 겁니다. 이는 세상 가치관을 완전히 뒤집는 최고의 '역설'(paradox)이죠. 이 같은 '고난받는 종'의 사상은 위에서 상세히 언급한 바울 사도의 '십자가 신학'(고전 1:18-25)에서 계승되고 있음을 엿볼 수 있지요.

27

인류 최고의 암호상징: 다윗의 별과 십자가

까치: 지금까지 바울 사도님의 '십자가의 복음'에 대해 들었습니다. 이제 요한 사도님의 '십자가의 복음'에 대해 듣고자 합니다.

요한: 우선 저의 '십자가의 복음'은 바울 사도님에게서 비롯되었다는 말씀을 드립니다. 그러면서 저는 인류 최고의 암호상징인 '다윗의 별'과 관련지어 십자가를 '다윗의 별의 성취'로 보고자 합니다.

까치: '다윗의 별'이 인류 최고의 암호상징이라는 말도 그렇고, 십자가가 '다윗의 별의 성취'라는 말도 처음 듣는 얘기입니다. 무엇을 말하는지 몹시 궁금합니다.

요한: 이 문제를 풀어가기 위해 우선 우리 인간들이 의사소통을 위해 사용하는 언어에 대해 잠시 언급하고자 합니다. 의사소통을 위해 다섯 가지 주요언어를 말할 때 문자언어, 음성언어, 숫자언어,

그림언어, 행동언어를 들 수 있습니다. 다른 언어에 대해서는 설명이 없어도 다 아는 것이고, 행동언어에 대해서 간단히 말하면 이렇습니다. 행동언어란 말이나 문자가 아닌 몸짓으로 하는 언어를 말합니다. 가령 선지자 예레미야가 '유다 백성이 바벨론 왕의 포로가 될 것'을 상징하는 뜻으로 목에 쇠 멍에를 메는 행동을 한 것이 그 좋은 예입니다.

우리는 일반적으로 숫자언어나 그림언어보다 문자언어를 많이 사용합니다. 그래서 고대에도 문자언어가 숫자언어나 그림언어보다 우선하는 것으로 알고 있으나 실은 그 반대입니다. 고대인들은 문자가 생기기 이전에 먼저 그림이나 숫자로 의사소통을 했다는 점을 아셔야 합니다. 왜 이런 말씀을 드리는고 하니 아주 옛날 책인 성경책은 현재 문자로 기록되어 있으나 그 속에는 고대인들의 의사소통 수단으로 숫자언어나 그림언어가 사용되고 있다는 것, 다시 말씀드리면 하나님께서 이스라엘 백성과 소통하기 위해 단지 문자언어만이 아니라 그 이전에 숫자언어나 그림언어를 사용하셨다는 점입니다.

여기서 하던 말을 잠시 멈추고 까치 선생께 질문을 하나 던지겠습니다. 화이트헤드(Whitehead)라는 철학자가 "모든 서양철학은 플라톤의 주석에 불과하다"라는 말을 했어요. 저는 "신구약성경 전체는 창세기 1장 1절의 주석에 불과하다"라고 말하고 싶습니다. 창세기의 시작, 그러니까 신구약성경 전체를 시작하는 창세기 1장 1절에는 문자언어만이 아니라 숫자언어와 그림언어가 담겨 있는데, 무엇인지 아시는지요?

까치: 전혀 모르는 처음 듣는 얘깁니다.

요한: 십자가의 신비를 푸는 열쇠가 창세기 1장 1절에 숨겨져 있지요. 먼저 이해를 돕기 위해 성경에 나타난 숫자언어와 그림언어에 대해 설명해 보도록 하죠. 유대인들은 일찍부터 숫자에 대한 관심이 유별났죠. '카발라'(Kabbalah)라는 유대교의 대표적 신비주의자들은 〈조하르〉(빛남)라는 소책자를 통해 숫자의 특성을 잘 보여주었죠. 카발라 신비주의자들은 하나님의 속성을 '에인 소프'(끝이 없음)라고 보면서 '끝이 없는'(에인 소프) 하나님의 권능을 10개의 '쓰피로트'(頂點)에서 발산하는 과정에서 찾았죠. 또한 유대교 신비주의의 기본이 되는 〈창조서〉는 32개(히브리어 철자 22개에다가 10개의 쓰피로트)의 숫자로 하나님의 비밀을 밝히는 교서입니다.

히브리어 철자 22자의 각 알파벳은 수치(數値)를 갖고 있지요. 한 가지 예를 들어보죠. 창세기 14장 14절에 보면 아브라함이 조카 롯을 구출하기 위해 집에서 훈련한 병사 318명을 데리고 갑니다. 여기에 나타난 318명은 우연한 숫자라기보다는 '하나님은 나의 도움이시라'라는 뜻의 '엘리에젤'(אליעזר)(창 15:1)의 여섯 자음값의 총합(318=1+30+10+70+7+200)을 상징합니다. 그러니까 아브라함은 하나님의 도움으로 전쟁에서 승리하고 롯을 구출할 수 있었다는 겁니다. 이러한 숫자 속에 담긴 비밀을 연구하는 학문을 수비학(數秘學), 즉 '게마트리아'(gematria)라고 합니다.

그런데 '게마트리아'에서 먼저 알아야 할 것은 더하기(+)와 곱하기(×)는 서로 상응관계에 있다는 겁니다. 가령 3+4는 3×4와 서로 상응하여 7도 되고 12도 됩니다. 그래서 7과 상응하는 12도 완전수로 봅니다. 5+5와 5×2는 10도 되고 7도 됩니다. 여기서 7과 상응하는 10도 완전수 봅니다. 아라비아 숫자 1에서 10까지의 숫자 중에서 7과 10이 두 개의 완전수입니다. 그리고 이 두 개의 완전수를 더하면 17(7+10)이 됩니다. 완전수 7과 10이 중요한 것은 숫자 10을 구약의 '율법의 숫자'(가령, 십계명)로, 숫자 7을 신약의 '은혜의 숫자'(가령, 일곱 교회)로 비유해서 사용되고 있다는 점입니다.

앞으로 자세히 말씀드리겠지만 7과 10의 합수인 숫자 17은 율법과 은혜(=복음), 구약과 신약(=성경), 유대인과 이방인(만민) 등 다양한 의미로 변주된다는 점에서 중요한 숫자인 동시에 하나님이 은밀하게 감추어 놓으신 최고의 암호상징입니다. 또한 요셉이 17세에 세상을 통치할 왕이 되는 꿈을 꾸었다는 데서 숫자 17은 '꿈의 숫자'이기도 하지요(창 37:1-11).

창세기 첫 창조기사(1:1-2:3)에는 '7과 10의 이중주(二重奏)'라고 할 정도로 이 두 숫자가 많이 나타납니다. 창조 기간 7일, "보시기에 좋았더라" 7회, "그대로 되니라" 7회, 1절 7단어, 2절 14단어(7×2), 땅 21회(7×3), 하늘 21회(7×3), 엘로힘 35회(7×5), 제7일 안식일, 그리고 안식년, 칠칠절(7×7) 등 숫자 7은 신구약에 셀 수 없이 많이 나타납니다(요 21:2; 롬 8:35; 계 5:12 등등).

한편, 숫자 10에 대해서는 "하나님이 이르시되" 10회, "각기 종류대로" 10회를 비롯하여 창세기 전체가 10개의 톨레도트(족보)로 되어 있지요. 그리고 원역사(창 1-11장)에서 홍수 이전의 아담에서 노아까지가 10대, 홍수 이후의 셈에서 아브라함까지가 10대로 되어 있지요. 또한 아브라함이 애걸한 의인 열 명(창 18:32), 라반이 야곱을 열 번 속임(창 31:41), 열 가지 재앙(출 5-12장), 십계명 등 참으로 많이 나타납니다.

그러면 7과 10의 합인 숫자 17을 살펴봅시다. 창세기의 족장사

(12-50장)에 나타난 네 명의 족장들의 연수가 숫자 17과 관련되어 있지요. 아브라함은 175세를 살았고(창 25:7), 이삭은 180세를 살았고(창 35:28), 야곱은 147세를 살았고(창 47:28), 그리고 요셉은 110세를 살았습니다(여호수아도 같습니다). 족장들의 수명에 나타난 인수분해는 뚜렷한 패턴을 따르고 있죠.

아브라함: $175 = 7 \times 5^2$
이삭: $180 = 5 \times 6^2$
야곱: $147 = 3 \times 7^2$
요셉: $110 = 1 \times (5^2+6^2+7^2)$

여기서 게마트리아의 원리를 적용하면 아브라함은 7+5+5=17, 이삭은 5+6+6=17, 야곱은 3+7+7=17로 모두 17과 관련되어 있음을 엿볼 수 있죠. 그리고 창세기의 첫 사람 아담의 수명은 930년(302+30)이고, 창세기의 마지막 사람인 요셉의 수명은 110년(102+10)입니다. 요셉에게는 세 사람의 족장과 관련하여 7-5-3-1의 패턴(두 숫자씩 줄어든다)과 ($5^2+6^2+7^2$)의 패턴(한 숫자씩 늘어난다)이 나타납니다. 이 같은 일정한 패턴을 통해 제4족장 요셉은 족장 내러티브의 결론을 가져온 인물로서, 그가 열조들과 긴밀히 연관되어 있을 뿐만 아니라 세 족장의 성취로서의 인물임을 엿보게 됩니다.

더욱이 이미 언급했듯이 그는 17세에 역사의 무대에 등장하는데, 이는 단순히 역사적 사실만이 아니라 숫자 17과 관련된 족장들처럼 앞으로의 요셉의 생애가 하나님의 완전한 역사 경륜 속에 있음을 내포한다고 볼 수 있다. 즉 야곱과 요셉이 팔레스타인 땅에서 함께 17년을 살았고, 야곱이 130세에 애굽에 내려가서(창 47:9) 요셉과 애굽에서 17년을 살다가 147세로 생을 마감하는 모습 속에서 그 같은 의미를 충분히 추론할 수 있죠.

이 밖에도 여자로서는 유일하게 향년을 언급하고 있는 사라의 나이 127세(창 23:1)는 인수분해 하면 120(3×4×10)+7입니다. 17이라는 숫자(3+4+10)에 완전수 7을 더한 것으로 사라의 생애가 하나님의 경륜 안에서 완전한 생을 살았음을 보여줍니다. 그 밖에 구약의 대표적인 두 인물인 모세와 다윗의 경우도 예외가 아니죠. 모세의 향년은 120세인데(신 34:7), 이를 인수분해 하면 120=(3×4)×10입니다. 다윗의 향년은 70세(삼하 5:5)입니다. 이를 인수분해 하면 70=(3+4)×10입니다. 여기서 게마트리아의 원리를 적용하면 두 사람 모두 숫자 17(3+4+10)과 관련되어 있죠. 이는 두 사람이 하나님의 거대한 경륜 속에서 완전한 생을 살다 갔다는 것을 시사합니다.

숫자 17과 관련된 숫자 70(7×10)은 상당히 자주 나오지요. 애굽에 내려간 야곱의 자손들(70명, 출 1:5), 이스라엘의 장로(70인, 출 24:9; 민 11:16), 예레미야 선지자는 바벨론 포로기간이 70년이라고 하면서(렘 29:10) 미래를 위해 아나돗의 밭을 은 17세겔을 주고 삽니다(렘 32:9). 또한 요한복음을 이해하는 열쇠가 숫자 17에 있다고 할 만큼 숫자 17은 아주 중요한 숫자인데, 이에 대해서는 아래에서 다시 나누기로 하죠.

까치: 아, 놀랍군요. 숫자언어는 그 정도로 하고 이어서 그림언어에 대해 말씀해 주시죠.

요한: 예, 인류가 시작된 이래 사람들은 그림으로 자신의 의사를 표시하곤 했지요. 기업이나 학교나 스포츠 단체나 군대나 모든 기

관들이 자신만의 로고를 사용하고 있는데, 그것이 바로 그림언어이지요. 특히 모든 종교는 자신들의 종교의 특징을 하나의 로고로 압축해서 표현하고 있지요. 가령, '만자'(卍)는 불교의 상징입니다. '초승달'(☽)은 이슬람교의 상징입니다. '십자가'(✝)는 기독교의 상징입니다. '다윗의 별'(✡)은 유대교의 상징입니다.

'다윗의 별'은 하나님께서 당신의 백성으로 선택한 이스라엘에게 선사하신 최고의 암호상징으로, 기독교의 십자가와 깊은 관련이 있다는 점에서 특히 우리가 주목해 보아야 할 그림언어입니다. '다윗의 별'(✡)은 '다윗 왕의 방패'라는 뜻을 가진 히브리어 'Magen David'(מגן דוד)에서 비롯되었죠. 현재 이스라엘 국기에 사용되고 있는 다윗의 별은 언제부터 사용되었는지는 정확히 알 수 없으나 다윗 왕의 아들 솔로몬은 이스라엘과 유다를 통합한 후 다윗의 별을 유다 왕의 문장으로 삼았죠(왕상 10:16-17, 14:25-27).

'다윗의 별'(✡) 형상은 삼각형(△)과 역삼각형(▽)이 결합(△+▽)된 모습을 띠고 있지요. 동양사상에서 '음양의 조화'라는 말을 많이 사용하고 있는데, '다윗의 별'(✡) 형상은 하나님이 창조하신 만물 속에 내재된 대조되는 두 요소, 즉 해와 달, 낮과 밤, 남자와 여자, 하늘(위)과 땅(아래), 흑과 백 등을 포함해서 율법과 은혜, 구약과 신약, 유대인과 이방인, 역사와 신앙, 창조와 구속, 육체와 영혼 등 다양한 의미로 변주됩니다. 여기서 삼각형(△)은 땅(地), 구약, 율법, 유대인 등으로 비유되고, 역삼각형(▽)은 하늘(天), 신약, 은혜, 이방인 등으로 비유됩니다. 그리고 이 둘의 결합으로 '전체'(완전)의 상징이 됩니다.

그런데 정가운데 중심을 이루는 정육면체 하나와 주변을 형성하는 여섯 개의 삼각형으로 구성된 모습을 하고 있는 '다윗의 별' (✡) 형상은 일곱(7)이라는 완전수로 되어 있지요. 다윗의 별이 지닌 숫자 7은 등잔 일곱(7) 개의 모습을 띠고 있는 성막 안의 메노라(등잔대)와 상응합니다. 즉 다윗의 별을 펼쳐 놓은 것이 메노라이고, 메노라를 압축해 놓은 것이 다윗의 별이라고 말할 수 있지요. 또한 '다윗의 별'(✡) 형상은 삼각형 한 개와 역삼각형 한 개가 결합된 것으로 숫자 2와 관계됩니다. 그런데 십자가 형상 또한 가로축 한 개와 세로축 한 개가 결합된 숫자 2와 관계되어 있지요. 그런 점에서 다윗의 별을 축소한 것이 십자가이고, 십자가를 확대한 것이 다윗의 별이라고 말할 수 있지요.

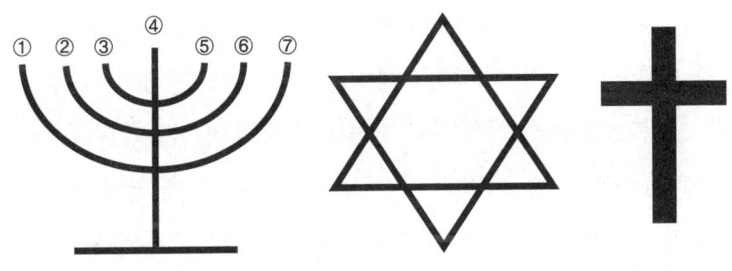

한편, 다윗의 별 형상은 다윗-솔로몬 왕 훨씬 이전인 '모세시대의 성막'에서 이미 암시되어 있지요. 하나님께서 애굽에서 노예생활 하는 히브리 백성을 출애굽시켜 시내 광야로 인도하셨죠. 거기서 하나님과 히브리 백성이 언약을 맺음으로 하나님의 백성인 '이스라엘'이라는 한 민족이 창조됩니다. 하나님께서는 선민 이스라엘이 살아갈 법도를 주셨는데, 그것이 십계명과 같은 율법입니다. 그리고 그들이 하나님을 예배하도록 시간과 공간을 구별하여 주셨는데, 시간의 구별이 안식일이고, 공간의 구별이 성막이죠. 출애굽의 궁극적 목적이 성막을 짓고 안식일에 이스라엘의 언약 하나님께 예배를 드리는 데 있었던 겁니다.

그런데 성막 건축(출 25-31, 35-40장)은 그 당시 구할 수 있는 가장 좋은 재료를 가지고 하나님의 지시에 따라 한 치의 오차도 없이 완벽한 건축물로 지어졌죠. 성막은 과학적으로 가장 정밀하고, 예술적으로 가장 아름답고, 종교적으로 가장 신비로운 하나님의 건축물이라는 점에서 성막은 최고의 걸작입니다. 그런데 성막의 구조를 보면 세 부분(뜰, 성소, 지성소)으로 되어 있죠. 그 안에 7개의 주요 기구가 있습니다. 뜰에 3개(성막문, 번제단, 물두멍), 성소에 3개(등잔대, 떡상, 분향단), 그리고 제일 안쪽 지성소에 1개(법궤)가 그것입니다.

따라서 3+3+1의 이 같은 성막구조는 삼각형 3개, 역삼각형 3개, 그리고 그 둘이 결합해서 만들어진 중앙의 정육각형 1개로 된 3+3+1의 '다윗의 별' 모양과 같은 모습입니다. 이에 반해 등잔대(메노라) 형상은 일곱 가지가 가운데 가지(1)를 중심으로 좌우로 세 개씩(3+3)의 모습을 하고 있다는 점에서 3+1+3의 구조로 되어 있지요. 이 둘의 차이는 다윗의 별이 맨 마지막 일곱 번째(법궤)가 강조된다면, 메노라는 중심대인 네 번째가 강조된다는 사실입니다.

그런데 주목할 사실은 하나님이 창조하신 대자연(天地)은 대우주요, 성막(성전)은 소우주라고 할 수 있는데, 소우주인 성막 창조가 다윗의 별 형상으로 창조되었듯이, 대우주인 천지창조도 정확히 다윗의 별 형상으로 창조되었다는 사실입니다. 첫째 날과 넷째 날,

둘째 날과 다섯째 날, 셋째 날과 여섯째 날이 서로 대칭을 이루면서, 이들 여섯 날(平日)과 구별되는 성일(聖日)로서의 안식일이 중앙에 자리하는 모습의 다윗의 별 형상으로 창조되었지요.

게다가 하나님의 동산 에덴에는 세 종류의 나무가 있었는데, 임의로 먹을 수 있는 나무, 그리고 동산 중앙에 선악나무와 생명나무가 있었죠. 하나님께서는 동산 주변에 있는 나무의 실과는 임의로 먹을 수 있으나 동산 중앙에 있는 두 종류의 나무에 대해서는 따 먹어서는 안 된다는 금지 명령을 내리셨죠(선악과 금지명령 속에는 생명나무도 포함). 그 까닭은 그 두 종류의 나무는 하나님의 영역에 속하는 것이기 때문이죠.

이러한 에덴동산의 세 그루의 나무는 성전의 세 부분(뜰, 성소, 지성소)과 정확히 일치합니다. 임의로 먹을 수 있는 나무는 뜰에 해당하고, 동산 중앙에 있는 두 나무(선악나무와 생명나무)는 각각 성소와 지성소에 해당하죠. 동산 중앙에 있는 두 나무는 일반인들의 출입이 금지된 하나님의 영역에 속합니다.

그런데 아담과 하와가 금단의 열매인 선악나무의 열매를 따 먹은 것은 하나님의 영역인 성소에 침입한 것이죠. 그래서 하나님은 그룹들과 두루 도는 불 칼로 생명나무의 길을 지켰던 겁니다(창 3:24). 그 생명나무의 길은 예수께서 십자가에 달리실 때 성소와 지성소를 가르고 있던 휘장(예수님의 육체를 상징)이 위로부터 아래로 찢어짐으로 열리게 된 겁니다(마 27:51; 히 10:20).

여기서 한 가지 생각해 볼 것은 하나님이 창조하신 에덴동산(창 2:8-24)의 위치는 어디냐 하는 겁니다. 그 힌트를 에스겔서에서 찾을 수 있죠. 창세기에 '에덴'에 대한 언급이 있은 후 '에덴' 어휘는 선지자 에스겔에 와서 처음으로 다시 등장합니다. 그와 동시에 에덴동산에서 네 강이 흘러 온 세상에 풍요를 가져다주듯이, 에스겔 47장(1-12절)에 보면 하나님의 성전에서 생명수가 사방으로 흘러 온 세상을 풍요롭게 한다고 말씀이 나옵니다. 이를 통해 우리는 에덴동산은 곧 성전이 있는 예루살렘임을 알 수 있죠.

또한 주님과 함께 십자가에 달린 한 죄수가 "예수여 당신의 나라에 임하실 때에 나를 기억하소서"라고 호소하자 "오늘 네가 나와 함께 낙원에 있으리라"(눅 23:43)고 주님께서 대답하셨지요. 여기서 '낙원'으로 번역된 원어를 보면 '파라다이스'(parádais)인데, 이는 성경에서 '에덴동산'을 두고 하는 용어이지요. 그러니까 에덴동산이 세계의 중심에 있듯이, 주님께서 십자가에 달리신 곳은 세계의 중심인 예루살렘(골고다 언덕)인데, 그곳을 낙원 곧 에덴동산이라고 하셨죠.

여기서 한 걸음 더 나아가 생각해 볼 것이 있어요. 십자가 사건이 있기 전까지 세계의 중심은 에덴동산이나 성전이 있는 예루살렘이었지요. 그런데 십자가 사건 이후부터는 세계의 중심은 에덴동산이나 예루살렘과 같은 장소적 개념이 아니라 그리스도 예수가 있는 그곳이 세계의 중심이요, 새 예루살렘이자 새 에덴(계 21:1-22:5)이라는 사실입니다.

까치: 사도님으로부터 새로운 것을 참 많이 배웁니다. 그런데 창세기 1장 1절의 중요성은 언제 말씀하시나요?

요한: 아, 죄송합니다. 이제부터 말씀을 드리죠. 창세기 1장 1절(태초에 하나님이 천지를 창조하시니라)은 원어로 일곱 단어(베레쉬트 바라 엘로힘 에트 핫샤마임 웨에트 하아레쯔, בראשית ברא אלהים את השמים ואת הארץ)로 되어 있

죠. 숫자 7이라는 숫자언어가 들어 있고요.

또한 그림언어로 창세기 1장 1절은 이어지는 전체 첫 창조기사 (1:1-2:3)를 압축한 선언적 구절입니다. 그래서 첫 창조가 다윗의 별 형상으로 되어 있듯이, 첫 구절은 하나님께서 천지(天地)라는 완전체를 창조하셨듯이, 이는 삼각형(땅)과 역삼각형(하늘)으로 구성된 '다윗의 별' 형상을 암시하고 있지요.

이미 언급했듯이 구속주 하나님을 보여주는 성막 창조와 창조주 하나님을 보여주는 천지창조가 모두 다윗의 별 형상을 보여주고 있다는 점에서 다윗의 별 형상을 보여주는 창세기 1장 1절과 상응하며, 그런 점에서 창세기 1장 1절의 주석이라고 말하는 것이죠.

한편, 요한복음 첫 절(1:1)은 "태초에"로 시작하는데, 이는 창세기 첫 절(1:1)의 "태초에"와 상응관계에 있지요. 또한 요한복음 첫 절은 17단어(ἘΝ ἀρχῇ ἦν ὁ λόγος καὶ ὁ λόγος ἦν πρὸς τὸν θόεν καὶ θεὸς ἦν ὁ λόγος)로 되어 있지요. 그동안 많은 학자들이 마지막 대목에 나오는 θεὸς(하나님)에 반드시 있어야 할 관사가 없는 것을 두고 설왕설래했는데, 이는 숫자 17에 맞추고자 한 데 기인한 것이죠. 그러한 사실은 상응관계에 있는 21장 1절이 17단어(Μετὰ ταῦτα ἐφανέρωσεν ἑαυτὸν πάλιν ὁ Ἰησοῦς τοῖς μαθηταῖς ἐπὶ τῆς θαλάσσης τῆς Τιβεριάδος· ἐφανέρωσεν δὲ οὕτως)로 되어 있다는 것으로 입증됩니다.

이미 언급했듯이 숫자 17은 완전수 두 개(10과 7)를 합한 숫자로서, 구약과 신약, 율법과 은혜, 유대인과 이방인 등 모든 것의 완전(완성)을 의미합니다. 이는 숫자 17이 비유적으로 또 하나의 다윗의 별을 상징하는 것이죠. 그런 의미에서 요한복음 1장 1절의 '말씀'(로고스)은 신구약성경 전체의 말씀을 가리킵니다.

그리고 주님께서 십자가상에서 마지막으로 하신 "다 이루었다" (요 19:30)는 말씀을 하셨는데, 이는 요한복음 첫 절(1:1) 말씀의 성취 곧 신구약성경 전체의 말씀의 성취이자 '다윗의 별의 성취'를 의미합니다. 왜냐하면 십자가의 가로축과 세로축은 각각 다윗의 별의 삼각형과 역삼각형의 축약형으로, 십자가는 다윗의 별과 상응하며, 숫자로 말하면 17에 해당합니다. 그런 의미에서 "다 이루었다"는 말씀은 '1장 1절의 성취'이자 '다윗의 별의 성취'를 의미합니다. 이 모든 진술들이 창세기의 첫 절에 암시되어 있다는 점에서 신구약성경 전체는 창세기 1장 1절의 주석에 불과하다는 것이죠.

까치: 아, 그렇군요. 사도께서 요한복음을 이해하는 열쇠가 숫자 17에 있다는 말씀을 하셨는데, 그럼 21장에 나오는 큰 물고기 153도 숫자 17과 관련이 있는 건가요?

요한: 그렇지요. 많은 학자들이 21장을 부록이나 후기로 보면서 평가절하하고 있는데, 1장과 상응하는 21장은 요한복음의 결론에 해당하는 장으로써, 지금까지 한 모든 얘기의 피날레를 장식하는 아주 중요한 장이죠. 21장은 예수께서 그리스도라면, '그리스도를 따르는 제자들은 어떤 길을 가야 하는가?'라는 제자도를 말씀하는 장입니다. 그 속에 숫자 153이 들어 있지요. 이 숫자가 갖는 상징적 의미를 풀어야 요한복음이 말하고자 하는 메시지의 핵심을 알게 되지요.

숫자 17과 관련하여 후대의 편집자들이 1장을 공교롭게도 51절로 편집해 놓았는데, 51이라는 숫자는 17+17+17로서 이미 언급한 아브라함(17)과 이삭(17)과 야곱(17)의 숫자의 합에 해당합니다. 이는 그리스도 예수의 오심이 아브라함과 이삭과 야곱의 하나님의 성취로 오신 분임을 암시해 주는 의미이기도 하고요, 21장의 숫자 153을 해석하는 데 있어서 힌트를 제공하기도 합니다.

요한복음에서 숫자 17은 요한복음 해석의 중요한 열쇠로 사용되고 있지요. 가장 중요하다고 생각되는 어휘, 가령 갈릴리 어휘, 표적 어휘, 죄 어휘, 그리고 그리스도 어휘(19회 중 메시아를 설명하는 2회 [요 1:41, 4:25]는 제외됨)를 17회 사용하고 있지요. 21장의 숫자 153을 풀어 보죠. 숫자 153을 인수분해하면 17×3×3이 됩니다. 숫자 17×3×3이 21장에 이미 암시되어 있지요.

이미 언급했듯이 1장 1절과 상응하는 21장의 첫 절은 17단어로 되어요. 그리고 14절을 보면 "예수께서 죽은 자 가운데서 살아나신 후에 세 번째로 제자들에게 나타나신 것이라"는 말씀 속에는 '부활의 숫자' 3과 '세 번째 나타났다는 숫자' 3이 들어 있지요. 그러니까 21장 1-14절에 숫자 17과 숫자 3이 거듭(3×3) 나타나고 있지요. 즉 17×3×3이라는 153이 암시되어 있는 것이죠.

잘 아시다시피 21장 15절 이하에는 주님께서 제자 베드로에게 "네가 나를 사랑하느냐?"라는 질문을 세 번이나 거듭 물으시는 장면이 나옵니다. 베드로가 "그러하나이다"라고 대답하자 "내 양을 먹이라"고 하시면서 18-19절에는 베드로가 어떠한 죽음으로 하나님께 영광을 돌릴 것을 가리켜 말씀하신 것이라고 언급하고 있죠. 즉 모든 제자들의 대표인 베드로처럼 제자들이 주님을 사랑한다면 주님께서 지신 십자가를 자신도 지고 가는 것, 그것이 주님께서 말씀하신 제자도(마 16:24)에 합당하다는 것이죠.

다시 말하면, 숫자 153은 17×3×3인데, 이는 숫자 17이 가로 셋(3), 세로 셋(3)으로 구성된 마방진(魔方陣)의 모습을 보여줍니다. 마방진이란 가로, 세로, 대각선의 합이 같은 수치로 된 정방형의 도형을 말합니다. 가로로 숫자 17을 세 번 더하면 51(17+17+17)이 됩니다. 세로로 숫자 17을 세 번 더하면 51(17+17+17)이 됩니다. 가로와 세로의 합이 각각 51이 되면 두 개의 대각선의 합도 각각 51이 됩니다. 그리고 가로나 세로나 51을 세 번 더하면 153(51+51+51)이 됩니다.

숫자 153은 숫자 17이 가로와 세로로 각각 세 번씩 곱한 수(17×3×3)가 됩니다. 숫자 17은 십자가의 숫자로서, 숫자 17이 9(3×3)개로 된 마방진은 십자가로 가득한 그림언어입니다. 그 같은 마방진 속에는 17×3×3으로 된 십자가 형상을 내포하고 있지요. 이를 도표로 그리면 다음과 같습니다.

17	17	17
17	17	17
17	17	17

● 숫자 153=(17×3)×3=십자가(魔方阵) ●

이것을 21장의 문맥 속에서 다시 풀면 다음과 같이 말할 수 있습니다. 21장의 153 표적은 요한복음에서 여덟 번째 표적인데, 21장에서 주님(퀴리오스) 단어가 8회 나타납니다. 숫자 8은 새로운 시작을 의미합니다. 따라서 부활하신 예수께서 황제의 도시인 디베랴

바닷가(요 21:1)에서 여덟 번째 표적으로 153 표적을 행하신 것은 가이사 황제가 참 주님(퀴리오스)이 아니라 부활하신 예수께서 참 주님, 새로운 황제가 되었음을 시사합니다.

지금까지 살펴본 숫자 17과 관련된 153을 한 문장으로 만들면 이렇습니다. "갈릴리(17회) 바닷가에서 여덟 번째 표적으로 행한 큰 물고기 153(17×3×3) 표적(17회)은 부활하신 주님께서 만민의 죄(17회)를 대신하여 십자가를 지신 구주 그리스도(17회)임을 나타낸다. 따라서 요한의 아들 시몬아! 네가 나를 사랑한다면 내가 진 십자가를 너도 지고 나를 따르라." 종교적 박해(순교) 상황에서 이보다 더 명쾌한 암호는 없습니다.

저는 숫자 153을 통해 요한복음의 저작 목적(요 20:30-31)인 예수께서 만왕의 왕, 만주의 주가 되시는 메시아(그리스도)라는 사실을 말하고자 했지요. 나아가 생존이 위협당하는 종교적 박해 상황 아래에서 요한공동체와 제자들이 가야 할 길(제자도)이 십자가의 길임을 '숫자상징코드'(게마트리아)를 통해 명확히 제시하고자 했지요.

까치: 참으로 놀랍기도 하고 신기하기도 하고 뭐라고 말할 수 없는 묘한 느낌을 받네요. 에베소서 2장을 보면 이런 말씀이 있어요. "그는 우리의 화평이신지라 둘로 하나를 만드사 원수 된 것 곧 중간에 막힌 담을 자기 육체로 허시고/ 또 십자가로 이 둘을 한 몸으로 하나님과 화목하게 하려 하심이라 원수 된 것을 십자가로 소멸하시고"(엡 2:14, 16). 그리스도의 십자가가 화평 또는 화목과 관련되어 있다는 말씀에 대해 사도님의 상세한 설명을 듣고 싶습니다.

요한: 참 좋은 질문입니다. 제가 십자가를 '다윗의 별의 축약형' 또는 '다윗의 별의 성취'라고 한 것은 화평 또는 화목, 히브리 말로

'샬롬'(שלום) 때문입니다. '샬롬'은 우리말로 평화, 평강, 평안, 화평 등 여러 가지로 번역되는데, 이 말 속에는 그보다 훨씬 많은 내용들(번영, 건강, 구원, 행복, 언약 등등)을 내포하고 있지요.

다윗의 별은 '샬롬의 상징'입니다. 삼각형과 역삼각형이 대칭으로 결합된 모습을 하고 있는 다윗의 별 형상은 가장 완벽한 질서와 조화와 균형의 세계, 즉 가장 이상적 세계인 '샬롬의 세계'를 보여주고 있지요. 하나님의 말씀으로 창조된 천지창조와 성막 창조가 다윗의 별 형상으로 만들어졌다는 것은 하나님이 만드신 이 세계는 보시기에 심히 좋은 샬롬의 세계로 창조되었다는 것을 시사하지요. 샬롬의 세계가 인간들의 죄(욕심)로 말미암아 파괴됨으로써 무질서와 혼돈의 세계로 변한 것이지요.

하나님, 인간, 천지만물이 바라는 궁극적인 관심은 평화로운 세계, 즉 샬롬이지요. 성경이 말하는 궁극적 메시지도 바로 샬롬입니다. 제가 하나님께서 성경을 통해 인류에게 보여주신 최고의 암호상징은 '다윗의 별과 십자가'라고 말씀을 드렸지요. 다윗의 별은 '구약의 상징'이고, '유대교(이스라엘)의 상징'입니다. 그리고 십자가는 '신약의 상징'이고, '기독교(새 이스라엘)의 상징'입니다. 궁극적으로 유대교는 다윗 왕을, 기독교는 예수 왕을 말하는 종교인데, 각각 '다윗의 별'과 '십자가' 상징을 통해 '샬롬의 세계'를 나타내고 있지요.

유대인들의 비극은 영적인 눈이 어두워 하나님께서 그리스도의 십자가를 통해 다윗의 별을 성취하셨다는 사실을 몰랐다는 데에 있지요. 그래서 빌라도가 "내가 너희 왕을 십자가에 못 박으랴" 하자 대제사장들이 "가이사 외에는 우리에게 왕이 없나이다"(요 19:15)

라는 불신앙의 극치를 보여주는 말을 했지요. 더욱이 예수님을 십자가에 못 박으라고 소리지르면서 "그 피를 우리와 우리 자손에게 돌릴지어다"(마 27:25)라는 해서는 안 될 말을 했지요. 말이 씨가 된다고, 그 말대로 긴 역사를 통해 유대인들은 저주의 멍에를 써야 했지요.

예수께서 시간적으로는 반드시 유월절에, 공간적으로는 반드시 예루살렘에서, 인간적으로는 반드시 십자가로만 죽으셔야 했는데, 그 까닭은 다 '샬롬' 때문입니다. 예수께서 다른 절기에는 안 되고 반드시 유월절 절기에 죽으셔야 했던 까닭은 출애굽 때에 유월절 어린 양의 피로 이스라엘 백성이 구원을 얻은 것처럼(출 12:1-36), 세상 죄를 지시고(요 1:29) 말없이 죽어가는 유월절 어린 양은 순종의 상징이자 평화의 상징(사 53:7)이기 때문입니다.

또한 예수님은 반드시 예루살렘에서 죽으셔야 했지요. 그 까닭은 성전이 있는 예루살렘(시온)은 세계의 중심인데(겔 38:12), 바로 그곳에서 '율법'(하나님의 말씀)이 나온다고 이사야 선지자는 예언을 했고(사 2:3), 예수께서 바로 그곳에서 십자가를 지심으로 율법의 말씀을 성취했지요. 그런데 바로 그 예루살렘은 샬롬의 도시이고, 샬롬의 사람인 '솔로몬'이, 샬롬의 상징인 성전을 지은 곳이지요(대상 22:9, 23:25). 따라서 바로 그곳(예루살렘)에서 예수께서 십자가에 죽으시고 부활하사 성전을 대신한 몸 성전이 되심으로 샬롬을 성취하신 것이지요.

또한 예수님은 반드시 십자가 처형으로 죽으셔야 했지요. 그 까닭은 이러합니다. 사람은 여러 모양으로 죽습니다. 자연사나 사고사로 죽기도 하고, 종교적으로는 교수형, 참수형, 투석형, 화형, 사자 밥 등 실로 다양한 모양으로 죽지요. 그런데 예수님은 십자가 처형을 당하셨죠. 그것은 샬롬의 상징인 다윗의 별을 성취하기 위함에서였지요. 이는 이미 언급한 대로 이 세상 그 누구도, 사탄조차도 몰랐던 극비에 속하는 하나님의 구원방식이었죠. 복음의 중심에 십자가가 서 있는데, 이 모든 것은 다 샬롬을 말하고 있지요.

하나님의 나라는 샬롬(평화)의 나라입니다. 그 샬롬(평화)의 나라는 사랑(헤세드, חסד)과 공의(미슈파트, משפט)로 다스려지는 나라이지요. 이러한 하나님 나라를 완벽하게 구현하기 위해 예수님은 샬롬왕(평화의 왕)으로 이 세상에 오셨죠(눅 2:14). 그러고는 가난과 질병과 무지, 그리고 온갖 차별과 억압으로 가득한 샬롬이 없는 이들에게 팔복의 말씀(마 5:3-10)을 비롯하여 수많은 이적을 통해 천국의 샬롬을 선물하셨죠.

그리고 샬롬왕으로 예루살렘에 나귀 타고 입성하셨고(요 12:12-16), 샬롬왕이 되시기 위해 친히 십자가를 지셨죠. 여기서 십자가의 세로축은 죄로 인해 하나님과 인간 사이에 가로막힌 담을 허는 샬롬의 회복을, 십자가의 가로축은 인간과 인간, 인간과 자연 사이에 놓인 온갖 차별과 장벽의 담을 허는 샬롬의 회복을 의미합니다.

28

모든 비밀은 '어떻게 죽느냐'에 있다

까치: 귀한 말씀 감사합니다. '십자가의 복음'과 관련하여 많은 이들이 '십자가의 영성'을 말하고 있는데, 이에 대한 사도님의 고견을 듣고 싶습니다.

요한: 좋은 질문입니다. 저는 '십자가의 영성'을 한마디로 사랑 때문에 손해 보고 고난받고 희생하는 정신으로 정의하고 싶습니다. 시도 때도 없이 말로는 '주님을 사랑합니다'라고 말하고, 입만 열면 '십자가의 사랑'이 어떻다느니 떠들면서 실생활에서는 봉급도 많이 받고 남이 알아주고 지위도 보장된 안전한 곳에 머물기 원하는, 즉 위험하거나 손해 보거나 고난이 요구되는 곳에는 온갖 변명을 대며 결코 가기 원치 않는다면, 이는 십자가의 영성과 거리가 먼 얘기죠. 손해와 고난과 희생 없이 십자가를 말하는 것은 한낱 말장난에 불과한 가짜 신앙, 거짓 신앙이죠.

십자가의 영성을 잘 보여주는 대목이 요한복음 12장 23-26절입니다. 그대로 옮겨 봅니다. "예수께서 대답하여 이르시되 인자가 영광을 얻을 때가 왔도다/ 내가 진실로 진실로 너희에게 이르노니 한 알의 밀이 땅에 떨어져 죽지 아니하면 한 알 그대로 있고 죽으면 많은 열매를 맺느니라/ 자기의 생명을 사랑하는 자는 잃어버릴 것이요 이 세상에서 자기의 생명을 미워하는 자는 영생하도록 보전하리라/ 사람이 나를 섬기려면 나를 따르라 나 있는 곳에 나를 섬기는 자도 거기 있으리니 사람이 나를 섬기면 내 아버지께서 그를 귀히 여기시리라."

십자가를 지실 때를 직감한 주님은 십자가를 지는 것이 왕으로 등극하는 영광이라고 믿으셨죠. 그래서 요한복음에는 주님께서 "인자가 땅에서 들리면"(요 3:14, 8:28, 12:32, 34)이라는 말씀을 자주 하셨는데, 이는 십자가를 지심을 언급하는 '왕의 고난'과 더불어 왕으로 들림 받는 '왕의 등극'을 암시하는 말씀이지요.

주님은 한 알의 밀처럼 자신이 희생이 될 때 그로 인해 많은 열매가 있을 것을 내다보며 십자가를 묵묵히 지셨지요. 아버지의 뜻이 십자가를 지는 것이고 아들은 그 뜻에 순종할 때, 아버지의 말씀을 귀히 여기고 섬기는 것이 되지요. 그럴 때 아버지께서 그를 귀하게 여겨 높여 주신다는 그런 말씀입니다. 그리고 말씀하신 대로 주님은 십자가의 길을 당당히 걸어가셨지요.

제가 '십자가의 신학'을 전개하신 바울 사도님을 지극히 존경하는 것은 '십자가의 신학'을 말씀한 그대로 '십자가의 영성'을 말로만이 아닌 삶으로 보여주셨기 때문이지요. 바울 사도님의 간증을 들어 봅시다.

"그들이 그리스도의 일꾼이냐 정신없는 말을 하거니와 나는 더욱 그러하도다 내가 수고를 넘치도록 하고 옥에 갇히기도 더 많이 하고 매도 수없이 맞고 여러 번 죽을 뻔하였으니/ 유대인들에게 사십에서 하나 감한 매를 다섯 번 맞았으며/ 세 번 태장으로 맞고 한 번 돌로 맞고 세 번 파선하고 일 주야를 깊은 바다에서 지냈으며/ 여러 번 여행하면서 강의 위험과 강도의 위험과 동족의 위험과 이방인의 위험과 시내의 위험과 광야의 위험과 바다의 위험과 거짓 형제 중의 위험을 당하고/ 또 수고하며 애쓰고 여러 번 자지 못하고 주리며 목마르고 여러 번 굶고 춥고 헐벗었노라/ 이외의 일은 고사하고 아직도 날마다 내 속에 눌리는 일이 있으니 곧 모든 교회를 위하여 염려하는 것이라/ 누가 약하면 내가 약하지 아니하며 누가 실족하게 되면 내가 애타지 아니하더냐/ 내가 부득불 자랑할진대 내가 약한 것을 자랑하리라"(고후 11:23-30). 더 이상 무슨 말이 필요하겠습니까!

까치: 말씀을 들으면서 저 자신이 너무나도 초라하고 정말 부끄럽기 그지없다는 생각을 떨쳐버릴 수가 없네요. 주님을 닮고 바울 사도를 본받아 '십자가의 영성'을 잃지 않고 계속 유지하려면 어떻게 해야 하나요?

요한: "거기 너 있었는가 그때에"라는 찬송처럼 '동시성 의식'을 가져야 합니다. 다시 말하면, 십자가 사건이 2천 년 전의 지나간 과거의 역사적 사건으로서가 아니라 지금 현재 십자가 현장에 내가 있어야 한다는 그런 말씀입니다. 십자가 현장에서 온몸은 갈기갈기 찢어져 피투성이가 된 채 타는 목마름 속에서 "나의 하나님, 나의 하나님, 어찌하여 나를 버리셨나이까"(마 27:46) 부르짖는 아버지

하나님을 향한 아들의 통곡을 생생하게 들어야 하죠. 그리하여 '내 죄와 허물을 대속하기 위해 주님께서 날 대신하여 저렇게 수치와 고통을 당하고 계시는구나' 하는 것을 생생히 느낄 때라야 십자가의 영성을 유지해 갈 수 있는 것이지요.

까치: 이름만 대면 다 아는 어느 목사님이 자기는 부유한 환경에서 어려움 없이 자라서 가난하고 어려운 목회는 체질적으로 맞지 않다는 말씀을 하는 것을 들었습니다. 이를 어떻게 보아야 하는지요?

요한: 그것이 전형적인 '바리새적 위선의 영성'이지요. "엘리트는 기본적으로 십자가를 지기를 원치 않는다"는 말이 있습니다. 엘리트의식에 사로잡히면 제자들의 발을 몸소 씻기신 주님처럼 낮아지고 봉사하는 섬김의 영성, 희생의 영성, 즉 십자가의 영성을 마음으로부터 거부하게 되어 있지요. 그러면서 예수의 영성과 반대되는 교황의 영성, 즉 높고 화려한 곳에서 군림하며 큰 아량과 관용을 베푸는 양 처신하면서 명성만을 탐하는 변질된 영성을 갖게 되는 것이지요.

까치: '십자가의 복음'을 마치면서 마지막으로 하실 말씀이 있으시면 해주십시오.

요한: '십자가의 복음'은 '십자가의 죽음'으로부터 비롯된 것이지요. 철학의 본질을 '죽음에의 연습'이라고 정의한 철학자가 있어요. '잘 죽는'(well dying) 것이 '잘 사는'(well living) 것이지요. 그래서 하나님의 모든 비밀은 결국 '어떻게 죽느냐'에 있지요. 사람은 반드시 죽는데, 죽음의 무게가 다르지요. 태산처럼 무거울 수도, 양털처럼 가벼울 수도 있지요. 죽음은 같으나 그 뜻이 다르지요. 우리는 늘

죽음을 의식하면서 살아야 바른 삶을 살아갈 수가 있지요.

그래서 수도사들은 만날 때마다 '메멘토 모리'(Memento Mori)라는 인사말을 했다고 합니다. 이 말은 '죽음을 기억하라'는 라틴어입니다. 이 말의 유래는 옛날 로마에서 원정에 승리하고 개선하는 장군이 시가행진할 때 노예를 시켜 행렬 뒤에서 큰소리로 "메멘토 모리"를 외치게 한 데서 유래합니다. '전쟁에서 승리했다고 우쭐대지 말라. 오늘은 개선장군이지만, 너도 언젠가는 죽는다. 그러니 겸손하게 행동하라'는 의미지요.

까치: 오늘 말씀을 들으면서 결국 '인간은 어떻게 죽느냐' 하는 것이 중요하다는 생각을 했습니다. 탁오(卓吾)라는 호로 널리 알려진 이지(李贄, 1527-1602)라는 16세기 중국의 양심적 지성인이 있어요. 이 사람은 양명좌파의 한 사람이자 계몽주의적 사상가로서, 희대의 반항아로 유명합니다. 그는 죽기 직전 "五死"(죽는 다섯 가지 길)라는 글을 남겼다고 합니다. "제일 바람직한 죽음은 정당한 명분을 위하여 죽는 영웅적 죽음이고, 둘째로 좋은 죽음은 전쟁터에서 죽는 것이고, 셋째로는 순교자적(보살적) 죽음이고, 넷째로는 정직한 관리로서 중상모략에 죽는 것이고, 다섯째는 자기의 작품을 완성하고 명성을 획득한 후에 젊어 죽는 것이다."

저는 그리스도인을 가리켜 '예수사상(예수사랑)에 **빠진 전사**', 약칭으로 '예사빠전'으로 부르고자 합니다. '예사빠전의 죽음철학'을 이렇게 정리해 보았습니다. ① 까짓것 죽기밖에 더하겠나! ② 그래, 죽여라 죽여! ③ 죽으면 죽으리라! ④ 죽으면 살리라! ⑤ 죽으면 영생하리! 제자 도마의 말을 가슴에 새기고 싶네요. "우리도 주와 함께 죽으러 가자."

요한: 까치 선생의 말씀이 오늘의 말씀의 피날레가 되겠군요.

까치: 그렇게 말씀하시니 송구스럽네요. 오늘도 귀한 말씀 주셔서 감사합니다. 내일 뵙겠습니다. 편히 쉬세요.

요한: 까치 선생도요. 샬롬.

하나님의 비밀 6

제6부

재림의 복음: 왕의 귀환과 심판

- 압구정동 한강변에서

29

역사는 심판이다: 뿌린 대로 거둔다

까치: 요한 사도님! 오늘은 2018년 새해입니다. 새해 인사드립니다. 건강하시고 하늘의 복이 가득한 복된 새해 되세요.

요한: 까치 선생에게도 좋은 일이 가득하시고, 모든 소원이 성취되는 새해가 되시기를 기원드립니다.

까치: 감사합니다. 이 새해 아침에 많은 이들이 새해맞이 해돋이를 구경하기 위해 강원도 정동진이나 제주 성산일출봉, 서울의 관악산 등 관광명소를 찾습니다. 저희들은 역사적 의미가 있는 곳에서 새해를 시작하고자 한강변 압구정으로 사도님을 모셨습니다.

요한: 이 새해 아침, 강물이 흐르는 곳에서 저와 만나자고 하신 것으로 보아 무슨 깊은 뜻을 갖고 계신 것 같은데요?

까치: 그렇습니다. 예부터 역사를 '흐르는 강물'로 비유하곤 했지요. 강물이 쉼 없이 흐르듯이 역사도 그러하지요. 특히 강물이

때로는 천천히 평화롭게 흐르기도 하고, 때로는 급하게 요동치며 흐르기도 하듯이, 역사가 태평세월처럼 천천히 평화롭게 흐를 때가 있는가 하면 난세처럼 급하게 요동칠 때가 있다는 의미에서 역사를 강물로 비유하곤 하지요.

요한: 말씀을 듣고 보니 오늘도 흥미진진한 시간이 될 것 같네요. 그런데 말로만 듣던 한강은 참으로 아름답네요.

까치: 그렇습니다. 한강은 대한민국의 수도 서울 한복판을 흐르는 큰 강인데, 세계의 어느 수도에도 이같이 아름다운 큰 강이 흐르는 도시는 그리 많지 않은 것으로 알고 있어요. 저는 프랑스 파리의 세느 강도 보았고, 헝가리 부다페스트를 흐르는 도나우 강도 보았고, 러시아 상트페테르부르크의 네바 강도 보았지만 한강만은 못한 것 같아요. 한강은 한반도의 젖줄로서 강원, 충북, 경기, 서울로 이어지는데, 총길이는 400여 킬로미터나 됩니다.

오늘날 대한민국의 발전을 '한강의 기적'이라는 말로 표현할 정도로 한강은 한민족의 역사와 떼려야 뗄 수 없는 관계에 있지요. 한강에 놓인 최초의 다리는 한강철교인데, 1887년 3월에 착공하여 1900년 7월에 준공되었지요. 그 후 지난 100여 년 동안 급속한 인구증가와 경제발전을 반영하는 한강의 다리 수는 무려 30여 개나 된다고 합니다.

요한: 우리가 지금 앉아 있는 이곳은 어디이고, 양쪽에 있는 다리는 무슨 다리인지요?

까치: 왼쪽은 동호대교라고 하고요, 오른쪽은 성수대교라고 합니다. 그리고 지금 이곳은 압구정이라는 동네입니다. '압구정'(狎鷗亭)이라는 말은 '갈매기와 친하게 지내는 정자'라는 뜻인데, 이와 관

련된 한명회(韓明澮, 1415-1487)라는 한 역사적 인물을 소개하고자 합니다.

조선의 제4대 임금인 성군 세종대왕이 32년간의 통치를 마감하고, 뒤를 이어 문종이 제5대 임금으로 등극합니다. 그러나 문종 임금은 재위 2년 3개월 만에 병사하고, 열두 살 어린 단종이 제6대 임금으로 등극합니다. 그런데 수렴청정도, 섭정도 없는 상황에서 소년 왕을 두고 왕실의 종친과 조정의 중신들 간에는 권력투쟁이 격화됩니다. 마침내 제1왕숙인 수양대군은 계유정난(1453년)이라는 쿠데타를 일으켜 실권을 잡은 뒤, 2년 후 조카 단종을 폐위시키고, 제7대 세조(재위 1455-1468) 임금으로 등극합니다.

수양대군이 세조 임금이 되는 이 모든 과정에는 한명회라는 걸출한 책사(策士)가 있었습니다. 그는 중국 한나라를 세운 유방의 책사인 장량(장자방)에 해당하는 인물입니다. 한명회의 72년의 일생은 각각 36년씩 두 시기(전반부와 후반부)로 나누어집니다. 전반부 36년은 백두건달로 불우하게 지냈지요.

그 반면 후반부 36년은 그 누구도 맛볼 수 없는 온갖 영화와 세도를 다 누립니다. 그는 수양대군과의 운명적 만남이 있은 후 그의 책사가 되어 그를 임금으로 만들었고, 자신의 두 딸을 왕비(예종의 妃 장순왕후, 성종의 妃 공혜왕후)로, 사위를 임금(성종)으로 만들었죠. 그리고 자신은 3대(세조, 예종, 성종)에 걸쳐 권부의 수장(영의정 2번, 좌의정 1번)을 차지했지요.

그야말로 한명회는 5대(문종에서 성종까지)에 걸친 격동의 세월 속에서 파란만장한 삶을 살다 간 입지전적 인물입니다. 그는 노년에 경치가 빼어난 이곳 한강변에 '압구정'이라는 정자를 짓고, 이곳에서 권세가로서 맘껏 유흥을 즐겼다고 합니다. 오늘날 수도 서울의 명소로 등장한 강남땅, 압구정동이라는 이름은 한명회의 정자 이름에서 유래합니다.

요한: 한명회라는 인물에 대해 잘 들었습니다. 오늘 '재림의 복음'에 대해 말씀을 나누고자 하는데, 한명회라는 인물이 이 주제와 어떤 관련이 있기에 저를 이곳으로 부르셨는지요?

까치: 한마디로 '역사는 심판입니다'라는 말을 하고 싶어서이지요. 하나님의 마지막 비밀인 '재림의 복음'은 다시 오실 왕과 그분의 심판에 관한 메시지를 담고 있다고 할 때, 재상(宰相) 한명회라는 인물이 이 주제에 적격이라는 생각에서지요. 한명회는 역사에 대한 깊은 경륜을 지닌 사람이었죠. 역사를 관장(管掌)하는 신이 있다고 믿었던 그는 역사를 이렇게 정의합니다. "시대가 영걸(英傑, 영웅호걸)을 소명(召命)하여 쓰나 그 소임을 마치면 가차없이 내쳐버린다." 한명회의 후반기 인생이 그러했지요.

명분은 '종사를 위해서' 또는 '국민을 위해서'라고 외치며 행한 모든 혁명이나 쿠데타는 성공한 뒤에 그 열매를 자신들이 따 먹었지요. 한명회도 그러했지요. 그는 쿠데타에 성공한 뒤 권력의 정점에서 온갖 부귀영화를 다 누렸지요. 그것은 수많은 사람들이 흘린 피를 등에 업고 누린 결과이지요. 따라서 씨앗(행함)은 뿌린 대로 그 열매(심판)를 거두는 법이지요.

한명회의 동생 명진은 계유정난에서 생살부(生殺簿)를 들고 있는 형의 모습에서 상상도 할 수 없는 충격을 받아 그 이듬해 29세의 나이로 요절합니다. 또한 세조의 두 아들이 모두 스무 살에 요절했듯이, 왕비가 된 한명회의 두 딸도 각각 17세와 19세의 나이로 요절합니다. 또한 천하절경 압구정도 그의 사위 성종 임금의 어명으로 헐려 폐허가 되고 맙니다. 무소불위(無所不爲)의 권세를 누리던 그는 말년에는 온갖 구설수에 시달리며 곤욕을 치렀고, 죽음을 눈앞에 둔 그에게는 아무것도 남은 것이 없이 홀로 외롭게 지내다가 쓸쓸히 생을 마감했지요.

그리고는 사후 17년 후인 1504년(연산군 10년)에 부관참시(剖棺斬屍)를 당해 두 번 죽는 운명에 처해졌지요. 그의 목은 잘려 한양(지금의 서울) 네거리에 걸리는 비운을 맞았죠. 철저히 역사의 심판을 받은 것이죠. 외람된 얘기입니다만 압구정 한강변으로 사도님을 모신 것은 역사를 주관하시는 하나님의 도도한 강물은 한 치의 어긋남도 없이 준엄하게 흐르고 있다는 것을 다시 한 번 상기하고 싶어서입니다.

요한: 정말 공감되는 말씀을 하셨네요. '재림' 주제를 가지고 말씀을 나누고자 하는 저 또한 무거운 책임감을 느낍니다.

재림신앙의 명암

까치: 이제 '재림의 복음'에 대해 말씀을 나누도록 하죠. 먼저 '재림의 복음'에 대한 사도님의 견해를 듣고자 합니다.

요한: '재림의 복음'에 대한 저의 견해는 한마디로 '왕의 귀환과 심판'이라고 정의해 봅니다. 재림으로 번역된 헬라어 원어 '파루시아'(parousia)는 '예수의 왕적 임재'(presence)를 표현하기 위해 사용된 용어입니다. 따라서 그 용어 속에는 첫 번째 임재(성육신)처럼 왕으로 오신 주님께서 미래 어느 때인가 왕으로 다시 오셔서 이 세상을 심판하시고 새로운 창조를 행하실 것이라는 의미가 내포되어 있지요.

요한복음에 나타난 재림 관련 본문을 그대로 옮겨 봅니다. "내가 진실로 진실로 너희에게 이르노니 내 말을 듣고 또 나 보내신 이를 믿는 자는 영생을 얻었고 심판에 이르지 아니하나니 사망에서 생명으로 옮겼느니라/ 진실로 진실로 너희에게 이르노니 죽은 자들이 하나님의 아들의 음성을 들을 때가 오나니 곧 이때라 듣는 자는 살아나리라/ 아버지께서 자기 속에 생명이 있음같이 아들에게도 생명을 주어 그 속에 있게 하셨고/ 또 인자됨으로 말미암아 심판하는 권한을 주셨느니라/ 이를 놀랍게 여기지 말라 무덤 속에 있는 자가 다 그의 음성을 들을 때가 오나니/ 선한 일을 행한 자는 생명의 부활로, 악한 일을 행한 자는 심판의 부활로 나오리라"(요 5:24-29).

성부 하나님께서 성자 예수님께 모든 심판하는 권세를 주셨죠. 왕의 중요한 역할 중의 하나는 옳고 그름을 심판하는 재판장의 역할입니다. 주님의 재강림은 왕의 귀환인 동시에 선한 일과 악한 일, 즉 그리스도 예수를 믿은 자와 거부한 자에 대한 왕적 심판을 의미합니다.

까치: 사도께서 사셨던 초대교회 성도들의 재림신앙은 어떠했나요?

요한: 신약성경 27권 가운데 21권이 재림을 언급하고 있을 정도로 재림에 관한 말씀이 참으로 많습니다. 요즘 그리스도인들은 재림에 대해 별로 관심이 없습니다만 초대교회 성도들에게 있어 재림신앙('그는 영광 중에 다시 오실 것이다')은 그들의 신앙의 핵심이었죠. 그래서 주일마다 암송하는 교회의 신조 속에 포함되어 있었을 정도로 강력했죠.

우리가 고백하는 〈사도신경〉에도 재림신앙이 잘 묘사되어 있습니다. "하늘에 오르사 전능하신 아버지 하나님 우편에 앉아 계시다가 거기로부터 살아 있는 자와 죽은 자를 심판하러 오십니다." 비록 시간이 지남에 따라 재림이 임박했다는 믿음은 식어갔지만 기독교 역사를 통해 재림신앙은 계속 이어져 왔죠.

까치: 초대교회가 가졌던 '임박한 재림'에 대해 말씀해 주시지요.

요한: 주후 1세기 초대교회는 '임박한 재림'을 강하게 기대했죠. 그것은 무엇보다 주님의 말씀에서 비롯되었지요. 소위 '소묵시록'이라고 불리는 마가복음 13장을 보면 임박한 종말에 관한 주님의 말씀을 엿볼 수 있지요.

"그때에 그 환난 후 해가 어두워지며 달이 빛을 내지 아니하며/ 별들이 하늘에서 떨어지며 하늘에 있는 권능들이 흔들리리라/ 그때에 인자가 구름을 타고 큰 권능과 영광으로 오는 것을 사람들이 보리라/ 또 그때에 그가 천사들을 보내어 자기가 택하신 자들을 땅 끝으로부터 하늘 끝까지 사방에서 모으리라/ 무화과나무의 비유를 배우라 그 가지가 연하여지고 잎사귀를 내면 여름이 가까운 줄 아나니/ 이와 같이 너희가 이런 일이 일어나는 것을 보거든 인자가 가까이 곧 문 앞에 이른 줄 알라/ 내가 진실로 너희에게 말하노니 이 세대가 지나가기 전에 이 일이 다 일어나리라/ 천지는 없어지겠으나 내 말은 없어지지 아니하리라"(막 13:24-31).

요한계시록의 저자도 예수님의 재림이 자신의 시대에 있을 것을 기대했지요. 1세기 말엽에 소아시아의 일곱 교회에 보낸 묵시문학적 편지들은 다양한 상징적 언어를 사용하여 로마제국의 멸망과 그리스도의 재림을 언급하고 있지요. 그 환상들은 아마겟돈 전쟁, 전사 그리스도가 짐승의 군대를 격파하는 것, 사탄을 결박하는 것, 마지막 심판, 새 예루살렘이 하늘로부터 내려오는 것에서 절정에 이르지요. 책머리에 이런 일들이 '반드시 속히 일어날 것', '그 일들이 성취될 때가 가까이 왔다'고 말씀하고(계 1:1, 3), 또 책 말미에 이런 확신이 부활한 그리스도가 하신 말씀으로 두 차례나 언급되고 있지요. "내가 속히 가겠다"와 "진실로 내가 속히 가겠다"는 말씀이 그것이지요(계 22:12, 20).

한편, 바울 서신에서도 임박한 재림신앙이 분명하게 나타나죠. 바울 사도 자신이 다메섹 도상에서 부활하신 주님을 만난 후 주님이 머지않아 재림하실 것으로 믿었죠. 그래서 임박한 파루시아(재림)에 대한 기대를 안고 남선북마(南船北馬), 동분서주(東奔西走)하며 불타는 열정으로 남은 생 전부를 복음 전하는 데 매진하였죠.

50년경에 데살로니가 교회에 보낸 최초의 편지에서 그분의 재림신앙을 엿볼 수 있지요. 데살로니가전서(4:13-5:11)에 보면, 주께서 호령과 천사장의 소리와 하나님의 나팔 소리로 친히 하늘로부터 강림하실 것이며, 주의 날이 밤에 도둑같이 임할 것이라고 말씀하고 있지요. 따라서 낮에 속한 우리들은 다른 이들과 같이 자지 말고 오직 깨어 정신을 차리고 믿음과 사랑의 호심경을 붙이고 구원의 소망의 투구를 쓰자고 권면하고 있지요. 이는 주의 강림의 임박성과 그에 따른 성도들의 각성을 촉구하는 내용이지요.

까치: 주후 1세기 초대교회 성도들이 그 어느 시대보다 임박한 재림신앙을 강하게 가진 이유는 어디에 있다고 보시는지요?

요한: '묵시문학적 위기상황' 때문이지요. 본디 재림신앙이란 종말, 즉 끝(end)이라는 말세의식에서 생겨난 것이죠. 그들이 현재 처해 있는 상황이 묵시문학적 위기상황, 즉 살기가 힘들고 종교적 박해에 따른 위기의식 속에서 이 세상이 빨리 끝나고, 새로운 세상이 속히 오기를 바라는 기대 속에서 생겨난 것이지요.

좀 더 구체적으로 말하면 기독교인이라는 이름 때문에 회당에서 출교되어 그 사회로부터 소외를 당하고, 사회생활에서도 직장을 얻기가 힘들어 경제적인 압박이 심해지고, 심지어는 로마제국으로부터 황제숭배를 강요당하는 상황에서 신앙을 지켜간다는 것이 매우 힘들었지요. 삶이 고달파지면 사람들은 새로운 세상을 동경하게 되고, 그래서 메시아의 도래를 기다리게 되고, 현재의 세상이 속히 뒤집어지기를 바라는 마음이 간절해지지요. 그래서 임박한 재림신앙을 갖게 되지요.

까치: 그러면 임박한 재림신앙은 이 세상의 종말이 오기를 바라는 '종말론'과 깊은 연관을 가질 수밖에 없겠네요?

요한: 그렇습니다. 재림신앙은 우리가 흔히 말하는 '세상의 종말'(the end of the world), 즉 종말론 주제와 연관되어 있지요. 그들은 주님이 곧 오시리라 믿고 종말론적 의식을 갖고 살았지요. 그래서 '재림신앙은 곧 종말신앙'입니다. 종말론적 재림신앙은 초대교회 성도들로 하여금 온갖 고난과 박해를 이겨내는 강력한 무기였죠. 삶의 위기와 순교 상황 속에서도 '죽어도 물러서지 않으리라'는 불굴의 신앙이 주님 곧 다시 오실 것을 믿는 재림신앙에서 비롯된 것이지요.

까치: 그런데 임박한 재림신앙은 종종 부정적인 모습으로 변질되기도 했던 것으로 알고 있는데요?

요한: 그렇습니다. 데살로니가후서(2:1-3:15)에서 그런 모습을 엿볼 수 있죠. 데살로니가 성도들 중에 재림신앙을 오해하여 아무 일도 하지 않고 재림만을 기다리거나 이상한 일을 만들기만 하는 현상이 나타난 것이죠. 이에 대해 바울 사도는 "누구든지 일하기 싫

어하거든 먹지도 말게 하라"고 일갈하시면서 주의 강림은 지금 당장 박두하는 것이 아니라 한참 기다려야 하는 일이기에 일상적인 삶으로 돌아가 본업에 충실할 것을 역설했지요. 이는 빗나간 재림 신앙에 대한 종말론적 열광을 잠재우고, 그리스도인으로서의 거룩하고 절도 있는 생활을 할 것을 주문한 것이지요.

까치: 임박한 재림 기대가 크다 보면 가짜 메시아, 즉 자신을 '재림주'라고 떠들어대는 자들에게 미혹되어 곤경에 처하는 일도 많이 생길 텐데요.

요한: 그렇지요. 마가복음 13장을 보면 주님께서 임박한 종말에 관한 말씀과 더불어 종말의 징조 중에 거짓 메시아에 대한 말씀도 하셨지요. "예수께서 이르시되 너희가 사람의 미혹을 받지 않도록 주의하라/ 많은 사람이 내 이름으로 와서 이르되 내가 그라 하여 많은 사람을 미혹하리라/ 난리와 난리의 소문을 들을 때에 두려워하지 말라 이런 일이 있어야 하되 아직 끝은 아니니라/ 그때에 어떤 사람이 너희에게 말하되 보라 그리스도(메시아)가 여기 있다 보라 저기 있다 하여도 믿지 말라/ 거짓 그리스도들과 거짓 선지자들이 일어나서 이적과 기사를 행하여 할 수만 있으면 택하신 자들을 미혹하려 하리라/ 너희는 삼가라 내가 모든 일을 너희에게 미리 말하였노라/ 그러나 그 날과 그 때는 아무도 모르나니 하늘에 있는 천사들도, 아들도 모르고 아버지만 아시느니라"(막 13:5-7, 21-23, 32).

까치: 말씀을 들으면서 남의 일 같지 않다는 생각이 듭니다. 우리 한국에도 시한부 종말론자들이나 자신을 재림주 또는 보혜사라고 떠들면서 성도들을 미혹하여 영혼을 사냥하고 폐가망신케 하는

사람들이 얼마나 많은지 모릅니다. 일제 강점기 때인 1937년경 백백교(白白教) 교주인 전용해라는 사람이 있었어요. 그는 머지않아 세상의 종말이 오고 백백교를 믿는 자만이 구원을 받는다고 하면서 많은 이들을 홀려 전 재산을 가로채고 부녀자들을 성적 노리개로 삼았으며, 자신의 뜻을 따르지 않는 자들을 무수히 죽이는 살인을 자행했지요.

또한 통일교의 문선명, 신천지의 이만희, 만민중앙교회의 이재록, 기독교복음선교회 정명석(JMS) 등 셀 수 없이 많은 가짜 메시아, 거짓 선지자들이 있지요. 게다가 이단 종파들로 인한 피해도 심각하지요. 그 대표적인 실례가 이단 종파인 구원파와 관련된 '세월호 사건'이지요. 2014년 4월 16일에 있었던 이 사건은 300여 명이 사망하거나 실종되는 대형 참사였지요.

또한 '다가올 미래를 준비하라'는 뜻을 가진 '다미선교회'라는 시한부 종말론자들은 1992년 10월 28일에 세계에 종말이 올 것이며, 이날 성도들은 하늘로 들림 받는 휴거(携擧)가 일어날 것이라고 하여 성도들을 미혹하여 재물을 가로채고 온갖 미친 짓을 다 벌여 기독교계에 파란을 일으킨 적이 있지요. 그러나 그날 아무 일도 일어나지 않았지요.

요한: 주님께서는 자칭 메시아를 사칭하거나 말세를 강조하면서 성도들의 재물을 갈취하거나 정욕의 제물로 삼는 거짓 선지자들을 철저하게 심판하실 겁니다. 그들이 주 앞에 섰을 때 주께서는 그들을 도무지 알지 못하는 자들이라는 하실 것이며(마 7:23), 그들은 '유황불 붙는 못에 던져질 것'(계 19:20)이라고 말씀하셨지요.

까치: 사도께서도 임박한 재림에 대한 주님의 말씀을 직접 들

으셨을 줄로 압니다. 그 당시 이에 대한 제자들의 반응은 어떠했나요?

요한: 베드로 사도의 유명한 신앙고백(마 16:16)이 있은 후 주님께서 이런 말씀을 하셨지요. "진실로 너희에게 이르노니 여기 서 있는 사람 중에 죽기 전에 인자가 그 왕권을 가지고 오는 것을 볼 자들도 있느니라"(마 16:28). 이 말씀을 들은 제자들로서는 스승 예수께서 당장 왕으로 등극하셔서 우리가 그토록 고대하던 다윗의 나라가 속히 오리라고 믿었죠.

더욱이 주님께서 이 발언을 하신 후에 헐몬 산 꼭대기로 저를 포함한 베드로 사도와 야고보 사도를 데리고 올라가서는 그 얼굴이 해같이 빛나고 입으신 옷이 빛과 같이 희어져 황홀하게 그 형체가 변형되는 모습을 보여주신 겁니다. 그러니 우리들이 얼마나 놀랐겠어요. 그 순간 예수님이야말로 우리의 소원을 만족시켜 주실 메시아라는 사실을 더욱 확신했죠.

그런데 산에서 내려오자마자 주님께서 이같이 단호하게 말씀하시는 겁니다. "인자가 죽은 자 가운데서 살아나기 전에는 본 것을 아무에게도 이르지 말라"(마 17:9). 메시아가 죽다니, 그리고 죽은 자 가운데서 다시 살아난다니, 이게 도대체 무슨 말씀인지 참으로 알다가도 모를 일이었죠. 이 사건이 있은 후 모든 일이 정신을 차릴 수 없도록 일사천리로 진행되었지요. 말씀이 끝나기 무섭게 주님께서는 곧장 예루살렘으로 가자는 것이었죠. 한편으로는 당황스럽기도 하고, 이제야 우리의 꿈과 소원이 성취되는가 싶어 마음이 들떴던 것이 사실이죠.

그런데 주님께서 말씀하신 대로 예루살렘에 가서는 성전에서 난동을 부리시고는 붙잡혀 로마 군병들에게 끌려갔지요. 그러고는 빌라도 총독에게 넘겨져 심문을 받다가 곧이어 십자가에 달려 허무하게 죽어가는 것이었죠. 예수님처럼 잡혀 죽을 것 같아 제자들이 모두 어느 집에 몰래 숨어들어가 문 걸어 잠그고 있는데 사흘 만에 유령처럼 다시 나타나신 겁니다. 얼마나 놀랐겠습니까?

승천하시기 전 40일 머무시는 동안 하나님 나라의 일을 말씀하시면서 "예루살렘을 떠나지 말고 내게서 들은 바 아버지께서 약속하신 것을 기다리라"(행 1:4)는 알아들을 수 없는 말씀을 하시는 겁니다. 그래서 답답했던 한 제자가 "주께서 이스라엘 나라를 회복하심이 이때니이까?"라고 여쭈었죠. 그랬더니 또 알 듯 말 듯한 이런 말씀을 하시는 겁니다. "때와 시기는 아버지께서 자기의 권한에 두셨으니 너희가 알 바 아니요/ 오직 성령이 너희에게 임하시면 너희가 권능을 받고 예루살렘과 온 유대와 사마리아와 땅 끝까지 이르러 내 증인이 되리라."

이 말씀을 하시고는 저희들이 보는 앞에서 하늘로 올라가시면서 한마디 던지시고는 사라지는 겁니다. "갈릴리 사람들아 어찌하여 서서 하늘을 쳐다보느냐 너희 가운데서 하늘로 올려지신 이 예수는 하늘로 가심을 본 그대로 오시리라." 그렇다면 도대체 우리의 오매불망 소원인 다윗의 나라, 곧 이스라엘 나라를 회복할 그 일은 어찌되는 겁니까? 아무 대책도 없이 사라진 주님이 야속하기만 한 것이었죠. 그러면서도 저희들을 생각하신다면 말씀대로 곧 오시리라 믿었던 것이죠.

그래서 모든 제자들이 허탈한 가슴을 안고 주님과 함께했던 지난날들의 추억을 회상하며 모여서 기도에 열심을 내었던 것이죠.

10일 후에 오순절이 왔고, 우리가 모인 자리에 전혀 예상치 못한 강하고 급한 바람과 불같은 것이 임하면서 모두가 성령의 충만함을 입은 것이죠. 또다시 주께서 말씀하신 대로 성령이 강림한 겁니다(행 2:1-4). 이 같은 일련의 사건을 통해 제자들로서는 주께서 "곧 다시 오리라" 하신 대로 그 말씀을 그대로 믿었던 것이죠.

그런데 저를 포함한 모든 제자들이 잘 몰랐던 사실이 있었죠. 하나는 하나님께서 아브라함에게 약속하는 말씀이 그대로 이루어진 것같이(창 21:1-2), 제자들이 죽기 전, 즉 살아생전에 인자가 오는 것을 볼 자가 있으리라고 하신 약속의 말씀이 성령 강림 사건을 통해 그대로 이루어졌다는 사실이죠. 성령이 누구입니까? "주의 영"(고후 3:17), 곧 "예수의 영"(행 16:6-7)이지요. 승천하사 아버지 하나님 우편에 계신 성자께서 성부께 요청하여 성자를 대신하여 오신 분이 성령이시죠.

그런데 저희들은 온통 '이스라엘 나라의 회복'이라는 게토(ghetto)에 갇혀 '하나님 나라의 회복', 즉 예수 그리스도의 왕 되심(주 되심)을 만민에게 전하는 일이 주님의 급선무였다는 사실을 제대로 이해하지 못했던 것이죠. '하나님 나라의 회복'을 위해 성자로부터 전권을 위임받은 성령께서 오순절에 강력하게 제자들에게 임한 것이지요.

또 하나는 주님의 시간 계산과 제자들의 시간 계산이 다르다는 것을 잘 몰랐던 것이죠. 오랜 세월이 흐른 후에 베드로 사도께서 이런 말씀을 하셨죠. "사랑하는 자들아 주께는 하루가 천 년 같고 천 년이 하루 같다는 이 한 가지를 잊지 말라"(벧후 3:8). 이 말씀이 얼마나 중요했으면 "이 한 가지를 잊지 말라"고까지 강조했을까요. 주께 하루가 천 년이라면, 2천 년이 지난 지금은 겨우 이틀이 지난 겁니다. 우리가 주께서 더디 오신다고 생각할지 모르겠으나 주님의 시간표에 따르면 결코 더디 오시지 않을 겁니다.

까치: 종말론적 재림신앙은 성도들에게 삶 속에서 어떤 신앙적 태도를 갖도록 할까요?

요한: 재림신앙은 주님께서 곧 새 하늘과 새 땅을 가지고 귀환하실 것임을 믿는 신앙입니다. 그러기에 이 세상 것들에 대해 미련이나 집착을 하지 않는 초연한 삶을 살게 하는 원동력이 되었죠. 또한 세상적인 화려한 것들에 한눈팔지도 아니하고, 주눅 들지도 아니하고, 경건하게 살면서 주님 사랑의 길로만 똑바로 걸어갈 수 있는 힘을 부여했죠.

또한 이미 언급했듯이 재림신앙에는 '마지막'이라는 종말의식이 들어 있지요. 종말의식을 갖고 살아야 이 세상 것에 집착하지 않게 되지요. 종말론적인 재림신앙이 없으면 눈에 보이는 이 세상이 전부인 양 생각하고 세상 것들에 집착하게 되죠. 세상적인 것들을 더 많이 소유하기 위해 지나친 욕심을 부리다가 죄를 짓게 되기도 하고, 그 반대로 상대적으로 세상적인 것들을 소유하지 못한 것으로 인해 원망과 불평, 염려와 근심에서 자유하지 못하는 삶을 살아가기도 하지요.

또한 신앙적 관점으로 보면 눈에 보이지 않는 하나님은 없다고 하면서 삶의 목적도 없이 무신론자로 살다가 허무하게 생을 마감하거나, 아니면 신앙생활을 잘하다가도 박해가 오면 신앙을 저버리고 배교를 한다든지, 좀 더 편안하고 화려한 것을 좇아 세속에 물들어 신앙을 저버리는 일도 많지요. 그런 의미에서 종말의식을 지니고 산다는 것은 정말 중요한 일이죠. 종말론적 재림신앙은 언젠가는 우리 주님께서 귀환하실 것이고, 그때는 그동안 행한 모든 것에 대해 주의 심판이 따를 것이기에, 현실에 안주하거나 아무렇게나 살아갈 수 없고, 늘 깨어 있으면서 팽팽한 긴장감 속에 살도록 우리를 끊임없이 자극하는 역할을 하지요.

바울 사도께서 이런 말씀을 했지요. "그런즉 우리는 몸으로 있든지 떠나든지 주를 기쁘시게 하는 자가 되기를 힘쓰노라/ 이는 우리가 다 반드시 그리스도의 심판대 앞에 나타나게 되어 각각 선악간에 그 몸으로 행한 것을 따라 받으려 함이라"(고후 5:9-10). 재림신앙은 우리가 언젠가는 공의로우신 심판주 그리스도 앞에서 우리의 행한 대로 심판을 받아야 한다는 것을 내포하고 있죠. 그러기에 그리스도인들은 이 세상에서 항상 그리스도를 기쁘시게 하는 일에 힘써야 한다는 겁니다.

까치: 말씀을 듣고 보니 초대교회 당시에도 재림과 종말의 문제는 큰 이슈였다는 생각이 듭니다. 콘첼만(H. Conzelmann)이란 학자가 그의 저서 《누가의 신학》에서 종말 재림의 문제를 다루었거든요. 그는 누가 문서(누가복음과 사도행전)를 3단계의 구속사로 나누었어요. 이스라엘시대(율법과 예언자의 시대), 예수시대, 교회시대(예수의 승천과 재림[파루시아] 사이)가 그것이죠. 그러면서 누가복음은 중간시대인 예수시대(복음시대)를 취급하고, 사도행전은 교회시대(성령시대)를 다루고 있지요. 그리스도 예수께서 오심으로 하나님 나라의 출범, 즉 구원이 시작되었고, 그리스도 예수께서 다시 오심으로 하나님 나라의 완성, 즉 구원이 완성되는, 그 사이에 성령의 활동을 통해 세계복음화가 이루어지는 교회시대가 있다는 것이죠.

이를 통해 그가 주장하려는 것은 누가가 누가문서를 쓰게 된 동기 중의 하나가 '재림의 지연에 따른 교회의 혼란을 막기 위해서'라는 주장입니다. 즉 누가는 주의 재림이 곧 오는 것이 아니라 오랜 기간의 교회시대가 전개되고, 복음이 온 천하에 전파된 이후에 주의 재림이 있을 것이라는 것이죠. 따라서 그때까지는 베드로 사도나 바울 사도처럼 성령의 권능을 받아 예루살렘에서 땅 끝까지 선교에 힘써야 한다는 것이죠. 이런 주장에 대해 어떻게 생각하시는지요?

요한: 상당히 일리가 있는 주장입니다. 기독교에 대한 박해는 점점 심해지고 제자들은 하나씩 순교로 죽어가고 있는데, 곧 오리라 하신 주님은 아무 소식이 없자 마음이 초조해지고 신앙의 회의를 갖는 성도들이 점점 늘어나게 되었지요. 이런 상황에서 주님은 때가 되면 오실 것이니, 무작정 재림을 기다리지 말고 주께서 명하신 복음 증거의 사명을 다하라는 겁니다. 그것이 교회의 할 일이고 성도의 바른 자세임을 알리고자 누가복음에 이어 '성령행전'인 사도행전을 쓰게 된 것이라고 볼 수 있지요.

"이 천국 복음이 모든 민족에게 증언되기 위하여 온 세상에 전파되리니 그제야 끝이 오리라"(마 24:14)라는 주님의 말씀처럼, 누가는 긴 교회 시대를 통해 만민에게 복음이 전파된 후에 재림이 임하는 것으로 기술함으로써, 임박한 재림의 문제를 해결하고자 했던 것이죠.

31

성령의 능력 안에 있는 교회

까치: 빗나간 재림신앙이나 이단 사이비 종파에 빠지지 않기 위해서는 어떻게 해야 하나요?

요한: 철저히 성경말씀에 입각한 신앙생활을 해야지요. 복음서에 보면 주님께서 재림과 관련하여 하신 말씀이 참 많습니다. 그중에서 한 실례를 들어보죠. 마태복음에 보면 열 처녀 비유가 나옵니다(마 25:1-13). 천국은 마치 등을 들고 신랑을 맞으러 나간 열 처녀와 같다고 비유할 수 있는데, 그중의 다섯 처녀는 미련하여 등은 가지되 기름을 준비하지 않았고, 다섯 처녀는 슬기 있는 자들이라 등과 함께 그릇에 기름을 담아 함께 가지고 갔습니다.

그런데 신랑이 더디 오므로 다 졸며 자다가 밤중에 "보라 신랑이로다 맞으러 나오라"는 소리에 슬기로운 처녀들은 등을 들고 신랑을 맞으러 나갔으나 미련한 처녀들은 이미 등불이 꺼져가면서 신

 제6부 _ 재림의 복음: 왕의 귀환과 심판

랑을 맞이하러 나갈 수 없었죠. 그래서 미련한 다섯 처녀는 혼인잔치에 참여하지 못하고 문 밖에서 슬피 울며 이를 갈았다고 합니다. 이 비유 말씀은 이렇게 끝납니다. "그런즉 깨어 있으라 너희는 그 날과 그 때를 알지 못하느니라."

이 비유에서 '기름'은 '성령'을 의미합니다. 기름을 충분히 준비한다는 것은 성령으로 항상 충만해 있어야 한다는 것이지요. 그럴 때 졸지 아니하고 항상 깨어 있게 되는 것이지요. 마가복음에서도 주님께서 "깨어 있으라"는 말을 반복하시는 것을 볼 수 있지요. "주의하라 깨어 있으라 그 때가 언제인지 알지 못함이라/ 가령 사람이 집을 떠나 타국으로 갈 때에 그 종들에게 권한을 주어 각각 사무를 맡기며 문지기에게 깨어 있으라 명함과 같으니/ 그러므로 깨어 있으라 집 주인이 언제 올는지 혹 저물 때일는지, 밤중일는지, 닭 울 때일는지, 새벽일는지 너희가 알지 못함이라/ 그가 홀연히 와서 너희가 자는 것을 보지 않도록 하라/ 깨어 있으라 내가 너희에게 하는 이 말은 모든 사람에게 하는 말이니라 하시니라"(막 13:33-37).

까치: 사도께서는 21세기 기독교회의 가장 큰 적은 무엇이라고 생각하시는지요?

요한: 저는 두 가지 적, 즉 내부의 적과 외부의 적이 있다고 생각합니다. 가장 큰 내부의 적은 주님의 교회를 마치 자기 것인 양 사유화하고, 세습으로 교회를 강탈하는 양의 탈을 쓴 강도들이죠. 그리고 가장 큰 외부의 적은 이슬람 세력이라고 생각합니다.

까치: 요즘 교회세습 문제로 많이 시끄럽습니다. 예전에 어느 목사님이 《교회가 죽어야 예수가 산다》라는 책을 써서 많은 논란을

빚은 적이 있어요. 그 목사님의 선한 뜻은 알겠는데, 논란의 여지를 없애기 위해 《교회 왕이 죽어야 예수 왕이 산다》로 고쳐서 말하면 어떨는지요.

요한: 아, 그것 참 좋은 표현입니다.

까치: 내부의 적은 아래에서 다시 나누기로 하고, 먼저 가장 큰 외부의 적인 이슬람 세력에 대해 말씀해 주시지요?

요한: 21세기 오늘날 이슬람 세력은 무섭게 확장되고 있어요. 공세적인 전도를 통해서 확장되기도 하지만, 이슬람 자녀 출생 비율을 크게 증가시킴으로써 이슬람 세력을 확장하고 있지요. 이에 반해 기독교 국가들은 자녀 출생 비율이 현저하게 줄어들고 있고, 기독교의 사회적 공신력 상실로 인한 세력 확장의 어려움이 커가기 때문이지요. 그래서 2030년이 되면 지금 세계 제1종교인 기독교가 이슬람에 그 수위 자리를 내줄 것이라는 비관적 통계가 나와 있습니다.

저는 이러한 수적 통계보다 더 염려되는 것은 '사상적 신념의 차이'라고 생각합니다. 이슬람 사상을 신봉하는 이슬람 전사(戰士) 혹은 무장(武裝) 이슬람 게릴라를 '무자헤딘'(Mujahedin)이라고 합니다. 이들이 이교도(異敎徒)와 전쟁을 벌이는 것을 성전(聖戰), 아랍어로 '지하드'(Jihad)라고 합니다. '코란'(본래 발음은 '꾸르안')에서 지하드는 이슬람 교도의 중요한 의무라고 규정하고 있지요. 이슬람법에 의하면 지하드를 위해 싸우다 죽은 전사자는 '샤히드'(shahid), 곧 '순교자'(殉敎者)가 되어 천국에서 특별한 대우를 받는다고 합니다.

그래서 이슬람 전사들은 '알라를 위하여', '이슬람을 위하여' 장렬하게 전사하는 것을 최고의 영광과 행복으로 생각합니다. 무슬

림들은 이슬람의 학교(마드라사)나 사원(모스크)에서는 이슬람 사상을 배웁니다. 그 안에서 저들은 '사상가'가 되고, 세상에 나와서는 '전사'(무자헤딘)가 됩니다. 그런데 우리 그리스도인들은 어떻습니까? 교회나 신학교에서 성경과 신학 지식을 배웁니다. 그 안에서 그리스도인은 '지식인'이 되고, 세상에 나와서는 직업인(목회자)이 됩니다. 사상가와 전사 對 지식인과 직업인, 이 둘이 싸운다면 어떻게 될까요? 그 결과는 뻔하지 않겠습니까!

그리스도인들이 왜 완전무장한 하나님의 전신갑주를 입어야 하고, 종말론적 재림신앙으로 철저히 정신무장을 해야 하는지에 대한 이유가 여기에 있지요. 여기서 저는 모든 그리스도인을 향해 이런 말씀을 드리고 싶습니다. 그리스도인이란 왕이신 예수께 충성을 맹세한, 즉 예수를 위해 살고 예수를 위해 죽기로 각오한 '예수 사상가'입니다. 따라서 이러한 정신으로 살지 않는 그리스도인은 참된 의미에서 그리스도인이라고 할 수 없지요. '유사 그리스도인'에 불과하지요.

그래서 바울 사도께서는 사탄 마귀의 유혹을 물리치고 영적 전쟁에서 이기는 비결을 이렇게 말씀하셨지요. "우리의 씨름은 혈과 육을 상대하는 것이 아니요 통치자들과 권세들과 이 어둠의 세상 주관자들과 하늘에 있는 악의 영들을 상대함이라/ 그러므로 하나님의 전신 갑주를 취하라 이는 악한 날에 너희가 능히 대적하고 모든 일을 행한 후에 서기 위함이라/ 그런즉 서서 진리로 너희 허리띠를 띠고 의의 호심경을 붙이고/ 평안의 복음이 준비한 것으로 신을 신고/ 모든 것 위에 믿음의 방패를 가지고 이로써 능히 악한 자의 모든 불화살을 소멸하고/ 구원의 투구와 성령의 검 곧 하나님의 말씀을 가지라/ 모든 기도와 간구를 하되 항상 성령 안에서 기도하고 이를 위하여 깨어 구하기를 항상 힘쓰며 여러 성도를 위하여 구하라"(엡 6:12-18). 영적 전쟁에서 승리하려면 머리끝에서 발끝까지 하나님의 전신갑주로 무장하는 일과 항상 성령 안에서 깨어 구하기를 힘쓰는 데 있다고 말씀하고 있지요.

까치: 사도님의 말씀을 들으면서 '성령의 내주와 충만'이 중요하다는 것을 다시 한 번 절실히 느낍니다. 그러면 예수님을 대신해서 성령님이 하시는 일은 무엇인지요?

요한: 성령님의 사역에 대해서는 제가 '고별설교'라 불리는 세 장(요 14-16장)에서 집중적으로 언급했지요. '고별설교'는 주님께서 십자가를 지시기 바로 직전 제자들에게 유언처럼 하신 마지막 말씀입니다. 유언의 말씀이 대단히 중요하듯이 '고별설교'는 대단히 중요합니다. 저는 고별설교에서 예수님을 대신할 성령님을 '또 다른 보혜사' 또는 그냥 '보혜사'(14:16-17, 26, 15:26, 16:7-13)라고 지칭했는데, 이 어휘는 다른 복음서에는 없는 저만의 독특한 용어입니다. 여기서 '보혜사'란 원어로 파라클레토스(παράκλητος)로써 '돕는다'는 뜻을 가지며, '변호사', '위로자', '상담자'로 번역할 수 있지요. 승천하신 예수님을 대신하여 오신 보혜사 성령님은 어떤 사역을 하시는지 크게 네 가지로 구분하여 살펴보면 이렇습니다.

첫째는, '위로의 영'이십니다. 성령님은 기독교인이라는 이름으로 사회에서 소외되고 박해를 당하는 성도들을 고아처럼 버려두지 아니하시고 늘 함께하시며(요 14:16, 18), 그들을 평안 가운데로 인도하시는 분입니다(요 14:27).

둘째는, '거룩의 영'이십니다. 성령님은 성도들이 불신 세상과 구별되어 살도록 늘 지켜 주시고 많은 열매를 맺도록 도와주시는 분이십니다(요 15:1-8). 바울 사도께서는 성령의 열매 9가지를 말씀하셨죠. 사랑, 희락, 화평, 오래 참음, 자비, 양선, 충성, 온유, 절제가 그것이죠.

셋째로, '진리의 영'이십니다. 성령님은 성도들을 진리 가운데로 인도하시고, 주께서 하신 모든 말씀을 생각나게 하시며 장래 일을 알게 해주시는 분입니다(요 14:26, 16:13). 제가 주님에 관한 복음서를 쓸 수 있었던 것은 성령님께서 제게 임하셔서 지나간 모든 일들을 가르치시고 생각나게 하셨기 때문이지요.

넷째로, '선교의 영'이십니다. 성령님은 주님께서 살아생전에 증언하신 일을 제자들이 대신 할 수 있도록(요 15:26-27) 그들에게 임하사 권능을 주시고 복음을 증언케 하십니다(행 1:8).

까치: 몰트만(J. Moltmann)이라는 독일학자는 삼위일체 하나님에 근거한 3부작 《희망의 신학》,《십자가에 달리신 하나님》,《성령의 능력 안에 있는 교회》라는 책을 썼지요. 책 제목처럼 교회는 '성령의 능력 안에' 있어야 하지요. 사도께서는 오늘의 기독교회를 어떻게 보시는지요?

요한: 참 곤혹스러운 질문이네요. 성령의 능력이 곧 복음의 능력이지요. 또한 성령이 역사하시지 않는 교회는 사회에 아무런 선한 영향력을 미치지 못하는 세상 모임에 지나지 않지요. 이 세상을 공산주의 세상으로 만들고자 했던 칼 마르크스는 이런 말을 했죠. "지금까지 철학자들은 단지 세계를 다양하게 해석했을 뿐이다. 그러나 중요한 것은 세계를 변혁시키는 것이다." 그는 이 일을 인간적인 능력으로 성취하고자 했죠.

그러나 교회는 성령의 능력, 복음의 능력으로 이 세상을 변혁시켜야지요. 다른 그 무엇으로는 안 되죠. 그런데 종말론적 재림신앙을 갖지 못한 교회는 성령과 복음의 동력을 상실한 교회가 되어 현실에 안주하고 현세의 복에 집착함으로써 세속화의 길을 갈 수밖에 없게 되죠. 그런데 오늘날 개신교회나 로마 가톨릭 교회나 진정으로 성령의 능력 안에 있는지 회의가 들 때가 많아요.

개신교회는 성령의 능력 대신 자본의 능력, 즉 돈의 능력을 더 의지하는 것 같은 인상을 떨쳐버릴 수가 없어요. 로마 가톨릭 교회의 잘못된 신학과 도덕적 타락에 반기를 들고 새로운 개혁교회를 세운 개신교가 500주년을 맞는 오늘에 이르러 로마 가톨릭 교회와 똑같은 길을 걷고 있는 것이 아닌지 심히 우려하지 않을 수 없습니다.

이말테(본명, 말테리노) 루터교 교수는 오늘의 한국교회는 루터시대의 천주교회와 닮았다고 하면서 다음과 같은 10가지를 제시하였습니다. 1) 율법주의적 예배이해, 2) 재물로 하나님께 영향을 미칠 수 있다는 생각, 3) 선행을 통해 천국에 갈 수 있다는 생각, 4) 교회의 지옥과 죽음에 대한 두려움 악용, 5) 교회의 교권주의, 6) 성직 매매, 7) 많은 목사들의 지나친 돈에 대한 관심과 잘못된 돈 사용, 8) 많은 목사들이 교회를 개인적 소유로 착각, 9) 많은 목사들의 도덕적, 성적 타락, 10) 많은 목사들의 낮은 신학적 수준이 그것입니다.

또한 로마 가톨릭 교회는 성령의 능력 대신 화려한 예배당, 장엄한 예식, 교황, 성모 마리아, 성인들, 성물 등 온갖 인본주의적인 것들로 교회의 힘을 과시하는 것 같아 안타깝기 그지없네요. 이런 일화가 있지요. 중세의 한 교황이 토마스 아퀴나스와 함께 화려한 금으로 치장된 성 베드로 대성당을 둘러보면서 이렇게 말했다지요. "토마스, 이제 우리는 '은과 금은 내게 없거니와'라는 말을 못하겠군." 그러자 토마스 아퀴나스는 이렇게 대답했다고 합니다. "'은과 금은 없다'는 말뿐 아니라 '내게 있는 이것을 네게 주노니 나사렛 예수 그리스도의 이름으로 걸으라'는 말도 못합니다. 이제 우리 교회에는 예수 이름의 권세가 없습니다."

영어 숙어에 'as poor as church mouse'(교회 쥐처럼 가난한)라는 말이 있지요. 이 말은 '정말로 가난하다'는 것을 뜻하지요. 교회가 가난할 때는 세상을 살리는 '영성의 수원지' 역할을 수행할 수 있었죠. 그런데 교회가 은과 금으로 가득 찰 때는 성령의 능력이 역사하지 않는 영적으로 무기력한 공동체가 되어 버리지요.

성령의 능력을 상실한 교회는 신앙과 복음의 동력을 상실한 죽은 교회가 되지요. 그리고 죽은 교회에는 온갖 잡상인들과 정치꾼들이 몰려들지요. 그들은 주님의 교회를 자신의 세속적 이익과 야망을 충족시키기 위해 철저히 이용하고, 심하게는 교회를 자기 것으로 사유화하고자 왕조시대의 유물인 세습을 정당화하는 데 온 정열을 다 기울이곤 하지요. 참으로 슬픈 일이 아닐 수 없지요.

그래서 계시록에 보면 일곱 교회를 향한 주님의 말씀이 모두 마친 뒤, 이긴 자에게 주실 약속의 말씀과 "귀 있는 자는 성령이 교회들에게 하시는 말씀을 들을지어다"라는 말로 끝나는 것을 볼 수 있지요(계 2:7a, 11a, 17a, 29, 3:6, 13, 22). 얼마나 중요하면 이런 말씀으로 끝을 장식하겠습니까! 교회는 성령의 지배 아래에 있어야 교회이지, 성령의 지배에서 벗어난 교회는 인간들이 모여 금송아지를 예배하는 세속적 종교집단에 지나지 않지요.

까치: 《다빈치코드》의 작가인 댄 브라운의 소설 《천사와 악마》에 보면 이런 말이 나와요. "바티칸이 요새인 이유는 그 담장 안에 절반의 재산이 있기 때문이야. 진귀한 그림, 조각상, 평가절하된 보석들, 값을 매길 수 없는 서적 등. 그리고 바티칸 은행 금고에는 금괴와 부동산 증서들이 들어 있지. 바티칸 시국 내의 재산은 어림잡아 485억 달러에 이르니, 당신은 꽤 괜찮은 밑천 위에 앉아 있는 셈이라고." 이것이 사실이라면 교회의 중추가 돈이 아닌 믿음이라고 말할 수 있는지요?

요한: 그러기에 로마 가톨릭 교회는 돈과 믿음이 결합된 혼합종교의 모습을 갖고 있지요. 세상과 타협하는 두아디라 교회(계 2:18-29)의 모습이 가톨릭 교회의 전형적인 모습이라고 할 수 있겠지요. 어쩌면 오랜 역사 경험을 통해 교회를 유지하기 위한 방편으로 그것이 가장 적절한 방법이라고 굳게 믿고 있는지도 모르지요.

까치: 제가 '교황'에 대해 이런 생각을 했습니다. 교황은 말 그대로 '교회의 황제'라는 뜻인데, 예수께서 '교회의 왕'이라면 황제는 왕보다 높은 존재이기에 그렇다면 '교황은 예수보다 높다'는 삼단논법이 성립됩니다. 저의 이런 생각이 맞는지요?

요한: 그렇습니다. 종교개혁 당시의 한 그림을 보면 '그리스도'(예수)와 '적그리스도'(교황)의 차이를 이렇게 그리고 있습니다. 주님은 제자들의 발을 씻기고 있는데, 교황은 군주들에게 자기 발에 입을 맞추게 하고 있습니다. 이러한 교회의 모습은 '거룩을 가장한 세속'의 전형을 보여줍니다. 교황제도는 발을 씻기시는 예수의 정신과는 가장 거리가 먼 제도입니다.

그래서 어느 가톨릭 신부는 '교황'(教皇)이라는 말 대신에 '교종'(教宗)이라고 해야 한다는 제안을 한 적이 있습니다. 그러나 가톨릭 교회는 이런 제안에 전혀 귀를 기울이지 않습니다. 오히려 그런 제안은 가톨릭 교회를 무너뜨리는 이단적 주장이라며 극력 반대합니다. 가톨릭 교회가 교황제도를 버리지 못하는 데에는 돈이 갖는 현실적 힘처럼 권력이 갖는 현실적 힘을 버릴 수 없다는 현실적이고 실용적인 이유가 있는 것이지요.

까치: 세속화 곧 세속금력과 세속권력을 버리지 못한 종교집단을 과연 천국(신국)의 종교인 기독교라고 부를 수 있는지 의심스러운데요?

요한: 좋은 지적입니다. 사실 가톨릭이라는 기독교는 순수한 종교집단이라기보다는 기독교라는 이름으로 가장한 '종교정치혼합체'라고 말할 수 있겠지요. 중세 가톨릭 교회가 세속금력과 세속권력이 부족해서 종교개혁이 필요했습니까? 오히려 그와 같은 세속적인 것이 점점 커져갈 때 기독교회는 점점 예수의 정신과 점점 멀어져 타락했고, 그 결과 순수 복음과 초대교회의 원형을 되찾기 위해 종교개혁이 요청되었던 것이지요.

32

〈아가서〉에 나타난
'재림의 복음'

까치: 초대교회의 재림신앙도 구약적, 유대적 기원을 갖고 있는지요?

요한: 그렇습니다. 구약성경에 보면 여호와 하나님께서 말일에 시온으로 돌아와 악한 세력들을 심판하실 것이라는 유대인들의 기대(사 66:7-17; 습 3:14-20; 슥 12-14장 등)가 강하게 나타납니다. 또한 유대교, 특히 묵시문학적 종말론 집단으로 일컬어지는 에세네파는 하나님께서 현재의 악한 세력들을 심판하고자 곧 오실 것이라는 재림신앙이 강력했죠. 이러한 구약적, 유대적 재림신앙을 초대교회가 이어받은 것이라고 볼 수 있죠.

까치: 그런데 재림신앙이 악한 세력을 심판하기 위해서 다시 오실 것이라는 것 이외에 떠나신 사랑하는 주님이 다시 돌아오시기를 기다리는 사무치는 그리움에 대한 표현으로도 볼 수 있지 않을

까요?

요한: 정말 좋은 지적입니다. 저는 〈아가서〉가 그런 책이라고 봅니다. 우리 성경에 〈아가서〉라고 부르는 이 책의 히브리 제목은 '쉬르 핫쉬림'(שיר השירים)입니다. 그 뜻은 '노래 중의 노래', 영어로는 'The Song of Songs'입니다. 〈아가서〉야말로 '노래 중의 노래', 즉 가장 아름다운 노래이지요. 이보다 더 아름다운 노래는 없다는 뜻에서 그렇게 부르게 된 것이죠.

〈아가서〉는 외형상 신랑인 솔로몬 왕과 신부인 술람미 여인 간의 농도 짙은 사랑 이야기지요. 어찌 보면 외설적인 노래로 여겨질 수도 있겠으나 이 노래를 가장 아름다운 노래로 본 것은 이 노래를 영적으로 해석할 때 하나님과 선민 이스라엘 간의 아름다운 사랑을 노래하고 있는 것으로 보았기 때문이죠.

그래서 유대인들은 매년 그들의 가장 큰 명절인 유월절이 되면 〈아가서〉를 낭송합니다. 출애굽 해방의 기쁨이 신랑과 신부의 결혼으로 비유된다는 의미에서 유월절에 〈아가서〉를 읽는 것이지요. 그렇게 함으로써 유월절의 참 의미, 즉 애굽의 노예상태에서 자기들을 구원한 하나님의 사랑을 다시 재현하고 재확인하고 싶었기 때문이죠.

또한 기독교회가 이 책을 정경 속에 포함시켜야 하느냐 마느냐 하는 문제를 놓고 오랜 세월 동안 논란이 거듭되었으나 결국 솔로몬 왕과 술람미 여인의 사랑의 노래를 영적인 의미로 해석될 수 있다는 점에서 어렵게 정경에 들어오게 되었지요. 즉 솔로몬 왕은 신랑 그리스도로, 술람미 여인은 신부 그리스도인 또는 교회로 비유될 수 있고, 그 둘의 관계를 노래한 것으로 본 것이지요. 따라서 영적으로 해석할 때 〈아가서〉는 그리스도인이 불러야 할 참된 노래, 영원한 노래, 궁극적인 노래인 '하나님 사랑의 노래', '주님 사랑의 노래'라고 할 수 있지요.

그 가운데 한 대목을 택해 재림신앙과 관련해서 이야기를 나누어 보죠.

♪ 5:2 내가 잘지라도 마음은 깨었는데
　　　 나의 사랑하는 자의 소리가 들리는구나
　　　 문을 두드려 이르기를
　　　 나의 누이, 나의 사랑, 나의 비둘기, 나의 완전한 자야
　　　 문을 열어다오 내 머리에는 이슬이,
　　　 내 머리털에는 밤이슬이 가득하였다 하는구나
　5:3 내가 옷을 벗었으니 어찌 다시 입겠으며
　　　 내가 발을 씻었으니 어찌 다시 더럽히랴마는
　5:4 내 사랑하는 자가 문틈으로 손을 들이밀매 내 마음이 움직여서
　5:5 일어나 내 사랑하는 자를 위하여 문을 열 때 몰약이 내 손에서,
　　　 몰약의 즙이 내 손가락에서 문빗장에 떨어지는구나
　5:6 내가 내 사랑하는 자를 위하여 문을 열었으나 그는 벌써 물러갔네
　　　 그가 말할 때에 내 혼이 나갔구나
　　　 내가 그를 찾아도 못 만났고 불러도 응답이 없었노라
　5:7 성 안을 순찰하는 자들이 나를 만나매 나를 쳐서 상하게 하였고
　　　 성벽을 파수하는 자들이 나의 겉옷을 벗겨 가졌도다

5:8 예루살렘 딸들아 너희에게 내가 부탁한다
너희가 내 사랑하는 자를 만나거든
내가 사랑하므로 병이 났다고 하려무나
5:9 여자들 가운데에 어여쁜 자야
너의 사랑하는 자가 남의 사랑하는 자보다 나은 것이 무엇인가
너의 사랑하는 자가 남의 사랑하는 자보다 나은 것이 무엇이기에
이같이 우리에게 부탁하는가
5:10 내 사랑하는 자는 희고도 붉어 많은 사람 가운데에 뛰어나구나

본문 5장 8절을 보면 "예루살렘 딸들아 너희에게 내가 부탁한다 너희가 내 사랑하는 자를 만나거든 내가 사랑하므로 병이 났다고 하려무나"라는 말씀이 나오죠. 이 말씀은 신부인 술람미 여인이 사랑하는 그의 신랑 솔로몬 왕을 보고 싶은데 만나지 못해 심한 사랑병을 앓는 모습을 노래한 겁니다. 지금 신부는 신랑을 만나지 못한 그리움에 상사병이 걸린 겁니다. 어쩌다가 이 지경이 되었는가 하면 5장 2절 이하에서 살펴보면 이렇습니다.

밤늦은 시각에 그녀의 신랑은 머리에 밤이슬을 맞으면서 사랑하는 그의 신부의 방문을 두드렸죠. 그런데 잠자리에 든 신부는 이미 옷을 벗었고 발도 씻었기 때문에 문 열어 주는 것을 한참 동안 망설입니다. 그러자 참다못한 신랑은 문틈 사이로 손을 넣어 허술하게 잠긴 문을 열려고 합니다. 그 모습을 지켜보던 신부는 마침내 마음이 동해서 잠자리에서 일어나 신랑을 위해 문을 엽니다. 그런데 문을 열고 보니 그의 신랑은 이미 가고 보이지 않는 겁니

다. 그래서 신부는 밤늦도록 사랑하는 님을 찾아 예루살렘 성안을 헤매며 다녔지만 찾지도 못한 채 오히려 성을 순찰하는 파수병에게 매 맞아 상처투성이가 됩니다. 게다가 성벽을 지키는 파수꾼들에게 옷마저 빼앗기는 수모를 당합니다. 그 후 집으로 돌아온 신부는 심한 사랑병을 앓으며 몸져눕습니다. 그러고는 자기가 아는 예루살렘 여자들을 불러 이런 부탁을 합니다. "너희가 나의 사랑하는 자를 만나거든 내가 님을 보지 못해 상사병에 걸렸노라고 말해 달라"고 부탁을 했습니다.

여기서 쉽게 이해가 되지 않는 부분이 있지요. 그토록 신랑을 사랑하던 신부가 어째서 신랑이 밤이슬을 맞아 가면서까지 어렵게 자기를 찾아왔는데, 문 열어 주는 것을 게을리하고 주저했을까 하는 점이지요. 또한 그토록 신부를 만나고자 애간장을 태우던 신랑이 어째서 신부가 문을 열어 주는 그 순간을 참지 못하고 그 자리를 떠났는지 참으로 쉽게 이해가 가지 않지요.

사랑의 과정이야 어찌되었든 이 대목은 깊은 영적 의미가 들어 있음을 볼 수 있지요. 신랑인 솔로몬 왕은 최고의 높은 자리에 있는 사람입니다. 그에 반해 신부인 술람미 여인은 포도원지기인 하찮은 시골 여인에 불과합니다. 그럼에도 불구하고 솔로몬 왕은 그 누구보다도 술람미 여인을 사랑했고 그녀를 신부로 삼았습니다. 게다가 신부에 대한 사랑의 찬사를 아끼지 않았죠. 그러면서 온갖 희생을 다해가며 사랑하는 신부를 만나려는 열망에 사로잡혀 밤이슬을 맞아가며 찾아왔던 겁니다.

바로 이러한 신랑의 모습 속에서 우리는 우리의 영원한 신랑 되시는 주님의 모습을 연상하게 됩니다. 우리 주님은 보잘것없는 우리들을 너무나도 사랑하신 나머지 그 높고 높은 하늘 보좌를 떠나 낮고 천한 이 세상에 오셨지요. 그러고는 우리 죄인들을 위하여 당신의 몸을 갈기갈기 찢으시고 물 한 방울, 피 한 방울까지 남김없이 다 바쳐 온전히 희생하셨죠. 주님은 우리를 지극히 사랑하사 우리의 마음 문을 수없이 두드리셨지만 진실로 마음 문을 활짝 열고 주님을 반갑게 영접한 사람은 없었죠. 끝내는 이 땅에서 모든 사람으로부터 버림받은 채 쓸쓸히 홀로 이 세상을 뜨고 말았죠.

그런데 뒤늦게 그분이 어떤 분인 줄을 알고 그분의 그 크신 은혜와 사랑을 깨닫고 마음 문을 열었을 때에는 이미 그분은 그 자리를 떠났던 겁니다. 그래서 그분을 찾아 밤이 새도록 헤매고 또 헤매며 다녔지만 이미 떠나간 그분을 다시 만날 수 없었습니다. 그리하여 그분의 그 크신 사랑과 은혜를 그리워하며 사랑병, 상사병을 앓는 환자가 되고 만 것이죠. 이것이 술람미 여인의 운명이자 우리 그리스도인의 운명이지요. 낮에나 밤에나 눈물 머금고 멀리 떠난 남편을 기다리다 그대로 죽어 망부석(望夫石)이 된 아내처럼, 평생을 주님 다시 오시기를 기다리며, 주님을 그리워하며 주님 사랑의 열병을 앓다가 죽는 존재, 그것이 그리스도인의 운명이지요.

이 노래를 통해 우리 그리스도인의 인생길은 단 하나밖에 없음을 깨닫습니다. 주님을 사랑하되 연인처럼 열정적으로 사랑하다가 사랑의 열병을 앓고, 그 열병이 낫지 않아 지병에 되고, 그 지병으로 인해 죽음에 이르는 사병(死病)이 되어 죽어가는 길밖에 다른 길이 없지요. '나는 님의 것, 님은 나의 것'(아 6:3)이라고 노래한 술람미 여인의 사랑고백처럼 주님과 함께 살고 사랑하다가 주님과 함께 죽는 바로 거기에 그리스도인의 최고의 영광이 있지요. 거기에 최고의 기쁨이 있지요. 바로 거기에 그리스도인의 최고의 행복이 있는 것이죠. 종말론적 재림신앙은 우리가 주님을 어떻게 사랑해야 하는지를 깨닫게 하지요.

까치: 아, 감동입니다. 신약성경에서 이러한 모습을 찾는다면 누구를 들 수 있을까요?

요한: 자신을 "하나님의 복음의 제사장 직분"(롬 15:16)을 맡은 자로 간주한 바울 사도님을 들 수 있지요. 우리는 그분이 유언처럼 남긴 말씀을 통해 그분의 재림신앙을 엿볼 수 있지요. "전제와 같이 내가 벌써 부어지고 나의 떠날 시각이 가까웠도다/ 나는 선한 싸움을 싸우고 나의 달려갈 길을 마치고 믿음을 지켰으니/ 이제 후로는 나를 위하여 의의 면류관이 예비되었으므로 주 곧 의로우신 재판장이 그날에 내게 주실 것이며 내게만 아니라 주의 나타나심을 사모하는 모든 자에게도니라"(딤후 4:6-8). 얼마나 멋진 고백입니까! 이 고백은 하늘에 속한 시민으로서(빌 3:20) 한평생 위의 것을 바라보며, 주님만을 연인처럼 사랑하고 그리워하다가 생을 마감한 한 연인의 믿음과 소망과 사랑의 고백이자 최후 승리의 찬가이지요.

33

연인 예수에 대한 그리움을 노래한 '요한의 사모곡'

까치: 요한복음이 주님에 대한 사도님의 사모곡이 아닌가요?

요한: 그렇게 봐주시니 고맙네요.

까치: 사도님 앞에서 외람되지만 요한복음에 대한 제 생각을 말씀드리면 이렇습니다. 플라톤은 "사람이 누군가를 사랑하게 되면 詩人이 된다"고 말했죠. 단테(Dante, 1265-1321)의 불멸의 작품 《신곡》(神曲)은 영원한 연인 베아트리체(Beatrice)에 대한 연모에서 비롯되었죠. 마찬가지로 요한복음은 갈릴리 호숫가에서 예수를 만난 첫사랑의 감격을 노래한 요한의 '예수 사랑의 노래'요 '영원한 연인 예수에 대한 요한의 사모곡'이라고 봅니다. 그보다는 예수와 요한이 함께 부른 사랑의 이중주, 그것이 요한복음이라고 생각합니다.

밭에 감춰진 보화를 발견한 농부가 자신의 소유를 다 팔아 그 보화를 산 것처럼(마 13:44-46), 요한은 나사렛 예수 속에 감춰진 보화를 발견하고 자신의 전부를 주고 그 보화를 사고자 했지요. 이제 요한에게 있어 나사렛 예수는 그의 가슴에 사랑의 불을 질러놓고 간 사나이였지요. 생선 비린내 나는 미천한 어부의 아들이 예수로 말미암아 하나님의 아들이라는 권세(엄청난 신분의 변화)를 얻게 되었으니 어찌 감격하지 않을 수 있겠습니까. 이제 자기를 알아준 예수는 목숨을 바쳐 사랑하고 그를 위해서는 기꺼이 죽을 수 있는 둘도 없는 연인이 된 것이죠.

메시아 예수의 아가페 사랑이 요한을 미치게 했지요(고후 5:14). 그래서 요한은 나사렛 예수에 미친 사람이 되었지요. 바울이 예수를 우정이 아닌 연정처럼 사모했듯이, 요한은 가슴 깊은 곳에 숨겨둔 연인처럼 나사렛 예수에 대한 연정을 평생토록 은밀하게 키워갔죠. 예수의 품을 생각할 때마다 전류처럼 온몸을 타고 흐르는 첫사랑의 전율에 감전되었죠. 날마다 예수와 함께 깨어나고 날마다 예수와 함께 잤죠. 요한의 인생이 예수의 인생이요, 예수의 인생이 요한의 인생이 된 것이죠.

십자가에 나타난 하나님 사랑과 죽음을 이기시고 부활하신 주님을 체험한 요한은 날마다 예수 안에서 천국을 살고 영원을 살면서, 날마다 감격했지요. 예수 안에서 인생의 가장 소중한 모든 것이 있음을 본 요한은 이 세상의 모든 자랑을 다 내려놓고 예수만을 자랑하기로 결심했지요(갈 6:14). 전부를 주고 자신을 사랑하신 예수께 자신의 전부를 드리기로 작정했지요. 두 글자 '예수'가 그의 일생의 화두가 되었지요.

이제 인생 전부를 걸고 '무엇을 할 것인가!' 연인에게 바칠 한 권의 책을 쓰기 위한 60년에 걸친 인생 계획이 시작되었지요. 예수께서 십자가 위에서 자신을 화목제물로 바치셨듯이, 요한은 예수의 제단 위에 자신을 완전히 태워 번제로 바치기로 굳게 결심했습니다. 한순간이 아닌 일생이라는 번제를! 예수 사랑(예수 복음)에 빚진 자 요한은 그 어느 누구와도 비교가 안 되는 영원한 사랑의 노래, 가장 깊고도 감동적인 노래, 자신의 전 목숨을 걸고 부르다가 죽을 노래를 부르고자 했지요. 일생일대의 사명을 안고 출사표(出師表)를 던진 제갈량(諸葛亮, 181-234)처럼, 요한은 최후까지 살아남아 복음서 집필을 필생의 과업으로 삼았지요.

쇼팽(F. Chopin, 1810-1849)의 피아노 연습곡 No.10이 조국 폴란드에 대한 그리움을 담은 음악이라면, 요한복음은 일평생 나사렛 예수에 대한 그리움을 담은 요한의 음악이지요. 성경이 하나님께서 인간에게 보내신 사랑의 편지이듯이, 요한복음은 요한이 예수와 나눈 사랑의 밀어요, 연인 예수에 대한 요한의 사모곡이자 '예수 사랑의 연가'이지요.

농구황제 마이클 조던은 "사랑하는 농구에게"라는 작별인사를 통해 팬들에게 이런 말을 했지요. "당신은 나의 인생이자 열정, 그리고 삶의 원동력이었다." 여기서 당신은 '농구'이지요. 요한에게 있어 당신은 '나사렛 예수'였지요. 요한은 일생을 예수만을 사랑하다 간 '유로지비'('바보'라는 뜻의 러시아 말)였지요.

사람은 무엇으로 사는가? '감동'을 먹고 살지요. 특히 '사랑의 감동'이 사람을 변화시키지요. 미천한 어부였던 자기를 하나님 자녀 삼아 주시고 특별히 사랑해 주신 주님의 아가페적 사랑, 그 사랑의 힘이 이전에도 없고 이후에도 없을 최고의 명작인 요한복음을 탄

33_ 연인 예수에 대한 그리움을 노래한 '요한의 사모곡'

생시켰지요. 주님의 사랑이 기적을 낳았던 것이죠. 요한은 말하고 싶었죠. "태초에 아가페 사랑이 있었다"고. 천하제일지서 요한복음의 탄생은 요한이 천부적으로 천재성을 타고난 결과로 생긴 것이 아니지요. 나사렛 예수를 통해 하나님의 아가페 사랑을 체험한 요한이 오랜 세월을 두고 예수의 내적 본질을 묵상하고, 예수혼을 담아내기 위해 일생을 두고 전심전력한 산물이지요. 범인에 지나지 않는 요한이라는 질그릇에 예수 그리스도라는 보배(고후 4:7)를 담자 하늘의 지혜와 성령의 능력이 임했던 것이지요.

거기에 영원한 연인 그리스도 예수에 대한 불붙는 사랑이 어부 요한을 시인으로 만들었고, 천재로 바꾸어놓는 기적을 낳았던 것이지요. 요한의 천재성은 그가 본래 천성적으로 머리가 탁월하거나 공부를 많이 해서가 아니라 히브리 노예 백성을 "내 소유"(출 19:5), "보배로운 백성"(신 26:18)이라는 보석 같은 최고의 존재로 삼으신 하나님의 은혜에 기인하지요. "내가 너를 최고의 천재로 사용하노라"고 할 때 요한은 다만 '아멘'으로 응답했을 뿐이지요. 그 결과물로 탄생한 것이 천재성이 유감없이 발휘된 인류 최고의 걸작인 《요한복음》이지요. 그런 의미에서 요한의 천재성은 우리 같은 보통 사람도 주님께 붙들리기만 하면 최고가 될 수 있다는 참 소망의 언어이지요.

요한: 저를 이렇게까지 띄워 주시니 몸 둘 바를 모르겠군요. 꼭꼭 숨겨 둔 제 속마음을 까치 선생께 들킨 것 같네요. 요한복음과 관련해서 한 가지만 첨부해서 말씀을 드리지요. 한국에 김수희라는 가수가 부른 "애모"(愛慕)라는 노래에는 이런 가사가 있더군요. "그대 가슴에 얼굴을 묻고 오늘은 울고 싶어라/ 세월의 강 넘어 우

리 사랑은 눈물 속에 흔들리는데/ 얼만큼 나 더 살아야 그대를 잊을 수 있나/ 한마디 말이 모자라서 다가설 수 없는 사람아."

이 가사의 마지막 소절이 제 가슴을 뛰게 했지요. 내 사랑하는 님은 아무리 가까이 다가서려고 해도 한마디 말이 모자라서 다가설 수 없는 그런 분이셨지요. 그래서 요한복음의 마지막 말을 이렇게 적었지요. "예수께서 행하신 일이 이외에도 많으니 만일 낱낱이 기록된다면 이 세상이라도 이 기록된 책을 두기에 부족할 줄 아노라."

까치: 아, 요한 사도님은 정말 '멋쟁이'십니다. 제가 글이 짧아 제 것으로 답송을 못하고, 청마(青馬) 유치환이라는 시인이 계신데, 그 분의 〈행복〉이라는 시로 대신하려고 합니다. 이 시는 그분이 평생을 애틋한 사랑으로 연모한 이영도 여사를 향한 그리움을 노래한 시입니다.

♪ - 사랑하는 것은
사랑을 받느니보다 행복하나니라
오늘도 나는, 에메랄드빛 하늘이 훤히 내다뵈는
우체국 창문 앞에 와서 너에게 편지를 쓴다

행길로 향한 문으로 숱한 사람들이
제각기 한 가지씩 족한 얼굴로 와선
총총히 우표를 사고 전보지를 받고
먼 고향으로 그리운 사람께로
슬프고 즐겁고 다정한 사연들을 보내나니

세상의 고달픈 바람결에 시달리고 나부끼어

더욱더 의지 삼고 피어 헝클어진 인정의 꽃밭에서

너와 나의 애틋한 연분도

한 망울 연연한 진홍빛 양귀비꽃인지도 모른다

- 사랑하는 것은

사랑 받느니보다 행복하나니라

오늘도 나는 너에게 편지를 쓰나니

그리운 이여, 그러면 안녕!

이것이 이 세상 마지막 인사가 될지라도

사랑하였으므로

나는 진정 행복하였네라

요한: 정말 감동적으로 잘 들었습니다. "주님을 평생 사모하고 사랑했으므로 난 진정 행복했노라"는 메시지로 받겠습니다.

까치: 감사합니다. 이제 사도님과 헤어져야 할 시간이 되었네요. '회자정리(會者定離), 거자필반(去者必返)'이라는 말이 있어요. '만난 자 반드시 헤어지고, 떠난 자 반드시 돌아온다'는 말이지요. 또다시 만날 것을 기약하며 마지막 인사를 드립니다. 그동안 주신 귀한 말씀 가슴 깊이 새기겠습니다. 진심으로 감사드립니다.

요한: 저 또한 참으로 은혜가 넘치는 시간이었습니다. 계시록의 마지막 대목은 주님의 재림을 이렇게 말씀하고 있지요. "이것들을 증언하신 이가 이르시되 내가 진실로 속히 오리라 하시거늘 아멘 주 예수여 오시옵소서/ 주 예수의 은혜가 모든 자들에게 있을지어

다 아멘"(계 22:20-21). 그럼 초대교회가 주님의 다시 오심을 기다리며 했던 인사말로 마지막 인사를 대신하고자 합니다.

까치: 그러지요. 마라나타(Maranatha)!

요한: 마라나타! 할렐루야 아멘.

> 왕 시리즈 2

왕의 복음
— 요한 사도, 서울에 오다 —

1판 1쇄 인쇄 _ 2018년 1월 10일
1판 1쇄 발행 _ 2018년 1월 15일

지은이 _ 박호용
펴낸이 _ 이형규
펴낸곳 _ 쿰란출판사

주소 _ 서울특별시 종로구 이화장길 6
편집부 _ 745-1007, 745-1301~2, 747-1212, 743-1300
영업부 _ 747-1004, FAX 745-8490
본사평생전화번호 _ 0502-756-1004
홈페이지 _ http://www.qumran.co.kr
E-mail _ qrbooks@gmail.com / qrbooks@daum.net
한글인터넷주소 _ 쿰란, 쿰란출판사
등록 _ 제1-670호(1988. 2. 27)
책임교열 _ 김유미·박은아

ⓒ 박호용 2018 ISBN 979-11-6143-079-9 94230
　　　　　　　　 979-11-6143-081-2(세트)

책값은 뒤표지에 있습니다.
이 출판물은 저작권법에 의해 보호를 받는 저작물이므로 무단 복제할 수 없습니다.
파본(破本)은 구입처에서 교환해 드립니다.